크립토사피엔스와
변화하는 세상의 질서

일러두기

• 도서명은 국내에 번역된 경우, 한국어판 제목을 표기했다.

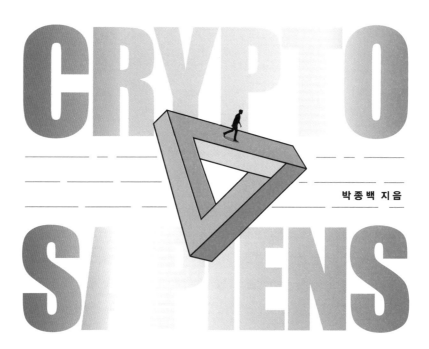

박종백 지음

크립토사피엔스와
변화하는 세상의 질서

블록체인, 토큰경제와 탈중앙화의 길

세종

추천사

블록체인 기술은 어디로 향하고 있으며, 이를 이끌어나갈 '크립토사피엔스'에게는 어떤 특징이 있을까? 현재, 블록체인 생태계는 무서운 속도로 확장하고 있다. 과거 컴퓨터 괴짜(Geeks)들의 독특한 문화로 취급되던 기술에서 출발해, 채 15년도 지나지 않아 전 세계적으로 주목 받는 가장 큰 변화 중 하나로 자리 잡았다. 탈중앙화의 가치를 추종하는 블록체인 생태계가 불러온 거대한 변화들은 현 제도와 질서에 막대한 영향을 끼칠 수밖에 없다.

이 책은 블록체인 기술 발전이 필연적으로 마주하게 되는 기존 질서와의 충돌과 상호작용을 보여주며, 그 과정에서 다음 세대를 이끌어나갈 '새로운 패러다임을 열어가는 리더'가 되기 위한 나침반으로 작동한다. 비트코인과 이더리움부터 시작하여 DAO와 NFT 그리고 최근에 이슈가 되고 있는 토큰형 증권까지 아우르는 이 책의 이야기들은 세계 질서를 주도하는 크립토사피엔스가 되기 위한 모든 이들에게 좋은 자양분이 될 것이다.

김서준(해시드 대표)

저자는 법률적 접근의 날카로움을 유지하면서도 '인류학적 시선'으로 크립토 현상을 살핀다. 기존 이론의 개념으로 현상을 해석하기를 잠시 멈추고, 크립토 현상의 '실체적 메커니즘'의 안쪽을 관찰하는 저자의 시선은 책 곳곳에 나타난다. 처음부터 끝까지 맛을 내는 재료의 균형과 법률가로서 저자가 가진 전문성이 숙성된 베이스를 이루면서, 변화를 위한 논의에 중요한 출발점들을 망라해 주고 있다. 이렇게 넓은 조망을 하면서도 주장과 사실과 이론을 등거리에 두고 이렇게 일관된 관점을 유지하는 책은 지금까지 없었다.

이 책은 자신이 '크립토를 이제 좀 안다'는 생각이 든 분들께도 추천한다. 왜냐하면 이 책을 읽고 나면 그간 자신이 알았던 것이 얼마나 제한적인 영역에 머물러 있었는지 깨닫게 해줄 뿐 아니라, 어디서부터 빈 곳을 채워나가야 할지 일깨워주기 때문이다.

장중혁(블록체인경제연구소장 · 바라고 대표)

경제적 주체로 당당하게 살아가려면 경기의 흐름을 알아야 하는 것처럼, 디지털 경제에서는 블록체인과 토큰을 이해하는 게 필수다. 이 책은 당신의 크립토 문해력을 높여줄 것이다. 토큰을 비롯한 가상경제에 대한 이해의 첫걸음이 될 책.

김광석(경제읽어주는남자 · 한양대 교수)

책을 읽는 동안, 금융회사 경영자로서 2015년경 처음 블록체인, 암호화폐 등 용어를 알게 되면서 느꼈던 생경함과 알 듯 말 듯한 개념을 이해하고자 노력했던 시절의 어려움이 다시 떠올랐다. 그 이후로 이해를 조금씩 늘려왔었는데, 한편으로는 체계적이지 못한 지식, 경험이 수반되지 않은 지식의 한계에 대해 아쉬움도 함께 커졌다. 이번에 저자가 법률가로서 소양을 바탕으로 쓴 이 책을 대하니 그러한 아쉬움이 많이 해소되었다. 옆에 두고 생각날 때마다 틈틈이 읽어야 그 효과가 더욱 커질 것 같다.

허인(KB금융지주 부회장 · 전 KB은행장)

비트코인은 단순한 화폐혁신이나 장부혁신에 그치지 않는다. 비트코인의 근저에 있는 블록체인 기술은 인간의 문명을 인터넷에 올려놓을 수 있는 잠재력이 크다. 이 책을 통해, 정보의 인터넷을 가치의 인터넷으로 바꾸며 인간은 인터넷에서 오프라인에서 해왔던 모든 행위를 할 수 있다는 것을 알게 되었다. 국내 최고의 로펌에서 혁신가들과 교류하면서 기술과 법에 대해 깊이 고민해 온 박종백 변호사는 인터넷과 블록체인 그리고 기술의 수용을 통하여 혁신을 얻기 위해서 어떤 법, 제도를 정립해야 할지 연구를 해왔다. 박종백 변호사의 역작에 경의를 표하면서 일독을 권한다.

이정엽(블록체인 법학회장 · 변호사)

변호사로서 다년간의 실무 경험과 지식을 토대로 새롭게 등장한 암호자산 생태계의 현황과 문제를 예리하게 분석하면서 미래의 법제 설정 방향도 잘 제시하고 있어 실무자 및 법률가뿐만 아니라 정책 당국자들에게도 유용한 책이다. 특히 법적 문제에 대하여 아주 이해하기 쉽게 잘 설명하고 있는 점이 돋보인다.

고동원(성균관대학교 법학전문대학원 교수)

블록체인 기술과 생태계의 발전 속도는 업계에 몸담고 있는 사람도 따라가기 버겁다고 느낄 때가 많다. 어느 정도 기술적인 이해도 필요하지만 이와 맞물려 전개되고 있는 사회적·경제적·변화와 함께 정치적·법적 이슈들에 대한 성찰도 필요하기 때문이다. 이 책은 크립토 산업 전반을 이해하고 핵심 쟁점이 무엇인지를 파악하고자 하는 사람들에게 매우 훌륭한 안내서가 될 수 있는 책이다.

웹3 생태계로의 전환은 능동적이고 자기결정권을 가진 주체가 등장한 것이다. 저자가 '크립토사피엔스'라고 부를 만큼 강조하고 있는 점이기도 하다. 이 책이 보다 많은 사용자가 크립토 문맹에서 벗어나 주도적으로 새로운 생태계를 구성하는 능동적인 주체로 나서는 데 큰 보탬이 되기를 바란다.

정우현(아톰릭스랩 대표)

차례

블록체인기술, 토큰, 전자지갑의 이해

블록체인이 가져오는 새 질서

자산의 토큰화와 토큰경제화의 확대

화폐와 지급결제의 혁명

웹3.0, 분산형 신원확인과 DAO

크립토사피엔스의 과제와 크립토 혁명

오픈소스, 블록체인, 크립토사피엔스

2007년 어느 날, 한 클라이언트에게서 오픈소스 소프트웨어(Open Source Software)를 주제로 여는 국제 세미나에 한국 변호사로서 토론자로 참석해 달라는 전화를 받았다. 처음 접하는 주제여서 그에 대해서는 잘 모른다는 이유로 바로 거절했다. 1990년대 초에 변호사로 사회생활을 시작한 이래, 나라 안팎으로 '세계화'가 큰 흐름으로 진행되는 것을 실감하면서 산업혁명과 자본주의 경제제도를 가장 먼저 채택하고 국제 법률시장을 선도하는 영국에 호기심을 느껴 런던 정경대학교 법대의 LLM석사과정에 들어가 국제금융법을 전공하고 런던과 홍콩의 로펌에서 국제적 법률실무를 경험해 보긴 했다. 그러나 IT 분야에 대해서는 전형적인 문과생 지식 수준에서 벗어나지 못하고 있었다. 정보화나 소프트웨어의 기술적 측면에 대한 이해가 부족했다. 물론 깊이 이해할 필요도 느끼지 못한 채 그때도 이미 활황이던 인터넷이라는 신기술만 잘 사용하면 된다고 생각하던 터였다. 하지만 거듭 설명했는데도 클라이언트는 '어차피 오픈소스를 아는 한국 변호사가 없다'는 이유로 계속 요청해 왔기에 어쩔 수 없이 수락하고 엉겁결에 오픈소스 소프트웨어를 살펴보게 되었다.

그런데 그것은 충격적인 경험이었다. 오픈소스 소프트웨어의 이용자 룰을 담고 있는 대표적 오픈소스 라이선스(GPL, General Public License)를 찾아 읽어보았더니 어렵게 개발한 소프트웨어를 무료로 세상에 공개한다는 것이었다. 이용자는 경제적 대가를 치를 필요는 없지만 법적으로는 준수해야 할 사항을 라이선스 계약으로 동의하게 해서 저작권은 여전히 보호된다는 점이 법률가로서 무척 흥미로웠다. 이 일을 계기로 그동안 만날 일이 없던 소프트웨어와 IT 분야 사람들을 만나고 그쪽 언어와 이슈들을 알게 되면서 오픈소스뿐 아니라 IT 관련 법과 제도 이슈에도 새롭게 눈뜨게 되었다.

그 뒤로 10여 년간 세계적으로 오픈소스 논의를 주도하고 있는 유럽 FSFE(Free Software Foundation Europe)의 법률 전문가 워크숍인 LLW(Legal & Licensing Workshop)에 매년 참여하고, 국내에서는 오픈소스 법센터를 설립해 정보통신산업진흥원(NIPA)의 후원으로 국제 콘퍼런스를 여는 등 관련 활동을 이어왔으니 소프트웨어와 인터넷의 작동구조도 몰랐던 내게 변화가 참 많았다고 할 수 있다. 그사이 오픈소스의 대표 격인 리눅스(Linux)와 안드로이드(Android)가 급격히 확산되기도 했다.

그러나 그간에 필자가 맡은 실질적인 법률업무는 주로 금융이나 투자 관련 법률 자문에서 벗어나지 못했다. 한국에서는 오픈소스의 정신을 진지하게 받아들이고 법적으로 검토하는 사례가 드물었다. 그럼에도 오픈소스 커뮤니티를 떠나지 못한 이유는 오픈소스의 공유와 개방의 철학이 세상에 큰 변화를 가져오리라는 기대가 있었기 때문이다.

돌이켜보면 오픈소스와 만난 것은 오늘의 나를 있게 한 인생의 전환점 중 하나였다. 30대 후반인 1999년 영국으로 유학 가서 혁신의 바탕이 되는 '네거티브 규제'의 대표 사회인 영국의 법제도를 접하고, 40대에는 2007년에 오픈소스 소프트웨어와 만났으며, 50대에 들어서는 블록체인과 비트코인을 알게 되었다. 내가 사회와 제도를 바라보는 관점은 크게 오픈소스 소프트웨어를 알기 전후 그리고 블록체인과 암호자산을 알기 전후로 각각 나뉜다.

오픈소스가 이전에 당연하게 받아들였던 자본주의 경제하의 재산권 체계와 인센티브 시스템에 의문을 품게 해주었다면, 블록체인과 암호자산은 사회 발전을 중앙화라는 고도화·효율화 관점에서만 바라보던 시각이 밑바닥부터 뒤흔들리는 경험을 안겨주었다. 세계 자본의 중심인 영국에서 실감한 파운드화와 영란은행,* 금융산업, 런던 시내의 금융회사와 대형 로펌은 모두 역사와 전통을 자랑하는 중앙화의 산물이었다. 그와 대조적으로 블록체인 기반 가상자산(Crypto asset)은 블록체인 플랫폼에서 전자지갑과 스마트 컨트랙트(Smart Contract)**를 통해서 국경을 따질 것 없이 이전된다. 이런 흐름이 주류가 되는 세상에서는 중앙화된 조직들의 힘이 약해질 수밖에 없다.

내가 비트코인과 블록체인을 처음 알게 된 2016년을 떠올려본다. 10년간 기대해 온 '큰 변화'가 이것일 수 있다는 생각과 '경제적 가치를 만들고 거래하는 인터넷'이 크게 확장되리라는 직감으로 블록체인의 세계에 빨려 들어갔다. 비트코인과 블록체인을 더 깊이 알고 싶은 욕구가 커졌다. 먼저 나날이 새롭게 발생하는 암호자산 관련 현상과 기술, 법적 이슈, 국내외 법령을 공부하는 데 에너지를 많이 들였다. 2017년 초 네이버의 법률 사이트에 기고하고, 암호화폐거래소 빗썸의 요청으로 가상자산업권법 세미나에서 발표한 것을 시작으로 5년간 칼럼 기고와 법률 기사 기고, 세미나 발표와 토론 참가를 적극적으로 했다. 다양한 암호자산과 토큰 이코노미(token economy) 구조, 비

---

*   1694년 설립된 영국 중앙은행.
** 프로토콜에서 어떤 특정 조건이 충족되면 그에 따른 가상자산의 이전이 자동으로 발생하는 체계.

즈니스 모델에 대한 법률자문 수요도 늘어나면서 많은 의뢰인에게 자문하는 보람 있는 시간을 보냈다. 이렇게 집중한 것은 블록체인과 암호자산이 미래를 보는 창이라는 생각을 품었기 때문이다.

그동안 블록체인, 암호자산과 관련하여 다양한 유형의 사건에서 수많은 국내외 회사와 프로젝트에 법률자문을 했다. 국내외의 가상자산공개(ICO)와 토큰거래, 디파이(DeFi, 탈중앙화금융) 플랫폼의 구조, 스왑계약과 유동성 제공 계약, 대체불가토큰(NFT) 발행구조와 마켓플레이스 운영, 게임토큰과 돈 버는 게임(P2E), 법적으로 작동 가능한 다오(DAO, Decentralized Autonomous Organization)•의 구조와 계약에 대한 법률자문은 물론, 현행법상 인정되지 않지만 혁신성 있는 토큰증권(STO, Security Token Offering)••의 샌드박스 지정에 관한 법률자문, 이더리움재단의 레이어2(Layer2)와 아바 랩스의 탈중앙화거래소에 대한 자문도 제공했다. 한국은행의 CBDC(중앙은행 디지털화폐) 모의실험 법률 검토, 국회의 가상자산업권법 초안 작성, 정부의 STO 가이드라인 초안 검토, 분산신원확인(DID, Decentralized IDentity)에

• 탈중앙화 자율조직. 기존의 중앙집중화된 조직이나 단체와 달리 탈중앙 분산화된 자율적인 조직.
•• 해당 암호화폐를 발행한 회사의 자산에 대한 소유권을 가진 증권형 토큰(Security Token)을 발행하는 것.

대한 용역 등도 보람 있는 작업이었다.

그 과정에서 암호자산과 그 생태계는 전 세계적으로 경제와 사회의 큰 변화, 즉 새로운 질서를 가져올 테고, 개별 토큰이나 비즈니스 모델, 개별 국가 차원의 제도와는 동떨어질 수 없으며, 결국 서로 밀접하게 영향을 주고받을 수밖에 없다는 생각에 이르렀다. 내 짧은 생각으로 블록체인이 어떤 큰 변화를 가져올지, 국가들 사이 법제화의 표준화·통일화가 어떻게 진행될지 모두 예측할 수는 없지만, 그사이에 법률업무를 하면서 고민했던 내용을 정리해 책을 펴내게 되었다. 책을 내는 목적은 블록체인과 암호자산이 만들어 갈 미래의 질서와 법제도의 아이디어를 공유하는 데 있다.

그간 사업가와 투자자들은 물론이고, 세세한 기술까진 알 수 없지만 감각이 예민한 예술가와 창작자들은 모호하게나마 세상이 새롭게 변화한다는 사실을 감지하고 나에게 그 실체를 물어오곤 했다. 이제부터 그 이야기를 해보려 한다.

* * *

이 책을 완성한 원동력은 질문하는 힘에 있다. 내가 살아온 한국 사회는 질문보다는 빠르고 정확한 답변을 절대적으로 중요시한다. 질문하려면 모르는 것이 있고, 해결하고 싶은 호기심이 있어야 하며, 무엇보다 질문에 따르는 비용과 위험을 감수할 용기가 있어야 한다. 답변만 중시하는 사회에서는 질문하는 사람에게 '지나치게 따진다, 그것도 모른다, 시간을 낭비한다, 공동체에 혼란을 준다'는 금지적·억제적 반응만 돌아올 수 있다. 나도 오랫동안 빠르게 그리고 다른 사람보다 더 정확한 정답을 찾는 데 익숙해져 있었다. 그러나 오픈소스를 만나면서 소프트웨어를 왜 공유해야 하는지 오픈소스의 철학을 놓고 질문을 던지기 시작했고, 블록체인과 토큰 생태계를 접하면서 좀 더 용기내어 제대로 질문해 보기로 했다. 블록체인과 토큰경제는 무엇인가, 블록체인과 토큰경제를 해야 하는가 그리고 왜 해야 하는가, 어떻게 해야 제대로 하는 것인가 하는 질문을 몇 년 동안 끌어안은 결과물이 바로 이 책이다. 질문을 던질 때 이 시대를 살아가는 한국인의 관점을 최대한 포괄하려고 노력했다.

블록체인이 불러일으킨 새로운 현상이 상호 연결되어 전 지구에 새롭고 거대한 통합적 질서를 형성해 나갈지, 개별적이고 부분적인 일시적 현상으로 발전하다가 기존 제도와 충돌하거나 저항에 부딪히면서 부분적으로 보완하고 개선하는 정도에 그치게 될지는 딱 잘라 말할 수 없다. 그럼에도 지금까지 블록체인과 그에 기초한 토큰 생태계의 구축과 여러 현상의 양적 규모와 진행속도를 차분히 살펴보면, 블록체인기술의 발전과 자산의 토큰화로 삶의 방식과 제도 전체에 앞으로 거대한 변화가 있을 것으로 본다. 2023년 3월 독일에 기반한 글로벌 회사 지멘스가 독일의 유가증권법(2021년 개정) 규정에 따라 주관증권사나 중개자 없이 6,000만 유로 규모의 회사채를 폴리곤(Polygon) 퍼블릭 블록체인 위에서 토큰 형태로 발행하여 은행 세 곳이 직접 인수한 것도 그런 판단의 근거가 된다. 약 1경 원의 자산을 운용하는 세계 최대 자산운용사인 블랙록이 최근 실물 비트코인에 투자하는 ETF의 발행 승인을 미국 SEC에 신청한 데도 이유가 있을 것이다.

블록체인기술이 널리 확산된 사회에서 살아갈 사람들은 지금까지 호모 사피엔스가 살아온 방식과 다른 새로운 특질을 많이 가질 것이다. 이를 강조해 그들을 크립토사피엔스(Crypto Sapiens)라고 명명하려 한다. '크립토'라는 블록체인의 핵심 기술인 '암호화'를 중심으로 한 기술변화가 인간의 삶과 제도에 광범위한 영향을 미친다는 것을 고려하고, '호모 사피엔스'는 지구상의 일부 국가, 지역, 경제체제, 문화권의 사람들에 국한하지 않고 모든 호모 사피엔스가 영향받는 점을 감안하여, 두 단어를 결합하면 호모 크립토사피엔스가 되는데 '크립토사피엔스'라고 줄여도 의미가 충분히 전달될 것으로 본다.

물론 가상자산업계에는 끊임없이 투기와 사기사건, 해킹사건, 불법자금세탁 등 문제가 발생하는 것도 사실이다. 2022년 5월의 스테이블코인인 테라 블록체인의 붕괴, 같은 해 11월 급성장 중이던 암호화폐거래소 FTX의 와해 등도 글로벌 시장에 충격을 주고 각국이 규제 강화의 필요성을 느끼게 한 사건들이다. 그러나 이런 사고와 범법행위가 있다는 사실만으로 암호자산과 생태계가 우리에게 줄 수 있는 근본적 가치까지 무시하는 우를 범해서는 안 된다. 그 근본적 가치가 무엇인지와 그를 취하기 위해 어떤 제도적 노력을 해야 할지를 이 책에서 탐구해 본다.

이번 크립토 윈터(crypto winter)●가 오기 전인 2021년 말경 기준으로 전 세계 가상자산의 총시가총액은 약 3,000조 원으로 모든 자산 총액의 1%를 차지할 정도로 가파르게 증가했고, 한국의 가상자산 일평균 거래규모는 11조 3,000억 원으로 한국거래소의 거래규모에 거의 육박했다.

2023년 2월에 한국은 주식, 회사채, 수익증권 등 증권의 성격을 갖는 토큰을 제도적으로 인정하는 가이드라인을 발표하고 자본시장법 등 관련 법령의 개정안을 준비하고 있다. 모든 증권을 토큰 형태로 발행하는 것을 허용하는 것으로 대부분의 나라들보다 앞선 행보이다. 그러나 이 책에서 밝히겠지만 한계도 여전하다. 진정한 선도 국가가 되려면 얼마쯤은 리스크를 감수하며 새 제도의 틀을 짜야 할 텐데, 우리가 해보지 않은 방식이어서 깊이 있는 연구가 필요하다.

● 가상자산의 가격이 급락하고 시장에서 자금의 유출이 지속되는 현상.

크립토사피엔스의 개인적 삶과 국가, 회사와 같은 다양한 공사 조직의 존재방식과 운영방식을 관통하는 새로운 통합적 질서가 형성될 가능성이 점점 가시화되고 있다. 독자들이 그럼직한 가능성을 믿고 블록체인이 새롭게 펼쳐나갈 미래에 대한 호기심만 있어도 이 책에서 어떤 이슈가 문제되고 법과 제도가 어떻게 바뀔지를 전체적으로 이해할 수 있게 서술하려 노력했다. 이 책을 읽은 투자자라면 적어도 어떤 블록체인과 토큰이 투기적이거나 악의적인 몇몇 주체에게 휘둘리지 않고 제대로 운영되고 있는지 판단하는 눈을 갖추게 될 것이다. 개개인들이 내 앞에 다가올 엄청난 자산취득 기회를 잡고 새 질서 속에서 역할을 미리 찾는 데도 도움이 되기를 바란다.

법률전문가라면 이 책에서 제안하는 법적 관점과 쟁점을 같이 토론하고 논쟁하는 기분으로 봐주길 부탁드린다. 블록체인 플랫폼의 개발자, 참여자, 투자자, 기업가, 정책관료, 입법자와 다양한 전문가가 읽는다면, 블록체인이 가져올 사회·경제제도의 변화가 제대로 뿌리내리게 하고 크립토사피엔스의 미래를 규율할 바람직한 '법의 정신'이 무엇인지 다시 생각하는 계기가 되기를 진심으로 기대한다.

박종백

CRYPTO SAPIENS

1장

블록체인기술, 토큰,
전자지갑의 이해

이 책 첫 부분은 반드시 블록체인기술을
설명하며 시작해야 한다고 생각했다. 많은 이들이 지금도 블록체인기
술이 무엇인지 궁금증과 호기심을 다 충족하지 못했고, 이 책 전체 내
용이 기술적인 부분과 밀접한 관련이 있기 때문이다. 우선 블록체인
을 이루는 기술들의 기본 내용을 독자들의 궁금함을 해소하는 정도로
요약해서 설명하고, 블록체인기술이 다른 통상의 기술과 다르게 제도
의 일부로 작동한다고 볼 수 있는지, 어떤 특성이 사람들과 공동체에
새로운 가치를 부여하는지, 사회·경제제도에 미치는 변화와 의미가
무엇인지 순차적으로 들여다본다.
　　다만 기술전문가가 아닌 필자가 가능한 한 많은 독자에게 잘 전달

되도록 하려면 기술적 내용을 어느 범위에서 어떤 방식으로 설명할지 기준을 잡기가 매우 어렵고 조금은 고통스러운 작업이었다. 기술을 자세히 설명하면 난해할 뿐 아니라 사회, 제도, 정치적 큰 변화에 초점을 맞춘 이 책과 불균형을 가져올 수도 있어서 기술의 내용 중에서도 사회, 경제, 법제도의 변화와 관련성이 높은 6가지로 요약해 보았다. 오픈소스 소프트웨어, 해시함수, 합의 알고리즘, 비대칭암호화키, 분산원장, 인터넷기술이 그것이다.

제도를 논의할 때는 물론 시장에서 사용될 때도 아직 용어가 통일되지 않아 혼란스러운 토큰, 코인, 암호자산 등의 명칭과 정의를 기본적으로 검토하는 일은 제도를 본격 논의하는 데 반드시 필요하다. 명확한 법을 만들려면 동일한 개념에 대해서는 동일한 용어를 사용해야 하기 때문이다. 필자는 블록체인의 다양한 성격을 가진 증표를 통칭할 때는 토큰으로, 자산의 면모를 강조할 때는 암호자산으로 부르는 것이 적절하다고 제안한다.

한편, 크립토 자산을 발행·보유하고 거래할 때 반드시 필요한 전자지갑(electronic wallet)의 구조도 알아둘 필요가 있다. 전자지갑은 크립토 세상에 들어가는 관문이자 자산의 보관 도구 등 다양한 역할을 한다. 2장 이하에서 다루는 내용을 깊이 이해하려면 미리 알아야 할 내용이기도 하다.

크립토 문해력이 필요한 이유

우리가 매일 사용하는 인터넷과 스마트폰은 구체적인 작동 기술을 몰라도 사용하는 데 큰 문제가 없다. 인터넷과 모바일 앱으로 이용하는 서비스는 특정 기업이 제공하고 만약 기술적 문제가 생기면 그 기업에서 해결해 준다. 그런데 블록체인기술은 좀 다르다.

어느 투자자가 삼성전자 주식을 증권회사 앱을 통해 대금을 지급하고 매수하여 보유하는 경우와 비트코인과 이더리움을 채굴하거나 개인 간 금융거래(P2P거래)로 매입해서 전자지갑에 보유하는 경우를 비교해 보자. 만약 삼성전자 주식 실제 매수량과 앱의 수치가 일치하지 않는 문제가 발생하면 투자자는 증권회사에 요청하여 해결하거나 그들에게 책임을 물을 수 있다. 삼성전자 주식은 중개자인 증권회사와 한국예탁결제원의 서버를 통해 보유한다. 이때 투자자는 증권회사와 한국예탁결제원의 전산이 어떻게 작동하는지 굳이 알 필요가 없다. 투자자가 앱을 설치할 때 증권회사의 약관에 동의하고 주식거래 중개자인 증권회사가 투자자에게 계약상·법률상 책임을 지기 때문이다.

그러나 비트코인이나 이더리움 같은 퍼블릭 블록체인(public blockchain)[●]에서 발행된 토큰은 특정회사의 서버가 아니라 불특정 다수 컴퓨터(노드^{●●})의 기록원장에 존재하고, 토큰을 보유하는 데 특정 중개자가 필요하지 않으며 약관이 없고 특정 당사자와 계약을 체결하지도 않는다. 보유자의 토큰에 문제가 발생해도 찾아가서 따지거나 책임을 지라고 요구할 중개자가 없으므로 토큰 관련 권리를 확보하려면 스스로 기술적 구조를 이해해야 한다. 이러한 기술에 대한 이해력을 '크립토 문해력'이라고 부를 수 있다.

물론 업비트나 빗썸 같은 중앙화된 암호자산거래소를 통해 투자했다가 문제가 생기면 거래소에 해결해 달라고 요청하지 굳이 블록체인 기술을 이해할 필요가 없다는 반론이 있을 수 있다. 그 자체는 타당한 말이다. 그러나 현재 탈중앙화거래소의 이용률이 높지 않은 것은 실제로 아직 개인이 책임 주체가 없는 탈중앙화거래소 같은 앱을 안심하고 이용할 충분한 상황이 안 되었기 때문이다. 토큰화와 토큰경제가 확산되는 과정에서 사람들이 중앙화된 거래소를 이용하지 않고 블

●　　누구든 자유롭게 참여할 수 있는 개방형 블록체인 네트워크.
●●　Node, 컴퓨터 네트워크에 붙어서 전송할 정보를 만들고 통신채널로 그 정보를 주고 받는 연결지점인 컴퓨터 소프트웨어를 의미함.

록체인 메인넷(Mainnet)[*]과 탈중앙화 앱[**]에서 직접 토큰을 발행해 거래하는 것이 확산될 예정이므로 언제까지나 탈중앙화거래소에 의존할 수는 없다.

비트코인과 이더리움, 폴리곤, 아발란체, 코스모스, 솔라나 등을 아우르는 다양한 퍼블릭 블록체인은 많은 노드가 블록체인 플랫폼 운영에 참여하고 그 위에서 확정된 기록과 자산은 노드들의 원장에 분산 저장하는 방식을 기술한 것이다. 복수의 노드가 전제되는 점에서 현실사회 구성원 사이의 공동체에 관한 약속과 규약, 제도를 정하는 것과 비슷해 사회적 기술 또는 제도적 기술이라고 할 수 있다. 그리고 비트코인이나 이더리움 등에 노드로 참여하거나 토큰을 보유하는 개인들은 블록체인의 기술적 구조 자체가 네트워크에서 의결권 같은 지위, 내가 보유하는 자산의 가치와 경제적 거래행위에 직접 영향을 미치므로 그 내용에 대한 기초적인 이해가 필수적이다.

자본주의 사회를 살아가는 구성원이 내 권리를 확보하고 당당한 일원이 되려면 등기제도와 회사제도를 기본적으로 이해해야 하는 것과

- 독자적인 생태계를 구성하는 블록체인 플랫폼을 의미함. 자체에서 사용할 수 있는 토큰을 발행하고 탈중앙화 앱(DApp)을 구현할 기반환경을 제공함.
- ●● 메인넷 기반에서 탈중앙화되고 분산된 노드로 제공되는 다양한 서비스. 실제로 완전히 중앙화되지 못한 앱들이 많음.

마찬가지로 토큰경제가 확대되는 시대에 블록체인기술의 작동원리를 이해하는 것은 권리의식과 주체성을 갖춘 토큰경제 참여자가 되는 필수요건이라 할 수 있다. 블록체인기술의 핵심구조와 작동원리는 앞으로 상식이 될 것이다. 크립토 문해력을 갖추지 못하면 앞으로 블록체인으로 인한 자산혁명 등 큰 변화를 이해하고 그에 참여하기 어려운 크립토 문맹에 빠질 우려가 있다. 토큰은 내재적 가치가 없다거나 투기에 불과하다는 등 부정적인 시선과 앞으로 모든 자산이 토큰화하고 우리 삶에 큰 혁신을 가져다줄 것이라는 전망이 혼란스럽게 공존하는 시대에 스스로 판단능력을 키우는 데도 이들에 대한 올바른 이해는 반드시 필요하다.

블록체인을 구성하는 6가지 기술

블록체인의 기술적 속성은 블록체인에 따른 사회경제적·법적 제도의 변화를 탐구하는 이 책의 주제를 이해하는 데 필요한 범위에서만 간략하게 설명한다. 비트코인을 포함한 블록체인은 아이폰처럼 이전에 존재하던 기술들을 융복합한 것인데, 이를 하나씩 살펴보면 다음과 같다.

블록체인을 구성하는 기술

첫째, 블록체인은 오픈소스 소프트웨어 기술이다.

원래 소프트웨어는 사일로(Silo) 방식, 즉 저작한 사람이 독점적 저작권을 행사하는 것으로 개발·배포했다. 이는 문학작품의 창작자나 논문작성자에게만 저작권이 인정되는 것과 동일한 방식으로 자연스러워 보였다. 그러나 그런 방식에 반기를 들고, 저작자가 무료로 세상의 모든 사람에게 소프트웨어의 코드를 공개하여 누구든 배포된 소프트웨어를 자유롭게 복제·사용·수정·재배포할 수 있는 오픈소스 소프트웨어 방식이 1980년대에 등장하여 지금은 소프트웨어 개발방식의 주류가 되었다.

　1950년대 미국에서 처음 소프트웨어를 개발, 판매할 때는 소프트웨어를 독립된 상품이 아니라 하드웨어에 번들로 묶어 판매했다. 그러나 이것이 반독점법 위반이라는 미국 법원의 유죄판결이 난 이후 소프트웨어가 하드웨어와 분리되어 별도로 판매되면서 소프트웨어 산업이 크게 발전했다. 그때부터 소프트웨어 개발자가 권리를 독점적으로 가지고 다른 사람들이 소프트웨어를 사용, 복제하려면 개발자에게서 유료로 사용 허락, 즉 라이선스를 취득해야 했다. 그러나 1980년대 매사추세츠공과대학(MIT) 연구원 리처드 스톨먼은 수학의 공리를 처음 증명한 사람에게 그 공리를 사용하는 사람이 사용료를 내거나 사용허락을 받지 않는 것에 비추어볼 때 소프트웨어 개발도 인류의 지적 탐구의 결과물이어서 대가를 받으면 안 된다는 철학적 신념을 가졌다. 그는 누구든지 다른 사람이 개발한 소프트웨어를 자유롭게 사용·복제·배포·재배포하도록 보장해야 한다는 자유소프트웨어(free software)라는 개념을 창안했다.

　자유소프트웨어는 GPL라이선스 개념, 즉 저작자가 무료로 세상의 모든 사람에게 바이너리코드와 소스코드를 배포하여 그들이 그 소프트웨어를 자유롭게 복제·사용·수정·재배포하도록 하되, 무료로 수령한 사람들도 다시 배포할 때는 그다음 사람들을 위하여 동일한 GPL라이선스 조건으로 완전한 소스코드를 배포해야 하는 의무를 진다. 소스코드를 배포하는 의무를 부과하는 것은 그다음 사람들이 소프트웨어를 수정하려면 소스코드가 필요하기 때문이다. 어떤 사용자가 이러한 라이선스의 의무나 조건을 준수하지 않으면 라이선스는 자동으로 종료되고, 그 이후에는 저작권을 침해하게 되며, 저작권자가 입을 손해를 배상하는 책임도 부담하게 된다.

아파치(Apache), MIT 등 라이선스 사용자들은 의무의 정도가 줄어 소스코드 공개의무는 지지 않고 원래 라이선스와 다른 라이선스로 변경, 선택할 권리도 인정한다.

대표적인 오픈소스 라이선스인 GPL라이선스가 적용되는 소프트웨어를 무료로 수령한 사람들은 그것을 다시 배포할 경우에 그다음 사람들을 위하여 동일한 GPL라이선스 조건을 적용하고 완전한 범위의 소스코드를 배포해야 한다. 비트코인 코어 프로그램도 오픈소스 라이선스의 일종인 엠아이티(MIT) 라이선스로 배포된 것이다. 그 이후의 모든 블록체인도 오픈소스 소프트웨어로 구성되어 있다. 소프트웨어가 무료로 배포되고, 원하면 언제든지 수정할 수 있는 오픈소스 소프트웨어 방식이 아니었다면 누구든지 소프트웨어를 다운받아 노드가 될 수 있는 블록체인이 탄생하지 못했을 것이다. 오픈소스의 공유와 개방의 철학은 누구든지 무료인 오픈소스 소프트웨어를 통해 노드가 될 수 있고, 오픈소스 수정의 자유는 일정한 노드들이 원하면 기존의 블록체인을 포크(fork)*할 수 있는 매우 중요한 바탕이 되었다.

둘째, 블록체인은 해시함수(hash function)를 이용하여 거래내역을 포함한 블록의 정보를 암호화하는 기술이다.

해시함수는 특정 정보를 암호화하는 기술적 방법으로, 원형을 복원할 수 없을 정도로 원본 데이터를 작은 단위로 나누어 섞는 함수이다. 예를 들어 비트코인에 사용된 SHA256 해시함수는 주어진 정보가 있으면 그 정보의 분량에 관계없이 일정하게 256비트의 길이, 즉 256개 숫자(이진법에 따라 0 또는 1)로 구성된 임의의 결괏값인 해시값(hash value)을 준다. 해시값에서 원래 주어진 정보를 역으로 추출할수는 없다.

블록체인의 개별 블록에는 실제 거래내역과 상태에 대한 데이터가 기록되는데, 그 데이터는 블록의 해시값으로 바뀌어 기록된다. 다음 도표에서 보는 것처럼, 블록해시값은 이미 정해진 5가지 데이터와 논스(nonce)**값을 합친 것에 해시함수를 적용하여 얻는다. 논스값은 한 번만 사용되는 숫자(number used once)라는 의미다. 블록해시값

---

* 기존 블록체인 플랫폼의 기능을 추가하거나 성능을 개선하기 위해 기존 블록체인의 내용을 수정하는 행위. 하드포크와 소프트포크로 나뉘는데, 전자는 새로운 블록체인과 토큰이 기존의 것과 호환되지 않는 것이고, 후자는 호환되는 것임.
** 고유한 해시값을 생성하기 위해 블록체인의 블록에 추가되는 임의의 숫자.

이 주어진 값보다 작아야 하는 조건을 충족하는 논스값을 가장 먼저 구하는 노드는 블록을 생성할 권한을 부여받는데, 그 블록생성 노드가 정해지기 전까지 노드들은 연산 경쟁에서 이기기 위해 수많은 해시함수 연산을 하는 것이다.

각 블록체인 메인넷은 각자 정한 일정 시간 주기로(예: 비트코인은 매 10분) 그동안의 거래내역을 담은 새 블록을 생성하여 이전의 모든 블록과 체인처럼 연결한다. 그 이전의 모든 블록에 담긴 데이터를 그대로 새 블록에 담는 것이 아니라 직전 블록의 내용을 통째로 해시함수로 해시값으로 만들어 포함시킨다.

개별 블록의 구조와 직전 블록과 새 블록이 연결되는 구조는 다음 도표와 같다.[1]

아래에 제시한 도표에서 개별 블록은 보디(body)와 헤더(header)

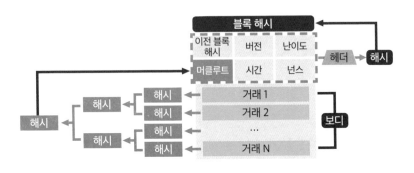

개별 블록의 구조

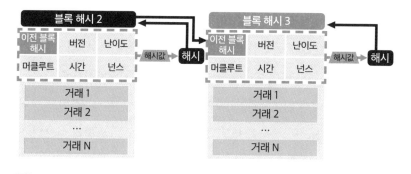

직전 블록과 새 블록이 연결되는 구조

로 구성되는데, 보디에는 거래내역 자체가 기재되고, 헤더가 이전 블록의 해시값, 블록이 생성된 시간, 거래내역에 대한 해시값 등으로 구성됨을 자세히 보여준다. 머클루트는 해당 블록에 기록되는 모든 거래데이터에 대한 해시값을 말하고, 두 개의 거래데이터를 묶어서 해시값을 순차적으로 구하는 구조를 머클트리방식이라 한다.

위 도표는 직전 블록의 데이터가 해시값으로 바뀌어 그다음 블록에 포함되는 구조를 나타낸다.

셋째, 블록체인은 인터넷에서 정보를 보내고 수령할 때 제3자가 그 정보를 탈취하는 것을 방지하려고 암호화하는 비대칭암호화키 기술이다.

암호화할 때 필요한 암호화키와 복호화(復號化, decoding)[*]하는 데 필요한 복호화키가 동일한 암호화를 대칭암호화라 하고, 이 두 키가 서로 다른 경우를 비대칭암호화라고 한다. 우리가 일반적으로 금융거래나 각종 앱에서 많이 쓰는 숫자와 알파벳으로 구성된 패스워드는 어떤 서비스에 접근할 통로를 주는 것으로, 암호화와는 완전히 다르다.

정보를 누군가에게 보낼 때 대칭키로 암호화하고 수령인도 같이 대칭키로 복호화하면 이용하기에는 편리하나 누군가 쉽게 탈취할 위험이 크다. 비대칭키 구조에서는 프라이빗키(개인키), 퍼블릭키(공개키)가 하나의 쌍으로 발행되는데, 프라이빗키와 퍼블릭키를 이용한 메시지의 암호화, 전자서명과 복호화는 다음과 같이 작동한다.

A와 B가 각자 프라이빗키와 퍼블릭키 한 쌍을 발급받은 경우, 퍼블릭키는 프라이빗키로부터 생성되나 퍼블릭키로부터 프라이빗키를 알아낼 수는 없다. 퍼블릭키는 네트워크상에서 공개되고 프라이빗키는 공개되지 않는다. A가 메시지를 B에게만 보내려고 할 때, 메시지를 B의 퍼블릭키로 암호화하고, A의 프라이빗키로 전자서명해서 B에게 보내면, B는 공개되어 있는 A의 퍼블릭키로 메시지가 A의 것이고 손상되지 않았음을 확인하고, 메시지 내용은 B의 프라이빗키로 복호화

● 암호화된 내용을 암호화되기 이전 내용으로 환원하는 기술.

하여 확인할 수 있다.

　이러한 비대칭암호화키는 최초로 형성된 블록을 다른 노드들이 검증할 때 활용된다. 최초 블록생성자가 자신의 개인키로 블록에 전자서명하여 최초 블록을 전파시키면, 다른 노드들은 최초 블록생성자의 공개키로 검증하여 그것이 최초 생성자의 서명이고 위조되지 않았음을 확인할 수 있다. 토큰을 송금할 때도 활용된다. 송금인이 토큰 송금 트랜잭션(송금수량만큼 송금인 계정에서 빼고 수취인 계정에 더해줌)을 만들어 개인키로 전자서명하여 노드들에게 전파하면, 다른 노드들은 송금인의 공개키로 송금인이 보낸 트랜잭션이라는 점과 송금하려는 토큰수량보다 송금인의 계정에 있는 잔액수량이 많은지를 검증하여 송금내역을 블록에 기록하여 저장해 준다. 그 후 수취인이 송금받은 토큰을 다른 사람에게 송금하려면 자신의 개인키로 새로 전자서명하여 다른 전자지갑주소로 송금할 수 있다.

　대칭암호화키가 유출되면 암호화가 해제되어 버리는 것과 달리 비대칭암호화는 개인키가 유출될 수 없는 점 때문에 모두가 신뢰할 수 있는 중앙화된 중개자 없이도 서로 모르는 사람들 사이에서도 안심하고 블록을 형성, 검증하고 토큰을 전송하고 수취할 수 있는 제도적 기반이 된다.

넷째, 블록체인은 작업증명(POW, Proof of Work)*이나 지분증명(POS, Proof of Stake)**처럼 참여 노드들, 즉 컴퓨터들 간에 합의하는 알고리즘 기술이다. 합의 알고리즘이란, 분산원장 시스템 내 모든 노드가 분산원장을 일관성 있게 보유하도록 네트워크를 연결해 새로운 기록의 공유, 검증, 추가에 전체의 동의를 이끌어내는 일련의 과정을 말한다.

인터넷으로 연결된 컴퓨터들 사이에 어떤 상태나 거래기록을 확정하여 블록을 생성해 데이터로 보관하려면 서로 기록을 확정·보관하는 일정한 방식이 필요하다. 이런 합의 알고리즘(consensus algorithm)은 크게 작업증명방식과 지분증명방식으로 나뉜다. 많은 전기를 써서 수많은 연산작업을 한 후에 주어진 목표값보다 작은 블록해시값을 충족하는 논스값을 가장 먼저 찾는 노드에게 거래기록을 담은 블록을 생성하고 보상을 받을 자격을 부여하고 다른 노드들의 검증(블록생성 노드가 연산한 것이 맞는지)을 거쳐 블록이 확정되는 것이 작업증명방식이고, 의결권이 부여된 토큰들 중 과반수 찬성을 얻어서 거래기록 블록을 확정하는 것이 지분증명방식이다. 합의 알고리즘은 미리 공개되고 참여자 모두를 구속하므로, 서로 모르는 사람들 간에도 얼마든지 경제

● 해시값을 찾는 과정을 무수히 반복함으로써 목표값 이하의 논스값을 가장 먼저 찾아 해당 작업에 참여했음을 증명하는 방식의 합의 알고리즘.
●● 암호화폐를 보유한 지분율에 비례하여 의사결정 권한을 주는 합의 알고리즘.

적 이해관계를 같이하는 공동체를 만들 수 있는 바탕으로 작용한다.

이더리움이 작업증명방식을 취하다가 2022년 9월에 지분증명방식으로 변경했는데, 작업증명방식이 전기를 너무 많이 사용하여 환경문제를 일으키는 점과 거래 블록을 확정하는 데 시간과 절차가 너무 소요된다는 점 때문이었다.

다섯째, 블록체인은 분산원장기술(Distributed Ledger Technology)●이다.

합의 알고리즘에 참여하는 모든 노드는 확정된 거래기록을 각자의 컴퓨터에 분산·저장할 수 있다. 해커가 노드들의 컴퓨터를 해킹하여 거래기록을 삭제하더라도 극단적으로 한 노드의 컴퓨터에만 저장기록이 남아 있으면 분산원장●●은 문제없이 작동하는 것이다. 분산원장을 보관하는 노드가 많아질수록 악의의 공격자가 블록체인의 기록을 왜곡하거나 조작하는 시도는 어려워진다. 진정한 의미의 퍼블릭 블록체인이 되면 분산원장에 보관 중인 데이터와 거래기록을 신뢰해도 된다는 것은 인류의 기록방식으로 엄청난 진보이다.

여섯째, 블록체인은 인터넷 기술의 어깨 위에 존재한다.

● 암호화된 데이터를 분산하여 저장하는 기술.
●● 거래 정보를 기록한 원장을 특정 기관의 중앙화된 서버가 아니라 분산화된 네트워크에서 참여자들이 공동으로 기록하고, 관리하는 기술.

인터넷은 통신으로 연결된 네트워크인 웹상에서 어떤 데이터나 정보를 전송하고 수령하는 기술인데, 대부분 5개 층위(layer)로 구성된다. 최하위 **하드웨어 레이어**부터 하드웨어와 네트워크를 연결하는 **링크 레이어**, 인터넷 프로토콜(protocol)로 부르는 **네트워크 레이어**, 데이터를 분할하고 다시 조합하는 **통신 레이어**, 이용자가 정보를 공유하고 메시지와 파일을 교환하는 최상위의 **애플리케이션 레이어**가 있다. 블록체인 이전 인터넷이 서버-클라이언트 컴퓨터 구조에서 정보를 전달하는 데 그쳤다면, 블록체인은 인터넷의 통신 레이어 위에 위치하여 정보를 전달하는 기능 외에 다수 컴퓨터에서 정보를 저장하고 코드를 작동하게 하는 다양한 온라인 서비스 기능을 수행하게 해준다. 인터넷의 기술적 구조가 중앙화 기관의 서버와 그에 연결된 다수의 클라이언트 컴퓨터로 이루어진 것이라면 블록체인은 서버 없이 각 컴퓨터들이 노드로 참여하여 서로 P2P(peer to peer)•로 연결된 것이 다른 점이다.[2]

인터넷이 등장한 초기에 개인들이 정보의 자유를 무제한으로 누릴 것이라는 희망이 매우 컸다. 사이버상에서 개인은 국가의 통제없이, 국가 경계의 제한 없이 자유롭게 정보를 생성, 전파하는 자유를 가질 수 있게 될 것이라는 기대까지 형성되었다.

• 인터넷으로 다른 사용자의 컴퓨터에 접속하여 각종 정보나 파일을 교환·공유할 수 있게 해주는 서비스.

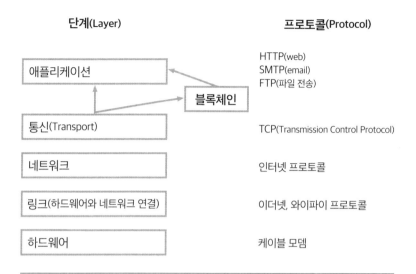

단계(Layer)	프로토콜(Protocol)
애플리케이션	HTTP(web) SMTP(email) FTP(파일 전송)
블록체인	
통신(Transport)	TCP(Transmission Control Protocol)
네트워크	인터넷 프로토콜
링크(하드웨어와 네트워크 연결)	이더넷, 와이파이 프로토콜
하드웨어	케이블 모뎀

인터넷의 층위와 블록체인

출처: Primavera De Filippi, Aaron Wright, *Blockchain and the Law*, p. 49.

그러나 인터넷에서 포르노물을 게시해 팔거나 도박을 하게 하거나 불법적인 무기나 마약 거래를 하는 등의 다양한 거래가 이루어질 뿐 아니라 반사회적인 모임이나 정치적 저항의 결사를 하는 경우가 생기면서 각 국가는 인터넷에 규제를 촘촘히 하게 되었고, 모든 컴퓨터 간의 통신을 위하여 부여한 IP주소를 통하여 통제하고 있다. 다른 한편으로 글로벌화된 플랫폼사업자인 구글, 애플, 메타(페이스북), 아마존이 등장하여 그들이 원하는 방향으로 정보를 생성하고 전파하는 등으로 정보흐름을 봉제하는 일도 발생했다. 여러 국가도 필요한 경우 거대 플랫폼에 제한이나 금지를 가하기도 한다.

인터넷의 작동구조하에서는 국가들이 인터넷주소와 서비스를 제공하는 주체들과 그들의 서버를 통제하는 것이 용이했기 때문이다.

그러나 블록체인은 다수의 노드가 P2P로 연결되어 있어서 인터넷 자체에 대한 통제방식을 그대로 적용하기가 어렵고 제도적으로 국가가 개입하고 규제할 여지가 상대적으로 작을 것으로 본다.

이상에서 6가지 기술에 대한 최소한의 설명과 함께 기술전문가가 아닌 독자들에게는 어렵게 느껴지는 기술적 개념을 가능한 한 사회제도적 맥락으로 풀어서 설명했다. 6가지 기술과 그 제도적 의미를 이해하면 블록체인 기반으로 이루어지는 여러 서비스와 그를 둘러싼 제도적, 법적 쟁점들을 이해하는 데 큰 문제가 없을 것이다.

비트코인, 이더리움과 계속 발전하는 기술

비트코인의 화폐 시도와 혁신성

비트코인이 한국 사회에 널리 알려진 것은 2017년 여름 무렵부터

였다. 가격이 몇십만 원에서 몇 달 사이에 500만 원이 되고, 다시 몇 달 사이에 2,400여 만 원까지 치솟으면서 젊은 세대 위주의 투자자, 국무총리실과 법무부 등 정부부처, 금융감독당국, 국회, 전문가들의 이목을 집중시키며 갑론을박하게 되었다. 대학생이나 청년들이 밤잠까지 설치며 학교생활과 직장생활을 소홀히 하고 투기에 빠져드는 현상이 목격되자 정부에서 비트코인의 부정적인 면을 강조하고 거래소 폐쇄니, 도박이니 하는 표현까지 나오게 되었다.

당시 비트코인을 만든 기술은 P2P 기반 네트워크에서 전자적으로 발행된 화폐와 유사한 것인데, 이중지불이 차단되어 믿고 쓸 수 있다고 설명되었다. 탈중앙화 기반의 분산원장에 거래를 기록하고, 모든 노드의 51% 이상이 담합하여 지금까지 기록을 담은 모든 블록의 내용을 바꾸면 변경이 가능하지만, 실질적으로 그런 작업을 할 가능성이 없기에 사후 변경은 불가능하다고 했다. 그러나 이를 사람들이 완전히 이해하기는 어려웠다.

기술을 파악하기도 어려운 비트코인에 짧은 시간 전문가를 넘어서 일반 대중, 정부까지 나서서 관심을 갖고 이해하려 하고 지지하거나 비판하는 현상이 증폭된 이유는 무엇일까? 먼저 비트코인이 전 세계적으로 자산적 가치를 인정받은 것이 가장 큰 원인이겠지만, 비트코인의 작동구조를 보면 단순한 기술을 넘어 사회·경제·정치·법적 제도를 바꿀 수 있다는 시사점을 보여주었기 때문이다. 비트코인은 아이폰처럼 그 이전에 있던 몇 가지 기술을 융복합해 완성했고, 최초 개발자는 국가의 통제를 받지 않는 전자화폐를 지향했지만, 비트코인의 구조와 백서는 원래 용도 외에 더 많이 응용하고 제도화할 요소들을 의도적으로 심어둔 건 아닐까 하는 생각이 들 정도로 다양한 측면을 품고 있다.

먼저 실물세계가 아닌 컴퓨터상에서 암호화와 작업증명을 이용해 만들고 저장했기 때문에 누구든 확인할 수 있는 이 데이터 세트, 즉 비트코인은 전 세계 컴퓨터 간 P2P로 또는 암호화폐거래소에서 1년 365일 쉽게 사고팔 수 있는 상품이 되었다.

그럼 도대체 비트코인은 어디에 존재하는가? 비트코인 프로그램을 설치한 다수 컴퓨터가 연결된 네트워크상에서 언제든 비트코인의 거래 수량을 확인할 수 있지만, 특정된 주체가 또는 모두가 인정하는 권위를 가진 누군가가 비트코인이 어디에 있다거나 비트코인 보유수량이 얼마라고 인정해 주지는 않는다. 서버 컴퓨터 하드 디스크에 저장된 데이터는 디지털 형태이기는 하지만 그 서버에 존재한다고 말할 수는 없다. 그렇다고 특정한 상대방에게 요청할 수 있는 권리형태로 존재하는 것도 아니다. 태양 아래 완전히 새로운 종류의 자산이 처음 생겨난 것이다.

비트코인의 경제적 가치는 2010년 비트코인 1만 개가 피자 두 판의 대금지급 수단으로 처음 사용되고 비트코인이 거래소에 상장되어 법정화폐로 매매되면서 부여되었다고 할 수 있다. 지금 비트코인 1개 가격을 약 3,500만 원으로 환산하면 3,500억 원에 이르지만 당시에는 대금으로 받아줄지를 걱정했다.

비트코인의 이전은 전송하는 자와 수신하는 자가 전자지갑만 보유하고 있으면 전송자와 수신자의 소재지 국가가 어디든지 관계없이 언제든 가능하다.

비트코인은 하나의 상품으로 거래 대상이 되고 더 나아가 저렴한 비용에 전 세계로 경제적 가치를 이전하는 긍정적 효과를 가져온 반면, 투기와 마약, 불법무기, 성착취 등 불법거래의 지급수단으로 널리 활용되는 어두운 면도 있다. 이런 대비되는 양면성 중 어느 쪽을 중시하느냐에 따라 국가의 정책과 규제의 방향이 달라지는 점은 뒤에서 자세히 살펴본다.

비트코인을 만든 배경에는 기술을 바탕으로 국가의 자의적인 통화정책의 폐해에서 벗어나고자 하는 사이퍼펑크(Cypherpunk)● 정신이 깔려 있지만, 처음부터 국가의 화폐발행권과 무관하게 설계된 비트코인은 한국은행법상 정의된 법정화폐가 될 수 없다. 그럼에도 비트코인이 법정화폐의 지급수단, 가치저장수단, 회계단위의 각 기능을 발휘할

● 　암호기술을 이용하여 기존의 중앙집권화된 국가와 기업구조에 저항하려는 사회운동가.

수 있는지에 관심이 커지고 화폐의 대안이 될지를 깊이 연구하는 계기를 제공했다. 『이더리움 백서』에서는 주조차익, 즉 화폐의 명목가액에서 주조에 드는 비용을 공제한 이익의 발생도 화폐의 기능에 포함된다고 설명하는데, 토큰도 어느 정도 주조차익을 발생한다고 볼 수 있다.

2017년 말부터 2018년까지 한국에서는 비트코인이 원화나 달러 같은 국가의 법정화폐를 대체할 수 있다는 주장과 법정화폐를 대체해서는 안 된다는 주장, 가격의 지나친 급등락으로 법정화폐를 대체할 수 없다는 주장이 맞부딪치면서 논란이 확대되었다. 이 논쟁은 국가로 하여금 독점적 통화발행권이 도전받을 수도 있다는 생각을 하게 하고, 많은 사람이 당연하게 여겨온 현재의 화폐제도에 어떤 문제가 있는지와 대안화폐가 가능한지를 한 번쯤 고민하게 만드는 계기를 제공했다.

지금까지 비트코인은 엘살바도르 같은 국가를 제외하고는 화폐를 대체하는 데 실패했지만, 일정한 경제적 가치를 지닌 자산으로 금과 유사한 성격을 가지게 된 성과는 있다. 가치저장수단의 대표적 예인 금과 비트코인을 비교해 보면, 채굴 가능량 또는 공급량이 한정되어 있다는 점, 가격은 수요량에 영향을 많이 받는다는 점, 대금지급수단으로 사용하기에는 거래비용이 크다는 점이 공통적이라 할 수 있다.

비트코인은 누구나 온라인 거래장부시스템에 들어가서 데이터나 정보에 대한 원장기록과 보관의 주체가 되는 길을 열었다. 전 세계에서 노드 수만 개가 동일한 시간대에 비트코인 채굴에 성공하고자 연산경쟁을 하고, 누군가 최초로 블록을 올리면 과반의 노드가 그를 검증해 주는 경우에만 그 기록이 최종 확정된다(작업증명방식). 한번 형성된 블록 내 거래기록은 이론적으로 전체 채굴(mining) 해시레이트 (Hashrate)• 노드들 간 채굴경쟁에서 블록을 생성할 수 있는 연산능력의 51% 이상을 가진 노드가 담합하지 않는 한 사후 위조나 변조는 불가능하다. 이 점에서 분산원장에 대한 신뢰가 생긴다. 이는 지금까지 은행과 같이 특정주체만이 원장을 관리하며 거래기록을 담당하고, 모든 거래자는 그 기록에 기재된 만큼 자기 재산과 권리를 인정받는 시스템과는 다른데, 이런 구조를 탈중앙화 분산원장이라고 한다.

은행 서버에 보관된 원장의 데이터는 담당자가 임의로 변경할 수 있다. 그래서 한 번씩 터지는 금융기관들의 대형 횡령사고는 거의 대부분이 내부직원들이 담당 장부의 기록을 변조하면서 발생한다. 하지만 비트코인 덕에 단독 주체만 원장을 기록하는 중앙화된 관리 체계가 아니라 누구든 원하면 익명의 노드가 되어 거래기록을 담은 원장을 각자 컴퓨터에 보관하는 분산원장 시스템이 가능해졌다. 해커가 노드의 컴퓨터를 해킹하여 거래기록을 삭제하더라도 다른 노드들의 저장기록이 남아 있는 한 분산원장은 문제없이 작동한다. 노드들이

• 　연산 처리능력을 측정하는 단위로 해시 속도를 의미.

분산 보관하는 원장에 담을 수 있는 기록의 내용에는 제한이 없다. 부동산의 표시, 소유권자, 소유권이전 내역은 물론 임차인과 임차계약의 조건 등 사람들이 필요로 하는 것이 다 포함될 수 있다.

이더리움, 스마트 컨트랙트와 다오(DAO)

이더리움 창시자 비탈릭 부테린이 표현했듯이, 비트코인이 전화기라면 이더리움은 스마트폰이라 할 수 있다. 스마트폰은 통화는 물론 각종 앱을 설치하여 이용할 수 있는 플랫폼이다. 비트코인이 기존 화폐제도에 반발해서 나왔다면 이더리움은 비트코인의 바탕 위에서 사회·경제를 구성하는 다양한 제도의 운영방식 개선 방안을 개발하면서 나왔다.

스마트 컨트랙트와 자산이전의 혁신

비트코인은 송금과 수취 관련 거래만 기록하지만 이더리움은 튜링완전(turing-complete)언어●인 솔리디티(Solidity)●●를 이용하여 스마

● 이 세상의 모든 문제를 풀 수 있는 튜링머신 안에 입력할 수 있는 알고리즘을 구현하는 언어.
●● 블록체인 플랫폼에서 스마트 계약 작성과 구현에 사용되는 계약 지향 프로그래밍 언어.

트 컨트랙트 기능까지 구현했다. 이는 컴퓨터 프로그램에서 어떤 조건을 충족하면 자동으로 가상자산의 이전 등 어떤 거래를 발생·완결시키는(코드가 if와 then의 문장형식으로 이루어짐) 작동체계를 의미한다.

스마트 컨트랙트는 대중이 거부감 없이 받아들이고 기억하기 쉽다는 측면에서는 용어를 성공적으로 선택한 것으로 보인다. 하지만 엄밀한 의미에서 여러 국가의 법체계상 계약의 정의에 포함되는지는 논란이 있다.

『이더리움 백서』에서는 '블록체인상 토큰 시스템(on-blockchain token system)'이라는 용어를 사용해서 미국 달러, 금 등과 연동된 하위화폐, 주식과 스마트자산, 인센티브로 지급하는 다양한 토큰을 거래하는 시스템이 쉽게 구현된다고 설명한다. 그 시스템의 핵심은 결국 한 가지 작업을 수행하는 것인데, 그 작업은 A와 B가 토큰거래를 할 때 A 계좌에서 X개 토큰을 차감하고 그 차감한 X개 토큰을 B 계좌로 지급한다는 논리다. 그렇게 처리하는 조건은 A가 거래 전에 X개 이상의 토큰을 보유하고 있고 이 거래를 승인하는 것이다.

스마트라는 말을 붙인 것은 의사능력이 있는 법적 주체인 개인이나 법인이 일일이 계약의 조건과 내용을 합의하지 않고도 미리 정해둔 소프트웨어 알고리즘으로 자산의 이전이나 블록체인 원장상 어떤 상태의 변화를 실행한다는 의미이다. 물론 참여자들은 실명으로 확인되거나 실명의 당사자와 1:1로 연결될 필요는 없다. 법 체계하에서는 계약의 체결과 이행이 논리적·실무적으로 구분되는 데 비하여 스마트 컨트랙트에서는 계약의 체결과 이행이 동시에 일어나고 계약내용에 하자가 있어도 이미 이행이 완료된 스마트 컨트랙트를 해제·해지하거나 수정할 여지가 없다. 이더리움이 창안한 스마트 컨트랙트는 다양한 목적을 이루는 데 활용되고 또 더 널리 활용될 것이다. 하지만 전통적 의미의 계약을 스마트 컨트랙트로 구성하는 기술적 방법은 앞으로 더 많은 연구가 필요하다.

블록체인 활용 분야의 확대

비탈릭 부테린은 다양한 분야에 이더리움을 포함한 블록체인을 활용할 수 있다는 의견을 제시했는데, 몇 가지 예를 들면 다음과 같다.

블록체인은 파생금융상품에 활용할 수 있다. 이더 또는 다른 가상화폐의 변동성에 헤지(hedge)* 하는 계약으로 A와 B가 각각 1,000이더를 입금하면 30일 이후 A에게는 그 당시 이더의 달러가액을 적용하여 계산한 X달러를 지급하고, 나머지 이더는 모두 B에게 지급하는 것이다. 물론 이더의 달러표시 시가를 오프체인(off-chain)** 의 제3자

---

* 현물가격 변동의 위험을 선물가격 변동으로 제거하는 것으로 '위험회피' 또는 '위험분산'이라고도 한다.
** 블록체인 네트워크 외부를 의미.

에게서 제공받으므로 모든 거래과정을 완전히 온체인(on-chain)[*]화하지 못하는 점에 대한 고민도 있다.

토지등기부도 블록체인화할 수 있다. 2005년에 컴퓨터 과학자 닉 사보가 「소유주 권한을 통한 재산권 보장」이라는 글에서 토지 소유권을 표시하는 등기부를 블록체인 기반으로 만드는 아이디어를 제시했다. 그 이후 여러 나라에서 기존 등기부를 블록체인 기반으로 전환하는 문제에 관심을 두고 연구하고 있다. 또 탈중앙화 보험상품으로 아이오와주에서는 강수량과 역비례하는 보험금을 지급하는 가뭄보험이 가능하다고 한다.

인수합병(M&A)에서 매도인의 하자담보책임을 담보하기 위해 주식매매대금의 일부를 에스크로(Escrow)[**] 계좌에 예치하는 경우가 있다. 이때 에스크로 대리인은 에스크로 계약에서 정한 조건에 따라서만 에스크로 대금을 집행해야 할 의무가 발생하며, 그 조건에 당사자의 동의가 포함될 수 있다. 동의서 양식은 미리 정해두고 당사자가 그에 서명날인하여 에스크로 대리인에게 제출하는 것이 일반적이다. 그

•   블록체인 네트워크 내부를 의미.

••   구매자와 판매자 간 신용관계가 불확실할 때 제3자가 상거래가 원활하도록 중개하는 매매 보호 서비스. 거래 당사자 사이에서 장래에 지급할 금전이나 목적물을 미리 양 당사자가 신뢰할 수 있는 제3자 명의의 계좌에 보관시킨 후 지급조건이 충족되면 바로 지급하도록 하는 계약.

런데 만약 이 에스크로 대금을 스마트 컨트랙트에 넣어두고 당사자 전자서명이 모두 필요한 멀티시그(multisig)●가 있을 때만 대금을 전송하게 하면 에스크로 에이전트는 필요 없게 될 수 있다.

자기 이름 등 신원확인정보를 등록하여 신원을 확인하고 평판을 기록할 수 있다는 아이디어도 제시한다. 이후 수많은 ERC20●● 기반 토큰발행, 디파이 플랫폼, NFT 발행, DAO 운영 등은 대부분 이더리움 플랫폼 위에서 개발된다.

새로운 조직형태 DAO 제시

『이더리움 백서』에서는 사람들이 여러 형태의 조직을 블록체인 플랫폼에서 결성하여 운영하는 방법을 소개했다. 가장 기본 개념은 특정한 구성원 또는 주주들을 둔 가상의 독립적 주체(virtual entity)가 구성원들의 일정 수 이상(예: 67% 이상)의 동의로 조직의 운영자금을 지출·배분하고 코드를 변경하도록 하자는 아이디어다. 조직의 자금을 급여, 보상 등의 항목에 배분하는 것은 기존의 회사나 비영리재단

● 다중서명. 데이터의 위변조와 부인을 막고 메시지의 무결성을 확인 인증을 수행하는 기술인 전자서명 중 특수 전자서명 방식에 해당되는 기술.
●● 이더리움 블록체인에서 대체가능한 토큰 발행을 위한 스마트 컨트랙트에 사용되는 기술 표준.

과 동일하나 자금이 다시 사람의 행위를 거치는 것이 아니라 코드에 미리 정해진 대로 자동적·강제적으로 배분되게 하는 점이 다르다.

가상의 주체는 자본주의적 모델인 탈중앙화 자율기업(DAO, Decentralised Autonomous Corporation)뿐 아니라 그 대안적 탈중앙화 자율 커뮤니티(Decentralised Autonomous Community)라는 개념도 가능하다고 한다. 전자는 멤버별로 0 또는 그 이상의 지분을 가지는데, 지분은 양도가 가능하며, 조직의 의사결정에는 지분의 2/3가 필요하다. 지분은 조직의 자산을 관리하고 배당을 수령할 권한을 포함한다. 이에 반해 후자에서 구성원은 모두 동일하게 하나의 지분을 가진다. DAO의 스마트 컨트랙트는 전체 구성원의 리스트와 함께 구성원의 투표 내용까지 보관할 수 있다. 발전된 형태로는 컨트랙트에 내장된 투표기능을 이용해 새 구성원을 충원하거나 기존 구성원을 탈퇴시킬 수 있고, 대의제 민주주의와 같은 투표위임 등의 기능도 추가할 수 있다고 기재한다.

이 아이디어는 그 후 많은 분야에서 실험되는 DAO의 밑바탕이 되었다. DAO는 미리 정해둔 규칙에 따라 블록체인 위에서 자금을 출연하는 사람들이 조직의 구성원 자격을 얻고 공동활동을 하며, 그 결과 얻는 수익도 배분하는 조직의 형태이다. 이런 아이디어를 2015년에 이미 제시했다는 사실은 조직 운영이 결국 구성원이 의사결정을 어떻게 하는지와 조직이 출연자금이나 수익자금을 어떻게 운영하고 배분할지가 핵심이라는 것이다. 또 블록체인기술은 이 두 가지 절차를 효율적이고 빠르면서도 투명하게 실행할 수 있음을 간파한 통찰력이 대단하다고 할 수 있다.

DAO는 사람들이 조직을 구성하거나 공동활동을 하려는 다양한 사회적 욕구를 해소하려고 생겨났다. DAO가 구체적으로 어떤 문제에 부딪히고 그 해결 방안은 무엇인지는 6장에서 좀 더 깊이 살펴본다.

진화하는 블록체인기술

블록체인기술을 개발할 때는 트릴레마(Trilemma)•가 있다. 탈중앙화(decentralisation), 확장성(scalability), 보안성(security)을 달성하고 싶지만 세 가지를 다 만족시키는 기술을 개발하기가 쉽지 않은 것이다. 탈중앙화는 블록체인에 다수가 참여하고 기여해 얻을 수 있는 가치이고, 확장성은 블록체인을 많은 사람이 같이 이용할 수 있는 기술적 바탕이며, 보안성은 믿고 쓸 수 있는 신뢰의 기반이 된다. 비트코인은 탈중앙화와 보안성이 잘 보장된 반면 확장성에는 한계가 있다.

플랫폼의 확장성을 키우고자 블록을 제안하여 확정하는 데 걸리

• 삼중고민. 세 가지 목표 가운데 두 가지 목표는 동시에 해결할 수 있지만 세 가지 목표를 한꺼번에 해결할 수 없는 문제.

는 시간을 단축하려는 노력이 계속되고 있지만 아직도 중앙화된 서버에서 처리하는 속도에는 크게 못 미친다. 1초당 거래 처리 건수(TPS, Transactions Per Second)가 비트코인은 7, 이더리움은 20, 비자카드는 24,000이다. 아발란체 블록체인의 경우 블록을 검증하는 노드들에 대한 보상을 지급할 때 노드들이 신속하게 검증한 속도에 비례하여 보상을 지급함으로써 블록확정에 걸리는 시간이 0.2초라고 한다. 즉, 아발란체는 거래 속도가 비트코인보다 35배 빨라 확장성 면에서 우위에 있다. 이더리움은 블록확정에 걸리는 시간을 줄이고 가스비●를 절감하려고 2022년 9월 15일 작업증명방식의 합의 알고리즘을 지분증명방식으로 바꾸었다.

메인넷의 확장성을 높이기 위해 레이어2를 활용하기도 한다. 메인넷 자체에 모든 거래기록을 올릴 경우에 처리속도와 시간이 길어지는 점을 해결하기 위해서 메인넷 자체는 레이어1로 보고, 그 위에 새로운 레이어를 더 두는 개념이다. 물론 레이어2에 올리는 블록내용의 보안과 신뢰를 확보할 수 있는 기술이 필요하다.

여러 가지 점에서 비교되는 솔라나와 폴리곤은 서로 경쟁하기도 한다. 블록형성 속도는 솔라나가 0.4초, 폴리곤이 2초이고 블록의 최대

● 이더리움에서 송금 등을 실행할 때 소요되는 수수료. 데이터를 옮기기 위해서 채굴자들의 연산작업이 필요한데, 이들에 대한 보상으로 가스를 제공함.

크기는 솔라나가 128MB, 폴리곤이 50~120KB이다. 수수료는 솔라나가 미화 0.02달러인 데 비해, 폴리곤은 미화 2달러이다. 솔라나가 블록형성이 빠르고 하나의 블록에 담을 수 있는 데이터양도 크나 수수료가 비싼 편이다.

여러 블록체인에 기반한 토큰경제가 확대되면서 다른 블록체인과 호환 가능성도 중요한 기술이 되고 있다. 그래서 이더리움과 호환 가능한 블록체인과 그렇지 않은 블록체인으로 나누기도 한다. 현재까지 어떤 블록체인도 트릴레마를 완벽히 해결하지 못했으며, 각자 경쟁하면서 개선하려 노력하고 있다.

블록체인기술의 제도적 의미

블록체인이라는 기술은 정해진 목적을 더 효율적으로 쉽게 달성하는 기술에 머무르지 않고 기술 자체가 사회·경제적 제도 역할을 하기도 한다. 특히 블록체인을 구성하는 기술 중 탈중앙화를 구현하는 합의 알고리즘이나 분산원장은 노드들의 역할로 기존 제도에서 중개자 역할을 대체할 수 있어 기술 자체가 제도적 기술이라 할 수 있다. 토큰 자체가 화폐, 신분증, 지급수단, 권리증서, 증권, 사채 등이 되어 통화

제도, 금융제도, 자본시장제도의 기능을 대체하거나 담아낼 수 있다.

아래에서 블록체인을 구성하는 기술들의 속성에 기초하여 어떤 제도와 연결할 수 있고 제도로서 어떤 특성이 있는지 살펴본다.[3]

첫째, 많은 제도를 권위 있고 신뢰 있는 중개자, 즉 국가, 정부기관, 은행, 학교, 플랫폼 운영회사 등에서 운영해 왔지만, 블록체인이 기존 제도를 탈중개화·탈중앙화하고 있다. 많은 정보, 데이터와 거래가 글로벌 인터넷 플랫폼회사와 클라우드 컴퓨팅회사의 서버에서 벗어나 컴퓨터들의 네트워크 위로 옮겨갈 제도적 기반이 마련된 것이다. 그러나 그 반대급부로 네트워크와 P2P거래, 오픈소스의 버그● 등 오류에 대해 책임주체가 부재하거나 불명확해지는 현상이 동반된다.

둘째, 익명 또는 가명 거래가 쉬워진다. 블록체인 네트워크는 오픈소스 소프트웨어로 무료 배포되는 블록체인 프로그램으로 누구든 실명을 밝히지 않고 노드로 참여하여 보상을 받을 수 있고, 토큰거래자도 전 세계에 걸쳐 익명으로 토큰을 송금하고 수취할 수 있다.

셋째, 기록이 확정되면 사후 변경이 불가능하다. 이는 블록체인이 가져온 가장 근본적 가치라고도 할 수 있다. 블록체인에서 일단 확정되어 기록된 데이터는 특별히 다수 노드를 매수하지 않는 한 사후 위

● 컴퓨터 프로그램이나 시스템의 착오 또는 시스템 오동작의 원인이 되는 프로그램의 잘못.

변조가 불가능하다. 그리고 블록체인 프로토콜●의 오류나 송금자의 착오로 잘못된 지갑주소로 가상자산이 송금되었다 하더라도 이전거래가 확정되어 취소할 수 없으며, 별도 행위로 사후 반환을 청구할 수밖에 없다. 블록체인상에서 송금인이 수취인에게 송금할 때는 송금인의 프라이빗키로 전자서명을 하므로 나중에 그 사실을 부인할 수 없다.

넷째, 퍼블릭 블록체인에 오른 기록을 누구나 들여다볼 수 있는 투명성이 있다. 블록체인에 저장된 데이터는 누구든 열람할 수 있어서 어떤 거래나 상태의 투명성을 높이는 데 도움이 된다. 블록체인에 거래 당사자로 기록된 지갑주소 자체에 개인을 특정하는 내용은 없지만(지갑주소와 다른 정보가 결합되면 확인 가능) 누구도 그 거래의 존재를 부인할 수 없으며, 경우에 따라서는 자기 발언이나 행위를 알리는 수단으로 블록체인에 기록을 남기면 모든 사람이 그 정보를 확인할 수 있다. 실례로 사이퍼펑크운동의 주도자인 줄리안 어산지가 2017년에 자신이 죽었다는 논란이 있을 때 이러한 투명성을 활용하여 블록체인에 살아 있다는 메시지를 남겨 논란을 잠재운 적이 있다.

다섯째, 프로토콜 자체가 자율적으로 작동하므로 어떤 사람도 프로토콜 작동을 통제하지 못한다. 일단 스마트 컨트랙트가 개발된 이후

● 데이터의 교환 방식을 정의하는 규칙 체계.

에는 특별히 다른 사정이 개입하지 않는 한 개발자의 손에서도 떠나 프로토콜과 스마트 컨트랙트 스스로 작동하므로 아무도 지배하거나 통제하지 못한다.

여섯째, 네트워크의 복원탄력성이다. 블록체인 분산원장에 기록되면 어떤 이유로 노드 컴퓨터들이 다 망가지고 기록이 삭제된다 하더라도 노드 컴퓨터 하나라도 기록이 유지된다면 다른 컴퓨터에 블록체인 프로그램을 내려받아 블록체인 네트워크를 복원할 수 있다.

2011년 가을 필자는 서울대 규장각에서 조선왕조실록의 원본을 열람하면서 블록체인의 복원성이 연상되었다. 조선시대에는 동일한 내용의 왕조실록을 4부 만들어 춘추관, 충주, 전주, 성주 네 사고에 보관했다. 임진왜란이 일어난 1592년에 전주를 제외한 나머지 세 곳의 사고가 모두 불타 없어진 이후 전주에 보관된 실록이 해주, 강화, 묘향산을 거쳐 1606년 강화에 보관되었고, 그 내용을 그대로 만들어 춘추관, 태백산, 묘향산, 오대산의 서고에도 실록이 다시 보관되었다. 그 후 병자호란, 일제강점기를 거치면서 일부 서고의 실록판본이 이전되고 소실되었지만 강화서고 실록판본이 서울대학교 규장각으로 옮겨져 잘 보존되고 있다.

일곱째, 블록체인기술은 개발자가 독점적 저작권을 주장하지 않는다. 블록체인도 오픈소스 소프트웨어로 개발되고 오픈소스의 공유와 개방의 정신이 많은 사람을 블록체인에 끌어모으게 한다.

필자는 2007년부터 오픈소스 관련 일을 해오면서 한국 사회의 반응에 아쉬움을 많이 느끼기도 했다. 일부 대기업조차 오픈소스의 가치를 충분히 인정하고 가져다 쓰면서도 라이선스와 컴플라이언스●를 지키는 데는 무관심하거나 소극적인 모습을 보였다.

정부 관련 부처 공무원 중에서는 오픈소스의 공유와 개방이라는 철학을 가볍게 생각하고 한국이 어떻게든 오픈소스를 독점적·배타적으로 활용하는 예외적 방법을 찾고 싶어 하는 경우도 있었다. 오픈소스 라이선스는 이용자가 상업적으로 활용하도록 허용하므로 상업적 이용은 문제없지만, 원저작권자가 요청한 라이선스 조건은 반드시 준수해야 지속가능한 오픈소스 생태계가 유지된다는 사실을 언제나 명심해야 한다. 게다가 그 생태계를 주도할 리더십을 갖추려면 오픈소스의 룰을 한층 더 적극적·선도적으로 지키는 것이 전제가 되어야 한다.

이런 오픈소스 소프트웨어의 철학과 생태계가 있었기에 비트코인 개발자로 알려진 사토시 나카모토가 비트코인 코어라는 프로그램을 오픈소스 소프트웨어로 세상에 무료로 공개·배포할 수 있었다. 따라서 누구든 비트코인 코어라는 프로그램을 무료로 그대로 복제해서 사용할 수 있으며 자유롭게 수정해서 사용하거나 배포할 수도 있었다.

● 　경영 방식이 법규에 맞도록 하는 내부통제 장치.

이런 수정·배포행위를 하면 비트코인의 포크가 일어난다. 비트코인 캐시는 이렇게 비트코인 코어라는 오픈소스 소프트웨어를 자유롭게 수정하여 만들어진 것이다. 결국 오픈소스 소프트웨어는 누구든 경제적 대가 없이 비트코인 코어 프로그램을 가져다가 노드가 되도록 하여 비트코인 네트워크가 형성되는 필수 기반기술이 되었다.

토큰, 코인과 암호자산의 명칭 논란과 제안

비트코인과 이더리움에 이어 리플, 라이트코인, 모네로, Z캐시, AVAX, USTether, USCoin, 테라, 바이낸스 토큰, 유니코인, 신세틱스네트워크 코인(SNX), FTT 등 토큰 또는 코인이라 불리는 것들은 일종의 '전자적 증표'라 할 수 있는데 2021년 하반기 현재 7,000개 정도이다. 암호자산의 2021년 하반기 시가총액은 3,000조 원 정도로 전 세계 금융자산총액의 약 1%를 차지했으나 2022년 12월 기준으로 1,000조 원 정도로 축소되었다.

그러나 이것들에 대하여 어떻게 유형을 구분하고 어떤 이름으로 부를지 각 국가 내부와 국제사회 모두에서 널리 합의되지 않았고 지금도 암호자산뿐 아니라 코인, 토큰, 가상자산, 디지털 자산, 암호화폐(cryptocurrency), 가상화폐(virtual money), 디지털화폐 등으로 불려 헷갈린다. 게다가 성질과 기능이 동일한 대상을 서로 다른 이름으로 부르는 경우도 있고, 다른 대상을 동일한 이름으로 부는 경우도 혼재되어 매우 혼란스럽다. 하나의 대상이 여러 이름으로 불리는 것은 그 대상에 매우 다양한 속성과 면모가 있어서 사람에 따라 그중 일부만 보거나 그 일부에만 초점을 맞추기 때문일 것이다. 이에 따라 현실적으로 많이 사용되는 유형구분과 명칭이 어떤 내용을 담고 있는지는 물론 그것이 적절한지도 살펴본다.

비트코인이 아닌 '증표들'을 집합적으로 알트코인이라고도 하며, 비트코인과 알트코인들을 통칭하여 암호화폐, 암호통화(cryptocurren-cy), 가상화폐, 가상통화(virtual currency)라고 부르는 경우가 많다. 화폐와 통화라는 용어는 대안 화폐를 지향하는 비트코인의 영향을 고려하고 지급수단과 교환의 매개라는 화폐의 기능을 강조한 것이다.

다른 한편 업계에서 경제적 가치를 지닌 자산(asset)이라는 의미를 중시하여 '새로운 증표들'을 암호자산(cryptoasset) 또는 가상자산(virtual asset)이라고도 한다. 블록체인기술의 핵심 중 하나인 암호화기술을 강조하면 암호라는 용어를 쓰고, 물리적 형태를 갖지 않고 컴퓨터 네트워크 내에서만 생성·존속하는 것임을 강조하면 가상이라는 용어를 쓴다.

암호화나 가상을 포함하면서 그보다 더 넓은 범위를 포괄하고 0과

1의 비트로 구성된다는 의미로 '디지털'이라는 용어를 써서 디지털 자산, 디지털화폐라고 하자는 견해도 있다. '디지털'은 블록체인을 포함하여 컴퓨터 프로그램화하거나 온라인화하는 모든 현상을 포괄적으로 통칭하며, 블록체인도 다른 디지털 기술과 특별히 구별할 필요가 없다는 기술중립주의 시각을 담고 있다.

블록체인 기반 증표는 이더리움 같은 메인넷 블록체인에서 발행되는 것도 있고, 메인넷 위의 디앱(DApp)에서 발행되는 것도 있다. 전자를 코인이라 하고, 후자를 토큰으로 하자는 의견이 있지만, 그렇게 구별하는 구체적 근거는 제시되지 않았다. 디앱은 메인넷에서 작동하는 탈중앙화 앱으로서 일반적으로 앱이 중앙 서버의 데이터를 이용하여 서비스를 제공하는 것과 달리 중앙서버 없이 P2P로 연결된 네트워크에서 스마트 컨트랙트를 통해 서비스를 제공한다. 하지만 메인넷과 디앱에서 발행된 증표들의 이전(transfer) 방식이 서로 다르지 않고 법적 성격을 정할 때 발행 근거가 메인넷인지 디앱인지에 따라 성격이 달라지지 않는다는 점에 비추어볼 때 꼭 구별할 필요가 있다고 생각하지 않는다.

동일 블록체인에서 발행된 토큰들끼리 서로 대체가능한지를 기준으로 할 때는 대체가능토큰(FT, Fungible Token)[●]과 대체불가능토큰

───────

● 　하나의 토큰을 다른 토큰으로 대체하는 것이 가능한 토큰.

(NFT, Non-Fungible Token)●으로 구분한다. 비트코인, 이더리움, 리플, 이오스 같은 토큰 또는 코인은 이른바 종류물로 하나하나가 구별되거나 특정되지 않고 상호 대체가능한 토큰인 데 반해, 토큰 하나하나에 각자 고유식별데이터가 붙는 토큰은 서로 대체불가능하다.

한편, 미국 달러화와 같은 법정통화의 가치에 페깅한 토큰을 '스테이블코인'으로 부르는데, 왜 '코인'을 붙이는지를 다룬 자료는 보지 못했으나 부분적으로 통화의 기능을 갖는 비트코인 등을 코인이라고 하는 흐름과 법정통화의 가치에 페깅한 점이 그 이유로 짐작된다.

토큰은 비트코인같이 태생적으로 블록체인 기반에서만 존재하는 '크립토 고유한 토큰(crypto-native token)'과 현실에 존재하는 기존 자산과 어떤 형태로든 연결된 '자산토큰(asset token)', '자산연계토큰(asset-linked token)', '토큰화된 자산(tokenized asset)'으로 부르기도 한다. 부동산, 동산은 물론이고 주식, 회사채 등 증권과도 연계가 가능하다.

한번 발행되어 어느 지갑으로 수령하면 다른 사람에게 양도할 수 없고, 그 지갑만이 보유할 수 있는 토큰도 기술적으로 가능해졌다. 비탈릭 부테린은 이렇게 특정인의 신원증명기능을 하여 그에게만 귀

● 토큰마다 고유한 값이 있어 다른 토큰으로 대체가 불가능한 토큰.

속되고 다른 사람에게는 양도할 수 없는 토큰을 '영혼에 고정된 토큰 (SBT, Soul-bound Token)'이라고 한다.

이렇듯 다양한 상황을 보면 여러 용어가 섞여 있지만 '토큰' 또는 '암호자산'이 상대적으로 가장 빈번하게 사용되는 것을 알 수 있다. 또한 '블록체인 기반 증표들'의 자산 성격을 강조해야 할 때는 '암호자산'이라 하고, 그 자체를 지칭할 때는 '토큰'이라고 한다.

대체불가능토큰(NFT)은 용어 자체에 대한 별 논란 없이 전 세계적으로 쓰인다. 대체가능성이 있는 것들을 통칭할 때 대체가능토큰(FT)이라고 하는 상황을 고려하면 기존의 가상자산 등을 통칭하는 용어가 '토큰'임을 생태계가 이미 받아들인 것으로 볼 수도 있다. 유럽연합(EU), 리히텐슈타인은 통칭 용어를 법령에 규정하는 상황을 선도하고 있다. 아래에서 살펴볼 '토큰 이코노미'라는 용어나 '토큰화(tokeniza-tion)'도 '블록체인 기반 다양한 증표'를 토큰이라고 통칭하는 것을 전제로 한다.

한국 정부는 2017년 이래 '가상화폐/통화'만 쓰다가 2020년 특금법* 시행 후에 '가상자산'이란 용어도 쓰고, 2021년 이후 '디지털 자산'이라는 용어도 많이 쓴다. 그러나 용어를 '디지털 자산'이라고 바꾸는

●   특정 금융거래정보의 보고 및 이용 등에 관한 법률.

이유는 명확히 밝힌 적이 없다. 자세히 보면 '가상'을 '디지털'로, '화폐/통화'를 '자산'으로 변경했는데, 화폐/통화는 화폐의 '기능'을 강조한 데 비해 자산은 기능이 화폐인지 유틸리티●인지에 관계없이 자산으로서 '가치'가 있음을 강조한 것으로, 두 용어는 서로 다른 기준에 따라 선택되었다. 그런데 2023년 2월 금융위원회(이하 금융위)가 발표한 '토큰증권발행·유통 규율체계 정비방안'('STO 가이드라인'이라고 함)에서는 토큰이라는 용어를 썼다. Security Token(증권형 토큰)이라는 영문을 그대로 사용한 결과 토큰을 쓰게 되었지만, 다른 상황에서는 여전히 가상화폐, 가상자산이라고 하니, 이를 계기로 한국에서도 용어를 정리할 필요가 있다.

실제로 암호자산 중에는 통화나 화폐의 성격과 전혀 관계없는 유틸리티나 증권의 성격을 띠는 것들이나 경우에 따라 두 가지 이상의 성격을 지닌 것도 있다. 따라서 이들을 포함한 통칭에 커런시(currency), 통화 또는 화폐라는 단어를 넣는 것은 실질적·경제적 용도와 불일치하여 업계는 물론 규제를 정립하는 당국으로서는 혼선을 불러올 수 있으니 통칭으로 화폐, 통화, 커런시는 피해야 한다.

한국의 거래계에서는 '코인투자'라는 용어를 많이 쓰나 코인이라는

● 블록체인 위의 특정 서비스·제품에 접근하여 그를 이용할 수 있는 권한을 부여한 토큰.

명칭에는 비트코인 개발자와 사이퍼펑크들의 화폐를 대체하려는 희망이 담겨 있을뿐더러 코인이라고 하면 오히려 자산으로 넓게 활용할 여지를 스스로 축소하여 화폐기능에만 국한할 가능성이 있으므로 피하는 것이 바람직하다. 앞으로 한국에서 입법할 경우 토큰과 코인을 법령에서 지칭할 때 한국어 번역어를 사용할지, 한다면 무엇으로 할지도 고민이 필요하다.

따라서 **블록체인 기반으로 만들어져 블록체인 위에서 거래되고 경제적 가치가 있는 다양한 증표를 가장 넓게 포괄하는 용어는 토큰**(토큰이 너무 광범위함을 고려하면 '암호토큰')으로 하고 **자산의 성격을 반드시 표시해야 하면 '암호자산'**으로 부를 것을 제안한다. 기존의 주식, 채권, 수익증권 같은 금융자산도 대부분 각각의 고유 명칭이 있고 상황에 따라 금융자산, 위험자산, 안전자산 등으로 불린다.

이에 대해서는 한국의 특금법과 특금법에 영향을 준 자금세탁방지금융대책기구(FATF)의 가이던스에서 채택해 실제로 널리 쓰이는 용어인 가상자산(virtual asset)으로 하자는 반론이 있을 수 있다. 그러나 가상자산은 '전자적으로 이전될 수 있는 경제적 가치의 전자적 표시(representation)'라고 정의되는데, 이는 암호화 기술을 취하지 않더라도 전자적 방법이면 다 포괄하며, 블록체인기술이 갖고 있는 암호화를 내포하지 않으므로 의미를 완전히 담기에 부족하다.

실제로 특금법은 이 정의가 너무 넓다는 것을 인정하고 게임 아이템이나 선불전자지급수단, 전자등록주식은 다시 제외하는 단서를 달았지만 처음부터 블록체인기술을 정의에 포함했다면 단서를 규정할 필요가 없었다. FATF에서 사용하는 가상자산이라는 용어는 자금세탁방지와 테러자금방지만을 목적으로 하는 법령에서 채택해, 자금세탁방지 목적에 국한하지 않는 포괄적 규제와 법률에서는 반드시 이를 그대로 사용할 필요가 없고 오히려 적절하지 않을 수 있다. FAFT 회원국인 일본이나 EU국가들도 가상자산이라는 용어를 이미 법령에서 쓰지 않는 점도 참고해야 한다.

토큰의 유형구분

토큰과 토큰생태계가 사회, 경제제도들을 어떻게 변경, 대체 또는 소멸시키는지 보려면 토큰을 여러 유형으로 나누고, 각 유형의 토큰별로 어떤 제도와 관계가 있는지 연구할 필요가 있다. 예를 들어 지급수단형 토큰은 화폐의 교환매개기능과 각종 페이의 역할을 대체하여 화폐제도와 전자지급제도에 변화를 초래한다.

토큰의 유형구분(taxonomy)을 두고 국가 안에서 합의하지 않으면 규제와 제도를 논의할 때 정확한 대상을 특정하기 어려울 뿐 아니라 제대로 논의하기도 어렵다. 국가별로 유형구분법이 다르고 같은 대상을 다른 이름으로 부르거나 다른 대상을 같은 이름으로 부르는 경우도 있고 국가 간 규제 차이도 이미 발생해서 국제적인 규제를 정립하거나 제도 논의를 하거나 국제적 협력과 공조를 하는 데도 지장을 받고 있다. 개인으로서는 토큰을 이용하거나 투자할 때 대상을 정확히 이해할 수 있다.

현재까지 전 세계에서 다양한 토큰의 유형구분은 여러 국가의 정부, 국제조직과 단체, 대학, 연구소 등에서 34개 정도 공표한 적이 있다.● 국가별로 토큰과 생태계를 바라보는 긍정적 또는 부정적 태도, 해당 조직과 단체의 활동목적, 연구기관의 연구목적 등이 다 다르고 그런 것들이 유형구분의 기준에 다 반영되기 때문이다. 따라서 34개 택소노미를 취합하여 평균적인 택소노미를 정리하기는 정말 쉽지 않다.

필자는 이런 택소노미들의 내용은 물론 그동안 법률자문을 하면서 타당하다고 생각한 기준, 현행법 체계하에서 구분실익 등을 종합적으

● 세계경제포럼(WEF), 경제협력기구(OECD), 국제토큰표준화협회(International Token Standardization Association), 케임브리지 대체금융센터(CCAF), 국제증권관리위원회(IOSCO, International Organisation of Securities Commission), 스위스 금융감독당국(FINMA), 영국 금융행위감독청(Financial Conduct Authority), 국제통화기금(IMF) 등이 공표한 택소노미(유형구분)를 살펴본 결과 그 유형을 구분하는 기준은 택소노미별로 다 다르고, 구분되는 유형도 서로 많이 다르다.

로 고려하여 크게 기초자산과 연계, 외부의 권리 표상 여부와 토큰의 생성·이전방식의 탈중앙화의 정도를 기준으로 하는 것이 적절하다고 생각한다. 토큰이 어떤 권리나 지위를 표상하거나 그와 연계될 경우 그 권리와 지위가 어떤 법적 성격을 가지는지도 고려해야 한다.

현실의 퍼블릭 블록체인 플랫폼이 모두 탈중앙화가 잘되어 있는 것은 아니어서 실제로 불완전 탈중앙화·탈중개화에 그치는 경우가 많다. 형식적으로 탈중앙화되었다 하더라도 특정 노드나 토큰 보유자가 프로토콜 위에서 하는 의결권 행사에 실질적으로 지배적 영향력을 행사하거나, 다른 노드들의 의결권 행사를 통제하거나, 그들의 의결권을 항상 위임받아 행사하는 자 또는 프로토콜에서 이루어지는 트랜잭션(transaction, 상태변경을 의미)의 수수료 상당부분을 취득하는 자가 존재하면 완전한 의미의 탈중앙화가 이루어진 것으로 보기 어려운 면이 있다.

숱하게 발행되는 수천 가지 토큰의 기능과 역할, 토큰을 발행하는 블록체인 플랫폼의 탈중앙화 정도는 프로젝트에 따라 매우 다양하다. 다음 택소노미는 필자가 참여하는 블록체인 가상자산 컨버전스 스터디 그룹에서 발표한 내용이다.

가능한 한 여러 유형의 토큰을 포괄하고자 세로축은 토큰을 생성·이전하는 거래기록을 만들고 검증하는 방식의 탈중앙화 정도를 세 가지로 나누고, 가로축은 순전히 크립토에서만 존재가능한 '크립토 고유한 토큰(crypto-native token)'과 '자산기반 토큰(asset-based token)' 또는 '자산연계토큰(asset-linked token)'으로 나누었다. 여러 토큰의 작동구조와 성격에 대해 논란이 많고 아직 발행되지 않은 유형의 토큰들도 있는 만큼, 모든 유형별로 실제 토큰의 예를 다 기재하지는 않았다.

토큰의 성격이 증권인지 여부와 블록체인이 탈중앙화된지 여부가 논란이 되고 있는 대표적인 토큰들은 점선으로 여러 유형에 걸쳐 있는 것으로 표시해 보았다.

참고로 토큰이 등장하기 이전에 존재한 다양한 전통적 자산에 대한 유형구분도 다음 '블록체인 이전의 자산분류법' 도표에 소개한다. 이 도표에 기재된 모든 자산은 토큰과 연계되거나 그에 기반한 토큰이 발행될 수 있다. 두 도표를 비교하면, 블록체인으로 기존의 자산이 토큰화되는 것과 기존 자산과 관계없이 생겨난 크립토 고유한 토큰을 명확히 구분할 수 있다.

국제사법위원회(UNIDROIT)에서는 기존자산이 토큰화된 것을 '실물자산과 연계된 디지털 자산(디지털 트윈)'으로 부른다. 필자와 동료들이 위의 토큰 분류법을 발표했을 때는 리히텐슈타인에 이른바 '블록체인법'이 있는지 전혀 몰랐다. 이 법에서는 고유한 토큰(intrinsic token)과 외부연계토큰(extrinsic token)으로 나누는데, 필자와 관점이 유사해 보인다.

유형	자산연계토큰/자산기반토큰							법정통화 CBDC	크립토 고유 토큰				
	유체물			무형자산					유틸리티			투자계약증권	
블록체인의 탈중앙화 정도	부동산	동산 대체물	부대체물	지적재산권	증권	법정통화	다른토큰		NTF	FT	지급수단	FT	NFT
프라이빗 블록체인	조각투자 토큰			조각투자 토큰	한국 STO 가이드라인에 따른 토큰	스테이블코인(USDC, USDT 등)		위안화 CBDC					
위장된/불완전 퍼블릭 블록체인					알고리즘 스테이블코인(테라)				각종 DApp의 알트코인	Libra	솔라나, 카르다노, 폴리곤		
진정한 퍼블릭 블록체인				·지멘스 회사채 토큰 ·KKR 바이오펀드 토큰			DAI 스테이블코인(이더리움 담보)		BAYC	·거버넌스 토큰 ·Axie Infinity 게임토큰(SLP)		·비트코인 ·이더리움	거버넌스 토큰

블록체인 토큰의 유형구분

(블록체인/가상자산 컨버전스 스터디그룹 2021.12 발표)

　　고유한 암호화 토큰은 대부분 블록체인 외부에 존재하는 자산이나 권리와 연계되지 않고 발행되는 것으로 자산연계토큰에 비해 발행구조가 더 간단하고 권리이전 절차가 더 간소화되는 경향이 있다. 여기에는 채굴보상으로 지급하는 토큰, 플랫폼에 관한 거버넌스 참여권, 즉 플랫폼 운영규칙의 변경안을 제안하고 투표할 권리를 부여하는 거버넌스 토큰, 플랫폼 위에서 사용되는 지급수단과 회계단위가 되는 토큰 등이 있다.

자산이 무체물화, 디지털화 →

자산의 생성, 이전방식 \ 자산의 유형	유체물			법정통화	무체물			
	부동산	동산			증권		지적재산권 (IP)	디지털 페이 (Pay)
		Fungible (종류물)	Non-F (대체불가물)		실물증권	디지털증권		
생성	토지-자연, 공권력 건물-건축	자연, 제조	자연, 제조	중앙은행발권	실물발행	한국예탁결제원 전자등록	창작 등 + 특허청 등록	Flat 기반 디지털 발행
이전의 방식/유효요건 — 디지털화 이전	점유이전 + 수기등기	점유이전	점유이전	교부, 이전	점유이전 + 명부등재	해당사항 없음	명의변경 등록	해당사항 없음
이전의 방식/유효요건 — 디지털화 이후	점유이전 + 전산등기	점유이전	점유이전	교부, 이전	일부 존속, 일부 디지털화	전자 명의변경 등록	명의변경 등록	디지털방식 사용, 이전, 소멸, 환급

블록체인 이전의 자산 분류법

한편, 토큰의 법적 유형을 구분할 때 토큰 발행에 관한 ERC20, 721, 1135 같은 기술적 기준을 절대적 기준으로 삼아서는 안 된다는 의견도 있다. 아바랩스의 법무실장인 리 슈나이더(Lee Schneider) 등은 토큰의 적절한 유형구분은 토큰이 화체(化體)하는 권리나 토큰이 표시하는 대상(things)의 특질을 기준으로 해야 하는데, 토큰이 표시하는 대상은 다음 다섯 가지로 나뉜다고 한다.

1. 물리적 형태를 가진 물건
2. 서비스나 제한된 라이선스 권리의 이행청구권
3. 증권, IP권리, 부동산 소유권 같은 무형의 자산(의결권 포함)

4. 통화를 담보로 하는 스테이블코인(Stablecoin)

5. 크립토 고유한 토큰

어떤 토큰은 최초 발행 후에 토큰이 표시하는 권리와 지위가 바뀔 수 있는데, 이때 토큰의 법적 유형도 바뀌는 것으로 보아야 한다. 그 예로 아디다스 토큰은 처음에는 운동화 등 제품과 교환할 수 있는 권리를 주는 물건토큰이지만 교환한 후에는 메타버스 플랫폼을 경험할 수 있는 멤버십 지위를 부여하는 토큰으로 전환될 수 있다.[4]

전자지갑은 크립토 세계로 가는 관문

토큰은 디지털 방식, 즉 숫자 1과 0으로 구성된 데이터로 블록체인 네트워크에 참여하는 각 노드의 장부에 기록되어 있다. 모든 토큰에는 지갑주소가 있는데, 토큰을 다른 지갑주소로 보내는 등의 트랜잭션에 대해 개인키로 전자서명을 해서 전파해야 한다. 어느 토큰 전송 트랜잭션에 대해 개인키로 전자서명을 하는 것은 곧 그 토큰에 대한 처분권을 갖고 있음을 증명하는 것이다.[5] 그 개인키는 '전자지갑'이라고 하는 애플리케이션에 보관한다. 전자지갑은 제3자가 임의로 다른 사람의 개인키를 파악하거나 탈취하는 것을 차단하는 프로그램이다. 엄밀하게 말하면 토큰 자체가 전자지갑에 보관되어 있지는 않지만 보통 토큰을 지갑에 보관한다고 표현한다.

전자지갑이라는 말에 포함된 '지갑'은 원래 유형의 물건을 보관하는 물리적 형태이지만, 전자지갑에 물리적 형태의 보관도구나 보관물 같은 것은 없다. 보통의 지갑에 들어 있는 신용카드와 신분증은 잃어버리면 재발급이 가능한데 전자지갑에 보관된 암호자산은 개인키를 잃어버리면 영구히 사용·통제할 수 없다. 사토시 나카모토가 비트코인 제네시스 블록을 생성한 대가로 비트코인 50개를 전송받은 것이 최초의 지갑 주소이다. 그 주소는 제네시스 블록에도 기록된 것처럼 1A1zP1eP5QGefi2DMPTfTL5SLmv7DivfNa인데, 당시 전송된 비트코인이 그대로 있다.

지갑은 물건을 보관하는 기능을 하지만, 그 물건들은 지갑 없이도 소유자가 보관할 수 있다. 그러나 모든 블록체인 토큰은 발행되는 순간 특정한 전자지갑 주소에 연결되어 존재하고 보관된다. 토큰을 이전하면 이전하는 자의 지갑 보관 수량이 줄고 이전받는 자의 지갑 보관 수량이 는다. 전자지갑이 토큰의 존재, 보관·이전에서 필수불가결함을 상징적으로 '전자지갑 없이 토큰 없다'라고 표현할 수 있다. 토큰 이용자가 수많은 종류의 토큰이 거래되는 세상에 진입하려면 반드시 거쳐야 하는 관문이 전자지갑이라고도 할 수 있다.

전자지갑은 암호자산을 보관할 뿐 아니라 실물신분증 대신 개인의 암호화된 신원확인정보를 블록체인에 저장하고 그 정보를 필요에 따라 검증하는 분산신원확인(DID) 시스템에서 신원확인정보를 통제하는 프라이빗키도 보관할 수 있다. 전자지갑은 암호화폐 생태계에서 신원확인정보와 자산에 대한 접근권과 통제권을 행사하려면 반드시 필요한 기능이다.

전자지갑이 항상 인터넷에 연결되어 있어야 하는 것은 아니다. 인터넷에 항상 연결된 핫월렛(hot wallet)에 개인키를 보관하는 경우, 전자지갑 소유자는 언제라도 개인키를 사용하여 가상자산을 전송할 수 있다. USB메모리 같은 하드웨어 형태인 콜드월렛(cold wallet)에 개인키를 보관하는 경우에는 지갑소유자가 필요할 때만 통신에 연결하여 가상자산에 접속한 뒤 전송할 수 있다. 전자는 편리한 데 비하여 해킹 등의 위험이 있고, 후자는 안전한 데 비하여 사용하기가 번거롭다.

지갑이 블록체인 안에서 토큰의 보관·전송에 얼마나 사용하기 편리하고 효율적이며 안전한지, 더 나아가 다른 체인과 상호 전송이 가능한지 등에 관심이 쏠리고 있고 이미 많은 개발 결과가 출시되고 있다. 대표적인 전자지갑으로 이더리움 기반의 메타마스크를 들 수 있다. 블록체인에서 사용할 수 있는 다양한 서비스를 지갑 안에서 쓰는 방향으로 나아가고 있다. 솔라나 메인넷에는 팬텀지갑, 클레이튼 메인넷에는 카이카스 지갑 등 블록체인 메인넷마다 각각 전자지갑이 있고, 다양한 전자지갑 앱도 나와 있는데 여러 가지 메인넷을 지원하는 디센트 같은 멀티체인 지갑도 있다.

법적으로 토큰이 이전되는 방식이 무엇인지, 토큰을 보유하는 구조가 어떤지 명확하게 정립되어야 하는데, 그러려면 지갑의 작동구조를 반드시 이해해야 하므로 이를 자세히 살펴본다.

전자지갑의 생성과 이용에 필요한 핵심 기술은 암호화, 복호화와 전자서명기술이다.

암호자산을 전송·수령하는 암호화방식은 공개키(public key)와 개인키(private key) 두 가지를 이용하는 공개키인프라웨어(KPI, Public Kye Infraware) 또는 비대칭키 방식으로 암호화하는 키와 복호화하는 키가 다르다. 개인키는 이미 설명한 바와 같이 소지자가 공개하지 않고 전자지갑에 보관하지만 공개키는 외부에 공개한다. KPI가 개발되기 전까지는 하나의 키로 암호화와 복호화를 같이하는 대칭키 방식을 사용했는데, 키를 잃어버리면 보안성도 상실하는 단점이 치명적이었다.

토큰을 보유하거나 전송받고자 전자지갑을 만들려는 사람은 전자지갑 프로그램에 들어가서 개인키를 받고, 그 개인키에 기초하여 공개키를 받은 후 다시 그 공개키에 기반한 전자지갑주소를 할당받는다. 내가 토큰을 다른 사람으로부터 이전받으려면 그에게 전자지갑주소를 알려주고 그 주소로 토큰을 전송받으면 된다. 또한 내가 토큰을 다른 사람에게 보내려면 토큰송부 메시지에 내 개인키로 전자서명을 하여 전송받을 사람의 지갑주소로 일정 수량의 토큰을 전송하면 된다.

　일반적으로 전자서명은 특정 데이터(문서)를 보내는 사람이 자신이 서명한 사실을 그 특정 데이터에 첨부한 전자적 형태의 정보를 의미한다. 동일 서명자가 종이 문서에 하는 서명이 같은 필적을 계속 사용하는 것과 대조적으로, 전자서명은 송부하는 특정 데이터(문서)별로 서명이 다 달라진다. 암호자산을 전송하는 자가 개인키로 암호자산 전송 메시지에 전자서명해서 수령인에게 보내면 수령인은 외부에 공개된 전송자의 공개키로 전송 메시지를 전송자가 보냈다는 것을 검증할 수 있다. 만약 그 전자서명에 전송자가 서명하지 않았다면 전송자의 공개키로 검증할 수 없기 때문이다. 한마디로, 토큰의 전송시스템은 전송자가 토큰에 자신의 개인키로 전자서명하여 수령자에게 보내면, 수령자는 전송자의 공개키로 검증해 전송자가 보냈음을 검증하는 시스템이다.[6]

　전자지갑을 이용하려는 개인이 지갑 서비스 제공자의 지갑을 이용하는 형태는 크게 두 가지다. 전자지갑에 대한 개인키를 서비스 제공자가 이용자를 대신해서 관리하는 경우와 이용자가 개인키를 직접 관리하는 경우로 나뉜다. 어느 경우인지에 따라 개인키의 관리책임이 서비스 제공자에게 있는지 아니면 이용자 본인에게 있는지가 결정되므로, 후자의 경우에 개인키 자체와 개인키를 복원할 수 있는 문구 등의 관리에 자기 책임하에 주의를 기울여야 한다.

앞으로 토큰 이전은 전자지갑에서 전자지갑으로 하는 형식으로 통일될 가능성이 있다. 따라서 토큰 이코노미가 확대되고 웹3.0이 확산된다고 믿는 기업과 투자자들은 전자지갑의 중요성을 인식하여 다양한 지갑서비스를 개발하고 있다. 전자지갑은 여러 블록체인을 넘나드는 호환성에 해킹을 방지하는 보안성을 갖추는 것이 중요하다. 토큰 거래를 블록체인에 올리려면 메인넷별로 요구되는 가스비를 그 메인넷 지급수단인 토큰으로 지불해야 하는데, 개인들이 가스비를 지불할 토큰을 다 확보하기 어려울 수 있다는 점을 고려하여 전자지갑 서비스에 가스비 대납기능을 탑재한 것도 나오고 있다. 따라서 앞으로 다양한 증권형 토큰이 발행·유통될 경우, 토큰 보유자로서는 서로 다른 성격의 토큰들을 하나의 지갑에 보관하고 유통할 수 있는 점도 중요한 요소가 된다.

보안성을 높이고자 여러 사람이 같이 서명해야만 유효한 서명이 되는 방식도 있다. 개인키를 여러 개 발행하여 그중 일정 숫자 이상의 개인키를 서명해야 유효한 다중서명(multisig)방식과 하나의 개인키를 여러 개로 쪼갠 부분의 일정 숫자 이상을 동시에 서명해야 서명의 효력이 발생하는 다자간연산(MPC, Multi-Parties Computation)방식도 있다.

MPC 전자지갑 중에는 또 다른 암호화기술을 이용해 블록체인 거래를 확정하는 데 필요한 가스비를 대납해 주는 기능을 탑재하여 이용자의 편의성을 높여주는 것도 있다. 전자지갑이 개인키를 보관하는 기능만으로는 사용자를 크립토 거래로 유인하기에 부족한 점에 착안하여 대납기능을 추가한 것이 바라고의 '길드월렛'이다. 동남아의 청소년이 이더리움이나 솔라나 같은 블록체인 메인넷 위에서 발행된 NFT를 P2E(Play to Earn)●로 취득한 후 그를 매도하여 현금화하려면 그 블록체인에서 거래기록 블록형성에 대해 요구하는 가스비를 수수료로 납부해야 한다. 이때 이용자가 가스비로 쓸 토큰을 거래소에서 일일이 사서 납부하기가 현실에서는 매우 번거로운 점을 해소해 주는 방안을 모색한 것이다. 한편 메인넷으로서는 대납기능으로 더 많은 사용자가 유입될 수 있으므로 길드월렛이 초기에 대납해 주는 토큰물량을 제공하는 경우가 많다. 길드월렛에서는 특정 블록체인에 국한하지 않아서 모든 종류의 블록체인의 가스비를 대납할 수 있다.[7]

● 게임하면서 돈을 번다는 개념.

각국의 법령과 규제에서 쓰는 용어

2017년 11월 싱가포르의 중앙은행이자 금융감독기관인 MAS(Monetary Authority of Singapore)에서는 『디지털 토큰 발행 가이드』에서 '디지털 토큰'이라는 통칭을 썼다.

2018년 2월 스위스 금융감독당국인 FINMA(Financial Market Authority)도 ICO에 관한 가이드라인에서 '토큰'이라고 통칭하고, 토큰을 이용형(utility), 지급수단형(payment), 증권형(securities) 세 가지로 구분했다.

2023년 4월 EU 의회에서 의결된 MiCA(Market in Crypto Asset) 규정에서는 암호자산으로 통칭하고, 암호자산을 '분산원장기술 또는 그와 유사한 기술을 이용하여 전자적으로 이전하고 저장할 수 있는 가치 또는 권리의 디지털 증표'라고 정의했다. 증권형 토큰은 암호자산에 포함되지 않고, MiFID(Markets in Financial Instruments Directive)•라는 다른 법으로 규율할 예정이다.

한국의 특정 금융거래정보의 보고 및 이용 등에 관한 법률(이하 '특금법')상 가상자산과 비교하면 모든 전자적 방법을 포함하는 대신 분산원장기술을 특정하고, 전자적으로 이전하는 것뿐 아니라 저장하는 것도 명시하며 가치 외에 권리에 대한 증표도 포함하는 점이 다르다.

또한 암호자산의 유형을 전자화폐토큰(e-Money Token), 자산준거토큰(Asset-referenced Token), 유틸리티토큰(Utility Token)으로 나눈다. 전자화폐토큰은 한 종류 법정화폐의 가치에 페깅(pegging)••한 토큰을 의미하고, 자산준거토큰

• EU의 전통 금융자산 규제의 기본법.

•• 코인 가격을 법정화폐와 연동하는 것.

은 법정화폐, 암호자산(토큰), 기타 자산을 조합한 담보물의 가치에 연동한 토큰을 의미하는데, 일반적으로 스테이블코인이라 부르는 것에 해당한다. 유틸리티 토큰은 화폐적 성격이 강한 토큰으로 서비스나 상품 가치에 대한 권리의 이전, 저장 수단으로 사용된다.

비트코인 선물거래를 허가한 미국 상품선물거래위원회(CFTC)에서는 크게 증권형 토큰과 디지털 자산으로 구분한다. 소유권, 거래내역, 아이디(ID)관리, 스마트 컨트랙트 기능을 포괄하는 증표들은 디지털 자산(digital asset)으로 통칭하고 그 밑에서 교환수단의 기능을 하는 것은 가상통화(virtual currency, 경우에 따라서는 코인, 태생적 토큰, 내재적 토큰으로 부름)로, 가상통화 기능 외의 유틸리티(utility, 플랫폼 이용) 기능을 하는 것은 디지털 토큰으로 다시 구분한다. 디지털이라는 용어를 많이 선호하고 코인과 토큰을 혼용하기도 하는데, 토큰을 조금 더 많이 쓰는 것도 특징이다. 전체적으로 보면 디지털과 가상, 코인과 토큰이라는 용어를 혼용해서 유형구분과 용어체계로는 명확하지 않고 복잡한 느낌이다.

미국 바이든 행정부의 긴급명령에서는 디지털 자산과 암호화폐의 정의를 일단 다음과 같이 제시했으나 나중에 여러 부처와 업계의 의견을 모아 수정할 계획이다.

디지털 자산은 모든 중앙은행 디지털화폐(CBDC)와 분산원장기술을 이용해 디지털 형태로 발행되거나 표시되는 가치, 금융자산/상품 및 지급·투자·송금·이체의 청구권에 대한 표식이나 그 상당물을 의미한다.

암호화폐는 블록체인과 같은 암호방식에 의존하는 분산원장기술로 발행이나 소유권 기록이 뒷받침되고 교환의 매개가 되는 암호자산을 의미한다.

디지털 자산이라는 용어는 CBDC까지 포함하여 블록체인 기반으로 만들 수 있는 경제적 가치를 지닌 모든 것을 포괄하는데, 미국 행정부는 '암호'라는 말보다 '디지털'이라는 말을 선호한다.

일본은 가상통화라고 부르다가 2019년에 자금결제에 관한 법률을 개정하면서 암호자산이라는 용어를 처음 채택한 이후 증권형 암호자산과 비증권형 암호자산이라는 용어를 사용한다. 암호자산은 두 유형으로 정의한다. 첫째, 물품 구입 또는 용역제공 대가를 변제하려고 불특정인에게 사용할 수 있고, 불특정인을 상대방으로 하여 매매가능한 재산적 가치이면서 전자정보처리조직을 이용하여 이전이 가능한 것이다. 둘째, 첫째 유형의 암호자산과 상호 교환할 수 있는 재산적 가치이면서 전자정보처리조직을 이용하여 이전이 가능한 것이다.

일본은 가상, 암호, 디지털이라는 수식용어 중 '암호'를 택하여 암호자산이라는 통칭을 주요 근거법률에 규정했고, 증권형과 비증권형도 명확히 구분했다.

영국은 2019년 9월에 '암호 자산 및 스마트 계약에 대한 법적 설명(Legal Statement on Cryptoassets and smart contracts)'을 발표한 후 정부의 여러 문서와 발표에서 암호자산이라는 용어를 주로 쓴다.

유럽의 작은 나라 리히텐슈타인은 블록체인과 토큰 이코노미의 잠재성을 믿고 토큰의 정의와 유형, 이전방식에 대해 세계에서 가장 먼저 그리고 현재로는 유일하게 '토큰과 신뢰기술 사업자 법(TVTG, Token and Trustworthy Technology Service Provider Act)'이라는 법률로 규정했다.[8]

토큰은 'TT(Trustworthy Technology, 신뢰기술)시스템 내의 정보 조각으로 ① 다른 자에 대한 청구권이나 회원권, 재산에 대한 권리 또는 다른 절대적·상대적 권리를 표상(表象)하고 ② 하나 이상의 TT 식별자(identifier)에게 양도되는 것'이라고 정의한다. 미국 바이든 대통령의 긴급명령에서 디지털 자산의 정의와 가상자산규제법(MiCA, Regulation on Markets in Cryptoassets)상 암호자산의 정의와 유사한데, 리히텐슈타인은 권리를 사람에게 청구할 수 있는 권리와 재산에 대한 권리로 나누어 기재한 점이 다르고, 용어를 토큰만 쓰고 '자산'은 쓰지 않은 점에서 크게 구별된다.

CRYPTO SAPIENS

2장

블록체인이
가져오는 새 질서

미국과 EU국가, 스위스, 일본, 싱가포르
등 많은 국가가 블록체인과 분산원장기술이 가져올 혁신의 효과를 선
도적으로 취하겠다는 의지와 각오를 밝히고 있다. 질서는 세상이 작
동하는 총체적인 방식과 체계를 의미하는데, 이 장은 기존의 법이나
제도체계에 얽매이지 않고, 세상이 근본적으로 어떤 방향으로 바뀔
거라는 필자의 제도적 상상력을 동원해서 정리해 보았다. 또한 이러
한 새로운 질서가 형성되는 과정의 산물이면서 이런 질서를 만들어갈
주체이기도 한 크립토사피엔스의 의미와 역할을 살펴본다. 앞으로 시
대를 살아갈 주체인 크립토사피엔스의 관점에서 변화를 바라보는 일
이 중요함을 강조하고 싶다.

2023년 5월 초 바르셀로나에서는 아발란체 서밋(Avalanche Summit)이 열려 각국에서 약 4,000명의 블록체인 전문가들이 모여 이야기하고 어울리는 기회가 되었다. 세계적으로 확산된 주요 블록체인 메인넷의 하나인 아발란체는 눈사태를 뜻하는 영어로, 시간이 갈수록 네트워크에서 노드들의 합의가 더 신속하게 처리된다는 의미를 담고 있다. 바르셀로나는 스페인에서 가장 먼저 산업혁명이 일어나고 2018년에 모든 공공소프트웨어를 오픈소스 소프트웨어로 전환한 혁신의 도시이기도 하다.

연사 200여 명이 DID, 디파이, 게임, DAO 등 폭넓은 주제로 깊이 있고 넓은 시각의 발표와 토론을 진지하게 하는 것을 보면서 이미 우리는 디지털 대항해시대(the Age of Digital Discovery), 즉 크립토 대항해시대(the Age of Crypto Discovery)에 들어와 있다는 생각이 들었다. 지동설, 항해술 등 과학기술의 발달로 근대의 대항해시대를 연 서구에서 신대륙을 발견한 이후 세계사를 주도한 것처럼 앞으로 블록체인의 크립토 기술을 포함한 디지털 기술로 디지털 공간을 확대하고 그에 맞는 규칙을 만드는 탐구의 시대가 몇십 년간 경쟁적으로 크게 활성화될 듯한 예감이 들었다. 크립토와 디지털 기술로 새로 창출할 수 있는 공간은 상당히 넓으며 그를 주도하는 개인과 공동체가 미래를 선점할 가능성이 높다.

블록체인은 여러 분야에 걸친 변화를 이미 가져왔지만, 앞으로 더 크고 근본적인 변화를 가져올 것으로 생각한다. 한국 헌법의 전문(前文)을 보면 헌법을 제정한 이유의 하나로 '자유민주적 기본질서를 더욱 확고히 하여 정치·경제·사회·문화의 모든 영역에서 각인의 기회를 균등히 하고'라는 내용이 있다. 블록체인의 확산으로 경제·사회·문화·정치 등 모든 분야가 변화를 맞이하고, 그 변화들을 아우르는 새로운 규범과 질서가 형성될 수 있다. 블록체인 프로젝트를 개발하는 기술자, 투자자, 금융가 등 여러 전문가는 물론 큰 변화를 내다보는 석학들도 같은 취지의 예측을 내놓고 있다.

돈 탭스콧은 『블록체인 혁명』에서 블록체인을 '신뢰프로토콜'이라고 부르면서 "세계경제의 미래에 가장 위대한 영향을 미칠 기술은 인공지능 등이 아니라 블록체인"이라고 단언했다.[1] 세계경제포럼의 설립자 클라우스 슈밥은 『제4차 산업혁명』에서 블록체인을 혁명적 기술이라면서 "이 기술의 광범위한 실행은 당연히 역사의 전환점이 될 수 있으며, 2030년까지 블록체인은 온라인 금융거래부터 투표방식은 물론 상품이 어디서 생산되는지를 구별하는 방법까지 모든 것을 변화시킬 수 있다"고 역설했다.[2] 금융위원회 부위원장을 역임한 김용범은 "블록체인 기반 생태계의 확산과 도전은 단순히 산업구조를 바꾸고 새로운 투자기회를 제공하는 것 이상의 '문명사적 의의'를 지닌다. 사토시의 작은 날개짓은 훗날 현대 금융자본주의의 가장 근본적이고 지속적인 도전으로 기록될지 모른다"고 평가한다.[3]

유발 하라리는 『21세기를 위한 21가지 제언』에서 "블록체인은 기록의 변경을 어렵게 만들어 더 투명하고 책임이 명확한 사회로 인도하고, 개인과 공동체에 데이터의 권한을 돌려줌으로써 탈중앙화되고 더욱 민주적인 사회를 만들 수 있다"고 강조했다.

필자가 예상하는 블록체인이 가져올 새로운 질서는 다음과 같다.

기록방식의 혁신인 블록체인이 경제적 가치를 토큰화할 수 있고,

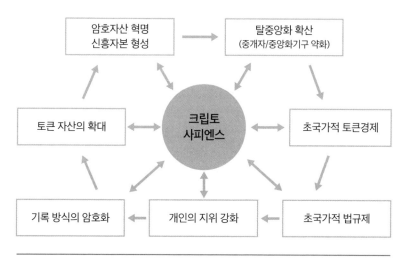

블록체인이 가져올 새로운 질서

토큰화된 자산이 질적·양적으로 지속적으로 확대된다. 기존 자산의 토큰화와 함께 '크립토 고유한 토큰'도 확대된다.

➡ 토큰자산이 주도하는 자산혁명이 일어나고 초국가적 토큰경제가 확산된다.

➡ 경제적 변화가 사회, 경제, 정치, 문화 전반의 변화를 이끌어 디지털/크립토 문명을 가속화한다. 디지털 기반체제의 글로벌화라고 할 수도 있다.

➡ 개인의 자유와 지위가 강화되고 크립토사피엔스의 존재와 역할이 가시화된다.

➡ 진정한 탈중앙화를 구현하는 블록체인 프로젝트가 확대되면서 중앙화 체제와 공존한다.

➡ 국가와 기업의 권한이 약화되고 탈중앙화된 조직과 거버넌스가 늘어난다.

➡ 국가의 법체계에 큰 변화가 일어나고 국제적 협업과 다른 국가의 동조화가 확대된다.

이런 거대한 변화 과정을 주도하면서 변화된 시대를 살아갈 주체는 크립토사피엔스라는 새로운 그룹이 된다.

기록방식의 혁신 - 종이, 디지털에서 크립토로

휴대전화와 컴퓨터에서 정보를 구하고 돈을 보내고 물건을 사지만 우리는 여전히 실생활에서 종이 기록물을 많이 사용하고 있다. 그러나 블록체인은 근대 이후 경제·사회체계 발전에서 중요한 역할을 한 종이의 역할과 지위에 비로소 큰 변화를 가져올 것이다.

종이는 근대 이후의 화폐와 대부분 권리, 계약을 포함한 법률행위의 형식이며 신분증의 존재형식이기도 하다. 회사의 지분을 화체한 주권, 회사채권, 펀드수익증권, 부동산등기권리증, 계약서, 주민등록증, 여권 등 우리의 존재증명과 권리, 자산, 계약상 지위 모두 종이에 표시해 왔다. 한국에서는 이러한 종이를 '문서'라고도 했는데, 특히 부동산등기권리증을 '집문서'라고 했다. 이렇게 종이에 표상되어 온 권리와 지위가 누구에게 언제 어떤 원인으로 귀속되는지를 권위와 신뢰를 갖춘 중앙화된 기관, 즉 국가, 기업, 금융회사 등이 종이로 된 장부에 기록하고 보관해 왔다. 또한 이 장부는 어느 기관이 독점적으로 보유하고 관리했다.

이런 종이 문명은 자본주의 경제체제의 생산 주역인 기업들의 존재형식과 증명에도 당연히 적용된다. 기업을 설립하려면 발기인 총회와 설립 총회의 의사록, 자본금 납입증명서 같은 서류를 제출해야 할 뿐 아니라, 기업의 일상적 운영도 모두 종이로 이루어진다. 정관, 내규, 이사회 의사록, 주주총회 의사록, 피용자와 근로계약, 거래상대방과 계약서, 고객과 계약서, 약관 등은 모두 그 내용이 서면으로 작성되어 효력이 인정된다. 회사의 존재는 등기소의 회사등기부원본에 등록됨으로써 생겨나고, 그 증명은 회사등기부등본(corporate certificate)으로 이루어진다.

반면 물리적인 사무소와 운영인력 없이 서류상으로만 존재하는 회사를 페이퍼 컴퍼니(paper company)라고 한다. 주로 조세회피지역이나 회사설립에 최대한 편의를 제공하는 국가인 케이만제도, 영국령 버진아일랜드, 미국의 델라웨어주 등에 설립되는 회사를 지칭한다. 이 용어를 달리 보면, 종이만으로도 설립된다는 의미를 담고 있는 회사는 종이 문명의 대표 가운데 하나라고 할 수 있다.

페루의 경제학자 에르난도 데소토는 『자본의 미스터리』에서 자산이 자본으로 전환되는 과정, 자본과 종이 문명의 관계에 대해 남다른 통찰을 보여준다. 그는 어떤 자산은 그 자체로 자본이 될 수 없으며, 자산이 가지는 경제적 잠재력을 부가적 생산활동에 활용할 수 있는 형태로 전환되어 고정된 상태를 자본으로 본다. 내 집 한 채는 그것이 지닌 경제적 잠재력을 자본으로 전환하기 전까지는 하나의 자산에 머문다. 자본주의를 꽃피운 국가들은 집의 소유권과 거래제도를 법과 규정에 따라 확립하여 누구든 쉽게 그 집의 권리관계를 확인하고 그

집을 사고팔아 추가 생산활동에 활용하게 함으로써 자본화가 이루진다는 것이다. 자본은 관념적으로 찾아내고 관리할 수 있어서 자본을 직접 만질 수 있게 하는 유일한 방법은 재산체제로 자산의 경제적 측면을 종이에 기록해 특정한 소유주에게 귀착시킨다고 본다.[4] 이에 비추어보면 종이와 그 위에 기록된 재산체제는 자본주의를 발전시킨 핵심의 하나라고 할 수 있다.

컴퓨터와 인터넷이 등장한 이후 수많은 권리와 지위를 표상하는 종이와 종이 장부는 컴퓨터에 기재되어 디지털화(digitization)해 왔다. 하지만 그 예인 선불전자지급수단, 전자증권, 전자신분증은 기존의 종이로 작성된 중앙장부와 그 내용에 근거하여 발행된 실물형태의 화폐, 주권, 신분증의 존재를 인정하되 그 실물종이의 내용만 디지털화했을 뿐 실물을 발행하는 중앙화된 기관의 지위는 그대로 유지된다.

그러나 블록체인은 종이화폐, 실물신분증, 실물주권, 실물계약서를 사라지게 한다. 블록체인에 기록·저장되는 데이터 자체가 그것들을 대체하게 되고, 이런 데이터가 복수의 장부에 분산·저장됨으로써 중앙화된 기관 장부의 필요성과 효용도 없어지거나 축소될 수 있다. 블록체인기술이야말로 이런 디지털 전환을 완성하고, 권리와 자산의 개념에서 종이와 종이문명의 요소를 완전히 배제할 가능성을 보여준다.

블록체인상 기록된 최초의 정보와 데이터는 비트코인 블록 중 최초인 제네시스 블록이다. 다음 도표는 제네시스 블록의 단축버전인

데, 데이터가 숫자와 알파벳, 특수기호로 구성되어 있고 디지털 형태로 존재한다. 앞으로 우리가 토큰을 통하여 다양한 경제적 가치를 지닌 데이터를 기록하고 저장할 방식이기도 하다. 그런데 블록내용에는 특이하게 그 이후 블록에는 없는, 우리가 읽을 수 있는 문자가 있다. "The Times 03/Jan/2009 Chancellor on brink of second bailout for banks"(2009. 1. 3 〈더 타임스〉, 은행들의 두 번째 구제금융을 앞두고 있는 영국 재무장관)라고 기재되어 있다. 그 내용은 기사 원문(오른쪽)에서 보는 바와 같이 종이문명의 상징 중 하나인 신문의 기사제목을 그대로 따온 것이다. 내용상으로는 영국 정부가 구제금융을 위해 자의적 통화증발을 하는 데 대한 반발을 보여주는데, 형식적으로

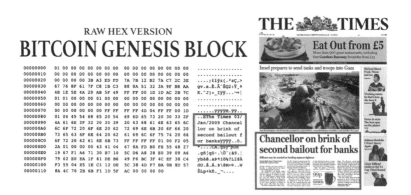

제네시스 블록 데이터(Genesis Block data)

는 재무장관의 발표 내용 자체가 아니라 종이신문의 기사제목을 굳이 블록에 그대로 넣은 이유가 따로 있는지 궁금해진다.

이 기사 내용은 제네시스 블록에 포함됨으로써 비트코인의 수많은 분산원장에 디지털 형태로 변경 불가능하게 영구히 저장·보관될 텐데, 신문사라는 특정 주체가 종이에 기록하는 방식보다 더 항구적이고 변경과 훼손가능성이 없어서 더 우월하다는 것을 간접적으로 나타내려고 하지 않았을까 하는 재미있는 상상을 해본다.

전자지갑은 일상생활의 관점에서 보면 지갑이 우리 주머니에서 완전히 사라지는 것을 의미한다. 누구나 지갑에 넣고 다니는 물건이 세 가지 있다. 지폐, 주민등록증·운전면허증 같은 신분증, 신용카드가 그것인데, 모두 종이 형태이거나 종이에서 일부 변형된 문명의 산물들이다. 지폐는 국가가 종이로 만들었고, 신분증은 오랫동안 발행자 직인이 날인된 종이 형태였으며, 신용카드도 처음에는 정보를 기재할 수 있는 기능 측면에서 종이와 다를 바 없는 플라스틱 재질이었다. 블록체인이 확산되면 지폐는 CBDC라는 블록체인 기반의 토큰으로 바뀐다. 신분증도 블록체인 분산원장에 개인의 신분을 확인할 수 있는 이름, 신분증번호, 성별, 주소 등 항목 정보가 저장되어 필요할 때마다 신분을 확인해 주는 분산신원확인(DID)으로 바뀐다. 대부분 물건과 용역대금 결제가 토큰으로 이루어져 신용카드도 필요 없어질 수 있다. 그렇게 되면 오랫동안 우리와 일상을 같이해 온 지갑과 종이문명의 산물들 역시 사라질 수 있다. 그 대신 CBDC, DID, 토큰을 보관하는 전자지갑은 다양하게 필요해진다.

종이가 발명되기 전까지 문자는 양피지, 나무, 흙 등에 기재되어 소수 권력층의 기록문화에 머물렀다면, 종이가 대량 보급되고 인쇄술이 발명된 이후 인류는 더 많은 정보를 문서화함으로써 지식을 대량 보급하고, 복잡하고 다양한 자산과 권리체계를 형성하고 유지하는 질서를 구축해 왔다.

종이문명은 어떠한 정보든 종이에 담을 수 있었다. 종이문명 아래에서는 어떠한 권리나 지위, 사실에 관한 정보를 기재한 종이가 원본인지가 매우 중요했다. 원본은 문서를 작성한 자라고 일컬어지는 당사자가 실제로 작성하고 서명이나 사인을 한 문서만을 의미한다.

그런데 어떠한 정보가 담긴 많은 문서에 대해 원본이 아니라거나 위조되었다는 주장이 제기되는 경우가 많다. 이때 그 문서가 원본인지를 두고 분쟁이 발생하면 문명국가에서는 법원의 재판에서 원본인지 또는 위조본인지 판단하게 되고, 그 판단 여하에 따라 분쟁 결과가 좌우된다. 예를 들어 A가 B에게 1,000만 원을 빌려주었는데 갚지 않는다는 이유로 대여금반환청구소송을 제기하면서 B가 작성한 차용증을 증거로 제시했는데, B가 그 차용증이 위조되었다고 항변하는 경우, 차용증이 진정한 원본인지 아니면 위조본인지에 대한 판단에 따라 소송의 승패는 갈리게 되어 있다.

그러나 A와 디파이 프로토콜 사이에 프로토콜의 지갑에서 A의 지갑으로 토큰을 대여한 경우에 차용증은 더는 작성조차 되지 않고, 블록체인상으로 토큰이 대여용으로 이전된 기록만 남긴다. 따라서 종이에 대여하고 빌렸다는 기록을 할 필요가 없게 된다. 그리고 그 기록이 여러 컴퓨터상의 분산원장에 남아 있지만 어느 기록이 원본이고 다른 기록이 사본이라는 개념은 아예 없어진다. 앞으로 많은 자산이 토큰화되고 자산의 이전과 거래를 토큰으로 한다면 종이 차용증이 원본, 변조본 또는 위조본인지는 더 문제될 일이 없다. 블록체인의 기록이 사후 변경될 수 있다는 반론이 있을 수 있으나 분산원장 기록에 참여하는 모든 노드의 원장 내용을 하나의 블록을 생성하는 시간 안에 다 바꿔야 하므로 엄청난 해시 연산능력이 있거나 양자컴퓨팅(Quantum computing)●이 등장하기 전까지는 현실적으로 거의 불가능하다는 것이 대부분의 견해다.

지금까지 자본주의가 토지와 주식 같은 자산이 종이, 즉 문서에 체계적으로 기록되어 자본으로 전환됨으로써 발전해 왔다면 앞으로

● 컴퓨터 과학, 물리학, 수학의 여러 측면으로 이루어진 종합적 분야로 양자역학, 즉 원자와 전자 같은 초미세 입자의 성질을 활용해 기존의 컴퓨터보다 빠르게 복잡한 문제를 해결하는 것.

는 자산이 종이 위가 아니라 컴퓨터 네트워크 위에 암호화된 기록으로 형성되면서, 즉 토큰화되면서 많은 자산이 더 쉽고 빠르게 거래되어 규모가 더 큰 자본으로 전환될 가능성이 있다. 종이문명 시대에 자본 전환을 제대로 하지 못한 개발도상국과 사회주의에서 벗어난 국가들에는 새로운 자본이 형성되는 기회가 될 수 있고, 기업·개인에게도 새로운 비전과 기회를 줄 수 있다.

중앙화문명에서 탈중앙화로

탈중앙화라는 용어는 프랑스의 사학자 알렉시스 드 토크빌이 처음 사용했다. 1798년 프랑스대혁명이 끝난 후 정부조직을 만드는 과정에서 "프랑스혁명이 탈중앙화에 대한 압박으로 시작되었지만 결국 중앙화가 연장되었다"라고 한 발언에서 비롯했다. 혁명의 목표를 중앙화된 왕정을 끝내고 탈중앙화하는 데 두었다는 의미로 썼다. 1800년대 중반 프랑스 관료 모리스 블록은 관료주의적 중앙집권화를 개선해 정부기능을 분권화하는 의미로 탈중앙화 개념을 사용한 적이 있다. 혁명 전 왕정의 폐해와 혁명 이후 관료주의의 폐해를 해결하는 이념으로, 정치적 의미를 담은 용어로 출발한 것이다.

우리가 아는 가장 대표적 중앙화 조직은 국가와 회사라는 조직이다. 의사결정방식이나 지배구조 측면에서 국가는 모든 구성원에게 1인 1표라는 평등한 의결권 방식을, 기업은 주주의 보유지분에 비례한 차등적 의결권 방식을 취한다.

그렇다면 조직 또는 거버넌스의 탈중앙화는 무엇인가? 중앙화된 기업은 투자자인 주주 외에 내부에서 의사결정을 할 수 있는 이사회가 있고, 대외적으로는 대표자가 있으며, 각 이사는 법령과 정관에 따라 회사에서 권한과 책임, 대외적 지위를 가진다. 이에 반하여 블록체인의 탈중앙화는 기존의 중앙화된 회사의 이사회와 대표 같은 지위를 없애고, 조직 구성원이 정해진 규약이나 프로토콜에 따라 의안을 제안하는 등의 행위를 하고 의결권을 행사하는 구조라고 할 수 있다.

그러나 아직 탈중앙화를 엄격하게 정의하기는 어렵다. 조직의 의결기관과 대표자만 없으면 되는지, 멤버가 몇 명 이상 되어야 하는지, 실질적으로 특정된 소수가 조직의 거버넌스를 지배하거나 중대한 영향력을 미치지 않아야 하는지 등에 대해 앞으로 검토와 고민이 필요하다. 퍼블릭 블록체인의 탈중앙화 방식은 작업증명, 지분증명, 위임지분증명 등 다양하게 실험 중이고 탈중앙화 합의 알고리즘에 기초하지만 실제로는 소수 노드가 장악한 블록체인도 있다.

탈중앙화된 블록체인을 알아보려면 최소한의 크립토 문해력을 길러야 한다. 내가 투자할 토큰 프로젝트에 관한 중요사항을 기재한 백서(white paper)를 읽어보고, 공개한 대로 합의 알고리즘 방식이 운용되고, 토큰의 총발행량과 실제 유통량이 지켜지는지 등에 관심을 가질 필요가 있다.

일반적으로 통용되는 탈중앙화 개념에서 몇 가지 공통 요소를 찾아볼 수 있다. 어느 정도 숫자 이상의 노드가 참여해야 하고, 특정인이나 특정그룹이 블록제안과 블록생성에 대한 통제력을 독점하지 않아야 하며, 일부 노드만으로도 블록체인을 포크하거나 유지하려고 하면 그것이 가능해야 한다. 노드 숫자는 노드들이 쉽게 담합하여 기록을 왜곡하지 않을 정도는 되어야 한다.

비탈릭 부테린은 「진정한 탈중앙화」라는 기고에서 탈중앙화의 종류로 구조적 탈중앙화, 정치적 탈중앙화, 논리적 탈중앙화를 제시했다. 구조적 탈중앙화는 여러 물리적 장소에 분산되어 있는 것이고, 정치적 탈중앙화는 특정인이 통제하지 않는 것이며, 논리적 탈중앙화는 하나의 시스템, 인터페이스나 데이터 구조가 여러 부분으로 나뉘더라도 각 부분이 자체적으로 작동이 가능한 상태를 의미한다.[5]

비탈릭은 탈중앙이 필요한 이유는 결함 허용성, 공격저항성, 공모저항성 때문이라고 하는데, 이들은 블록체인 탈중앙화 방식의 기록과 시스템이 우리에게 주는 가치 또는 효용이라고 볼 수 있다. 결함 허용성은 탈중앙화 시스템의 어느 한 부분에 결함이나 하자가 생긴다고 해도 전체가 작동을 중단할 가능성은 낮다는 뜻이다. 공격저항성은 악의의 당사자가 탈중앙화 시스템의 일부를 공격하더라도 나머지 부분이 복원되어 전체 시스템은 쉽게 파괴되거나 조작되지 않는다는 것이다. 공모저항성은 탈중앙화 시스템이 투명하고 분산되어 있어 노드 같은 구성원들의 일부가 공모해서 실제 이익을 취하기가 어렵다는 것이다. 중앙화된 기업이나 정부의 주요 담당자들이 공모하면 고객이나 민원인을 속이는 등의 부정행위를 하기가 상대적으로 쉽다는 것과 비교될 수 있다.

왜 전 세계의 다양한 국가, 문화, 이념, 경제시스템, 통화, 종교를 가진 사람들이 하나같이 탈중앙화에 호응하는가? 자유주의와 시장경제를 취하는 대부분 나라의 시민들은 탈중앙화에 뜨겁게 반응한다. 중국은 초기에 비트코인 채굴이 압도적으로 많았던 나라로 바이낸스, 후오비 등 세계적인 규모의 가상자산거래소가 중국 자본으로 설립되었다. 비록 중국이 2020년경 가상자산거래소와 비트코인 채굴을 금지했지만 말이다. 덩샤오핑의 실용주의 정책 이후 정치적으로는 공산당이 지배하지만 경제적으로는 자본주의를 몸소 익힌 중국 사람들도 초기에 분산원장에 기초한 가상자산의 가능성을 믿고 채굴과 투자를 열심히 했다.

이슬람 국가도 예외가 아니다. 최근 두바이는 암호화폐 산업의 허브(Hub)가 되겠다는 비전을 선언하고 암호자산산업 진흥을 위한 법안을 승인하면서 VARA(Virtual Assets Regulatory Authority)라는 규제기관을 설립했다. 2022년 12월에 두바이의 로펌 파트너 변호사가 필자를 찾아와 한국의 가상자산사업자를 두바이로 유치하는 업무협의를 했다. 전통적인 기업 관련 법률자문을 해온 그는 자신은 가상자산을 잘 모르지만 십대 딸도 토큰에 관심이 많다면서 아랍에미리트에서도 가상자산이 대세라고 전해주었다. 두바이가 단순히 정부에서 가상자산업 육성정책만 선언한 것이 아니라 민간에서도 호응하고 있음을 알 수 있었다.

가상자산이 이렇듯 폭넓게 지지를 받는 이유는 인간의 욕망과 본성에 들어맞기 때문이 아닐까? 개인이 직접 화폐를 만들어 쓸 수 있을 뿐 아니라 각자가 일원이 되어 확정한 기록이 모두에게 인정받고 여러 가치를 가질 수 있다는 탈중앙화 아이디어는 사람들의 제도운영 참여 욕구는 물론 타인의 인정을 받고자 하는 욕구를 먼저 건드리는 것 같다. 탈중앙화는 정치적으로 개인의 자유를 더 보장하는 이념 같기도 하고 다수가 대안적 화폐 발행권을 직접 행사하는 것 같기도 하며 내가 가질 자산을 직접 설계하고 만드는 경제적 권리 같기도 하다. 또한 다양한 조직과 단체에서 자치적 운영방식으로 쓰일 법하다는 기대를 사람들에게 불러일으키고 있다.

2022년 2월에 러시아가 우크라이나를 침공하면서 분산원장의 힘이 새로운 각도에서 발휘되고 있다. 러시아의 부당한 침공에 맞서 국가와 자유를 지키려는 우크라이나를 응원하는 사람들이 분산원장 기반의 비트코인을 이미 몇백억 원 이상 기부했다. 다른 한편으로는 전쟁을 일으킨 대가로 자유진영으로부터 국제금융거래와 스위프트(SWIFT)• 거래 금지 제재를 받은 러시아가 제재 회피 수단으로 비트코인을 사용할 가능성도 예측된다. 전쟁 피해자들에 대한 비트코인 기부는 인간이 타인의 어려움에 공감하고 서로 도와주는 방법을 쉽게 실행할 수 있음은 물론 기존의 은행 간 송금시스템과 SWIFT를 이용한 기부에 소요될 큰 비용과 시간을 현격하게 줄인다는 의미가 있다. 더구나 미국 달러로 기부금을 송금하면 그 송금이 제재 대상이 아니라는 확인을 받는 데 절차와 시간이 더 필요하다.

만약 탈중앙화 방식을 이용한 비트코인 송금이 확립되어 있지 않았다면, 전쟁으로 고통받는 우크라이나인에게 이웃 나라의 선한 사람들이 이렇게 간편하고 빠르게 지원할 수 없었다. 더구나 기부한 사람들이 송금한 내역과 지갑주소 등은 블록체인에 잘 기록되어 있고, 기부금으로 받은 비트코인이 원래 기부 목적대로 어떤 항목에 언제 사용되었는지에 대한 기록도 비트코인에 저장된다. 언젠가 그 지출내역이 공개될 것으로 기대한다. 그동안 크고 작은 기부에서 모으는 정성에

•   외국환 거래의 데이터 통신망을 구축하고자 설립된 국제협회.

비해 기부금 지출내역이 의심스러운 일이 적지 않았는데, 그런 점을 해소하고 국제적 기부를 활성화하는 데도 분산원장이 기여할 것이다.

초기에는 비트코인이 실크로드 같은 불법 웹사이트에서 불법거래, 마약, 자금세탁, 불법무기구입 등으로 쓰였으므로 미국 법무부에서 실크로드를 폐쇄하고 비트코인도 몰수했다. 그 이후에도 어느 정도 불법적 용도로 사용되었으므로 암호자산이 불법거래를 부추긴다는 암호자산 비판론자들의 비판에 옹호론자들은 별다른 반박을 하기 어려웠다.

이번 기부 건은 앞으로 암호자산이 불법적인 일에 악용되기보다 선량하고 정당한 목적과 용도에 더 많이 사용될 가능성이 있음을 시사한다. 실제로 자금세탁에 악용된 금액은 암호자산보다 기존 법정화폐가 몇 배나 더 많다고 한다. 탈중앙화된 분산원장은 앞으로도 홍수·지진·쓰나미·화산폭발 같은 대재난 상황에서 긴급하게 국제적인 기부를 하는 데 요긴하게 쓰일 수 있다.

다른 한편으로는 이런 탈중앙화가 국제적으로 경제제재를 받은 러시아가 확립된 국제금융시스템을 회피하는 수단으로 쓸 수 있다는 것이 아이러니다.

블록체인 탈중앙화는 다수결로 합의를 이끌어내는 방식을 전제로 해서 민주주의를 연상케 하는 면이 있다. 탈중앙화의 대표적 방식 중

작업증명방식은 참여자, 즉 노드가 1의결권을 행사한다는 점에서 현대 민주주의의 평등선거 원칙을 닮았고, 지분증명방식은 지분비율만큼 의결권을 행사한다는 점에서 그리스 아테네에서 정치가 솔론이 재산 등급에 따라 참정권을 차등 부여한 금권정치를 연상케 한다.

블록체인 커뮤니티에서 다양한 목적과 형태로 활발하게 형성되고 있는 DAO는 참가자들이 프로토콜로 만든 공통의 규칙 아래 자산을 출연하고 공동의 목표로 활동하면서 그에 따른 결과와 수익을 배분하는 등의 기능을 수행한다.

탈중앙화는 경제적으로 자본주의 경제의 승자독식, 부의 독점화를 완화하는 탈출구로 받아들여지기도 한다. 기존의 자산체계와 산업구조하에서 국가 내 개인 간 소득격차는 물론 국제적으로도 부국의 시민과 빈국의 시민 간 격차를 더 벌려왔다. 분산원장방식으로 생성되는 토큰과 그것이 유통되는 토큰 이코노미가 우리의 경제활동을 얼마나 더 활성화하고 부의 집중화를 해소할 것이라고 단언할 수 없지만, 젊은 세대와 저개발국가의 시민들은 블록체인 메인넷의 토큰 채굴이나 Web3.0상에서 콘텐츠를 제공하고 참여하는 활동에 대한 보상으로 토큰을 수령함으로써 소득을 늘릴 수 있다는 기대감을 가지는 것 같다.

어떤 거래에 대하여 하나의 중앙화 기관이 신뢰할 수 있는 기록을 하는 것은 문명국가의 발전 과정이었으며, 거래가 다양해지고 규모가 국내를 넘어 국제적으로 확대되는 수요를 중앙화 기관들이 소화해 왔다. 우리는 한 번도 직접 방문해 보지 않은 기업이 발행한 주식도 증권거래소에 상장되면 손쉽게 취득하고 거래할 수 있다. 해외에 유학 중인 자식을 위해서 학비를 송금하는 한국의 부모나 한국에서 번 소득의 상당부분을 동남아시아 국가의 가족에게 생활비로 송금하는 외국인 노동자 모두 중앙화된 중개기관인 은행들과 SWIFT의 도움으로 편리하게 믿고 송금한다.

한편 이러한 해외송금의 자유로움은 송금시스템 이용자가 비용과 시간 부담을 전제로 누릴 수 있다. 각 은행과 SWIFT에 지불해야 할 비용이 최소한 몇만 원에 이르고, 소요시간도 최소 3일 정도 걸린다.

가상자산에 관한 일부 국가의 외환규제를 제외하면, 기술적으로 순식간에 거의 비용 없이 한국에 있는 부모나 노동자가 가상자산으로 유학비나 가족 생활비를 해외로 보내고, 수령한 사람은 현지 통화로 환전만 하면 된다. 이는 탈중앙화된 분산원장방식이 가져다준 대표적 효용이다.

탈중앙화는 사람들을 현혹하는 이념적 구호일 뿐 실제 구현될 가능성이 없다는 비판도 나온다. 탈중앙화를 내세운 토큰을 사기의 수단으로 삼는 프로젝트의 위험성에 주목하거나, 탈중앙화라고 하지만 실제로 누군가 간접적으로 통제하거나 지배적 영향력을 행사하는 위장된 탈중앙화 토큰이 많은 피해자를 만들어낸다거나, 킬러앱(killer app)[•]이 나오기 전에는 믿을 수 없다는 의견도 많다.

국제결제은행(BIS)은 중앙은행들의 중앙은행이라 할 수 있는데, 국제경제와 통화정책의 최고 전문가인 신현송은 1992년 BIS 역사상 동양인으로는 최초로 조사국장이 되었다.

그는 국내 언론과 한 인터뷰에서 "가상자산은 탈중앙화라는 그럴싸한 구호를 앞세우지만 실상은 투기성 코인 판매로 지탱된다는 구조적 현실을 깨달을 필요가 있다. 이런 가상자산은 주로 투기를 목적으로 하는 신규 투자자의 유입으로 지탱된다. 근본적 가치는 없다. 통화의 본질은 신뢰인데 가상자산은 가치저장 또는 교환수단으로 사용하기에는 안전하지 않다"라고 명확하고 단호하게 블록체인의 탈중앙화가 화려한 구호일 뿐 실제로 작동할 가능성이 없다고 논평했다.[6]

사정을 잘 모르고 투자하는 많은 코인 투자자의 피해를 막아야 한다는 점에서 신규투자자의 유입으로 가격이 지탱되는 코인들이 결과적으로 가치가 없다고 지적한 점에는 동의할 수 있다. 그러나 탈중앙화가 제대로 구현되었을 때 어떤 긍정적 의미를 주는지는 깊이 고려

•   탈중앙화 방식이 구현된 응용프로그램이 널리 확산되어 경제, 사회적으로 많은 사람이 실제로 효용을 인정하고 사용하는 앱.

하지 않은 채 폰지사기(Ponzi Scheme)●에 가까운 토큰을 판매한 프로젝트가 탈중앙화라는 명목을 내세웠다는 이유로 탈중앙화 자체를 통틀어 부정했다는 점에서는 아쉬움이 많았다.

뉴욕대학교 누리엘 루비니 교수는 탈중앙화를 평가절하하고, 디파이의 탈중앙화도 공수표라고 했다.[7] 그러나 가상자산 중 사기에 가까운 것들이 있다는 사실은 당연히 인정하지만 그를 이유로 모든 토큰을 사기로 일반화하거나 탈중앙화 방식이 제대로 구현될 경우 어떤 긍정적 가치를 가질지를 고민하지 않은 점에서 균형감을 잃었다.

더 많은 참여자를 위해 탈중앙화를 유지하고, 더 신속하게 거래기록을 검증하여 분산원장에 보관하려면 기술적으로 블록 생성과 검증 처리속도가 더 빠르고, 수수료도 합당한 수준이 되어야 하는 과제가 있다. 현재도 이더리움 메인넷의 가스비가 너무 비싸진 것처럼 부담스러운 수수료로 분산원장 활용이 제한되거나 억제되는 것도 탈중앙화 확산에 큰 장애요인이 되고 있다. 이더리움 메인넷이 2022년 9월 지분증명방식으로 전환했지만, 이용자들의 수수료 부담이 크게 낮아지지 못한 가운데 솔라나, 아발란체 같은 메인넷들이 가스비를 낮추어 더 많은 사용자를 확보하려고 노력하고 있다.

──────

● 신규 투자자의 돈으로 기존 투자자에게 이자나 배당금을 지급하는 방식의 다단계 금융사기.

디지털화, 가상성과 메타버스의 일상화

암호화폐가 갑작스럽게 세상의 관심을 받기 시작한 2017년에 가상화폐는 내재적 가치가 없다는 의견이 많았다. 그러나 암호화폐 또는 가상화폐가 물리적 형태가 없고 경제적 가치가 있는 또 다른 실물자산에 연동되어 있지 않다는 이유만으로 내재적 가치가 없다고 단정하기는 섣부르다.

인류는 오랫동안 관념과 허구의 제도를 만들어왔고, 블록체인기술에 기초하여 만든 암호화폐도 어떤 정보나 데이터를 기록하고 저장하는 방식을 관념적으로 새로 창출해낸 것이며, 그 점에 경제적 가치를 부여하는 것이다. 그 가치가 얼마인지는 다양한 고려요소에 따라 결정된다. 거래 가능한 대상인 만큼 여타 재화처럼 수요·공급의 원칙에 따라 영향받는 것은 물론, 특정 토큰이 만들어져 이용되는 메인넷에 대한 신뢰와 확장 가능성, 편의성, 보안성, 신속성과 비용 정도 등이 모두 고려된다.

호모 사피엔스가 발전시켜온 가상의 세계와 가상의 제도를 살펴보자. 사피엔스가 최초로 만든 문자는 수메르의 불완전 쐐기문자인데, 지금까지 발견되어 판독된 최초의 기록 내용은 누군가가 가진 염소 몇 마리에 관한 것이다. 그 기록이 소유자를 등재한 공적 장부인지,

누군가에 대한 채권 또는 채무를 기재한 개인의 회계장부인지는 밝혀지지 않았지만, 권리와 재산을 기록할 필요성은 그때도 있었고, 그 필요성이 문자를 쓰게 된 중요한 이유라고 짐작할 수 있다. 이것이 사피엔스가 물리적 세상의 물건과 현상을 물리적으로 점유하고 관리하는 상태를 넘어서 추상적으로 체계화·권리화한 시발점이라고 생각된다. 염소는 누군가 물리적·실질적으로 지배하는 외관을 가질 때만 그 사람 소유로 인정되는 체계였다가 장부에 기록되면서 그 기재 내용에 따라서도 소유를 인정하는 체계로 확대되었다고 볼 수 있다.

사피엔스는 '지혜로운 자'라는 의미로, 사피엔스들이 스스로 명명한 것이다. 사피엔스가 그 이전의 지구 지배종으로 자기들보다 체격이 훨씬 큰 경쟁자 네안데르탈인 등을 물리쳐 새로운 지배종이 되고, 매머드 같은 거대동물도 거뜬히 사냥한 것은 상징체계인 언어를 발명하여 눈에 보이거나 손에 잡히지 않는 것까지 설명하고 다른 사람과 상호 의사소통하는 수단으로 쓰게 된 인지혁명 때문이라는 유발 하라리의 분석은 탁월하다.[8]

그 이후 인간은 항상 자신이 무엇을 원하는지, 그것을 가지려면 어떻게 해야 하는지, 어떤 방식으로 자신이 사는 사회를 운영하고 지배하는지 등을 고민하며 많은 제도를 창안해 왔다. 종교, 관료제, 국가, 학교, 회사, 증권거래소 등은 모두 물리적 형태로 완결되는 것이 아니라 인간의 상상력 속에서 작동하는 허구의 시스템이고, 유발 하라리는 이런 것들을 상호주관적 제도라고 표현했다.

인류는 농업혁명, 산업혁명, 정보혁명의 단계를 거쳐오며 많은 제도를 새로 만들고 발전시켰다. 탈중앙화된 컴퓨터 네트워크가 도입되기 이전부터 화폐, 금융, 부동산등기, 회사제도의 본질은 관념 속에 존재하는 가상의 것이었다. 화폐, 금융, 부동산등기, 회사 자체가 어떤 형체가 있는 것이 아니다. 유발 하라리가 예로 든 프랑스의 푸조자동차사나 한국의 대표적 자동차회사인 현대기아자동차㈜는 회사등기소의 등기원부라는 가상의 세계에 존재할 뿐 자동차 생산공장이나 본사 사무실, 경영진이 소유한 여러 재산이라는 물리적 자산이나 대주주나 임직원 같은 사람들이 자동차회사 자체는 아니라는 점을 보면 충분히 이해할 수 있다.

결국 인간의 모든 제도는 가상의 것이다. 법은 어디에 존재하는가? 국회의 문서보관소나 정부 해당 부처의 장관실이 아니다. 그곳에 있는 법률안에 대한 국회 본회의 의결서나 의사록, 해당 부처에서 인쇄한 법률조문 복사본, 컴퓨터에 저장된 문서전자파일이 있지만 그 자체가 법은 아니다. 법은 우리 모두가 인정하는 절차와 방법으로 정해진 추상적인 내용일 뿐이다.

정보화 혁명으로 인쇄매체에 기반해 주요 제도적 기능을 담당해 온 전통 언론, 출판업은 위축되었고, 정보를 교환하거나 확산하는 장도 기존의 물질적 장소에서 가상의 공간으로 계속 대체되었다. 태어날 때부터 인터넷이 이미 존재한 세대는 형체가 없는 인터넷과 모바일의 세상이 더 자연스럽게 느껴질 뿐 아니라 이를 가장 주된 정보의 유통 경로로 여긴다. 이미 정보의 흐름은 현실의 물리적 공간이 아니라 가상공간으로 옮겨가고 있다. 가상공간에서 명예훼손이나 협박 같은 범죄행위를 방지하고 단죄해야 할 필요성이 확대되고 있고, 개인이 사망한 후 인터넷에 남아 있는 사망한 자의 기록을 지워달라고 요구하는, 잊힐 권리가 논의되는 것은 그만큼 가상공간에서 인간의 활동과 정보교류가 확대되고 있다는 반증이다.

따라서 인간이 오랫동안 실물세계에서 거래대가의 지급이나 권리증서와 권리이전을 기록하던 방식을 암호화 토큰이 가상세계에서 하는 방식으로 대체하는 일은 가능해 보인다. 물론 현재의 법과 규제를 기준으로 보면 어려움이 있지만, 현재 시점의 법과 규제가 절대적일 수는 없다. 위와 같이 대체하는 것이 인간의 욕구나 본성에 반하지 않으며, 대금결제나 권리의 귀속과 이전이라는 결과를 명확히 해준다면, 더구나 그 온라인 방식이 더 저렴하게 빨리 처리한다면 가상방식을 선호하지 않을 이유가 없다.

인간의 아바타가 메타버스에서 현실세계에 상응하는 토지 같은 가상 아이템을 매수하거나 현실세계에서는 경험할 수 없는 감각적 경험을 하는 과정에도 암호자산과 토큰이 더 널리 활용될 것이다. 블록체인기술과 토큰은 디지털 세계와 메타버스에서 경제가 작동하게 하는

크립토사피엔스와 변화하는 세상의 질서

중요한 장치이다.

노장철학자 최진석 이사장(새말새몸짓재단)도 가상은 원래 진실의 한 형태였다고 명쾌하게 말했다. 인간의 진화는 원래 '보이고 만져지는 것'을 믿던 곳에서 점점 더 '안 만져지고 안 보이는 것'을 믿는 곳으로 나아가는데, 도구의 시대와 기술의 시대를 거쳐 과학의 시대로 집입하면서 메타버스까지 왔다는 것이다. 메타버스는 가짜가 아니라 확장된 영토로 진화한 또 다른 진실이므로 겁먹지 말고 진화의 질주를 해야 한다고 강조했다.[9] 작가 이인화는 메타버스는 가상공간에서 게임의 놀이 요소를 갖고 있지만, 이는 인간 욕망의 중개자일 뿐 메타버스의 목적은 실생활에 필요한 서비스 제공이라고 주장한다. 메타버스의 과제는 사람과 사람 사이의 관계에서 어떤 경험을 공유할 것인가의 문제라고 역설하여 메타버스가 일상화되는 것이 불가피함을 예견하고 있다.[10]

사람들은 앞으로 메타버스에서 자신의 아바타로 더욱 많은 활동을 할 것이라고 예측하는데, 메타버스가 더 꽃피우려면 아바타가 활동하고 자산을 거래하는 방식이 자유롭고 온라인상에서 무한한 상상력을 수용하도록 메타버스 내의 체계가 구축되어야 한다.

메타버스에 참여하는 아바타들은 실명확인을 거치지 않고 익명의 정체성을 가지는 것이 현재 방식이나, 만약 메타버스 속 활동에 경제적 보상이 주어지고 거래되는 암호자산의 생태계가 확대된다면 메타버스에 존재하는 자산을 실물세계 자산으로 교환하는 과정에서 실명을 확인하려는 규제가 시도될 것이다. 사람들은 현실에서 각자 여러 역할을 해야 함에 따라 자아를 여러 개 가질 수 있는데, 그것처럼 상상력과 가상으로 이루어지는 메타버스에서 하나의 아바타만 가지는 게 아니라 자신이 원하는 만큼 아바타를 갖고 여러 곳의 메타버스에서 활동할 수 있다. 이 경우 아바타의 실명은 메타버스의 게이트키퍼(문지기)인 플랫폼 운영자만 수집할 수 있으며 메타버스 안에서는 철저히 익명으로 활동하고 거래하는 방식이 행해질 수도 있다. 메타버스가 취미활동과 경제활동을 장려하고, 메타버스 플랫폼에 기여하는 사람들에게 플랫폼의 수익을 배분해 주려면 블록체인 토큰을 보상지급 방법으로 적극 활용해야 한다.

거기다 오프라인의 자산소유나 행위가 필요하지 않은 DAO의 구조와 결합하면 인간이 가상에서 찾고 싶어 하는 많은 욕망과 욕구들을 충족하면서도 상당히 조직적·효율적으로 온갖 목적의 활동을 하게 되어 새로운 차원의 가상세계 문명이 시작될지도 모른다.

문명비평가 이어령 선생도 디지로그(digilog)●라는 개념을 주창하면서 디지로그는 진짜와 가짜의 경계가 무너지는 것이며, 아날로그 세계는 진짜이고 디지털 세계는 가짜라는 이분법적 구분은 잘못되었다

● 디지털(digital)과 아날로그(analog)를 결합한 신조어. 디지털 기반과 아날로그 정서가 융합하는 첨단기술을 의미하는 용어다.

고 역설했다.[11]

한편 메타버스에서 토큰이나 NFT가 지급되고 거래되는 데 대해 현실세계에서 가상자산이나 NFT에 대한 규제를 면제하거나 그 예외를 인정하는 제도는 아직 없다. 메타버스 내에서 개발되고 배포되는 다양한 게임에도 현실의 규제, 예를 들어 한국의 게임산업진흥법상의 게임등급 분류를 받아야 한다. 현실세계에서 인정되는 상표권, 저작권 등 각종 지적재산권과 영업비밀보호 등도 그대로 적용될 수밖에 없다.

메타버스가 아바타를 통한 가상활동공간이라고 하지만, 기술적으로는 인터넷의 또 다른 버전과 같아서 인터넷상 활동과 달리 규제할 이유는 없다는 의견도 있다. 심지어 메타버스 플랫폼 전체가 일종의 게임이라고 보아야 한다는 의견까지 있는데, 로블록스 같은 플랫폼 자체까지 게임으로 보기 어렵다는 견해가 다수이기는 하다.

암호자산혁명과 신흥자본의 탄생

비트코인, 이더리움 같은 크립토 고유한 토큰은 그 이전에 없던 새로운 형태의 경제적 가치를 가진 자산이 되었다. 앞에서 살펴봤듯이 이 두 암호자산은 탈중앙화의 정신을 제대로 구현하고 있다. 비트코인, 이더리움은 암호자산시장이 냉각되는 '크립토 윈터'가 오더라도 가격의 급락 가능성이 상대적으로 작다. 그러나 토큰은 아직 대부분 국가의 법체계에서 완전한 법적 지위를 갖지 못한, 인류 모두에게 새로운 것이다.

현재 인류가 보유할 수 있는 자산은 매우 다양하다. 인류가 원시 수렵생활을 하는 동안 토지는 그때그때 머무는 곳이지 소유할 대상이 아니었다. 농사를 짓게 되면서 한곳에 정주하고 마을과 도시를 건설하면서 드디어 토지가 자산화되었다. 토지를 누가 소유하는지는 정치경제 구조에 따라 달라졌다. 처음에 토지 자산은 국가나 공동체 또는 독점적 권력자인 왕이나 영주, 귀족이 주로 소유하다가 집터에 대해 먼저 개인의 소유를 인정하고 농지도 일부 인정하기 시작했다. 로마제국시대에는 정부가 개인들에게 보상으로 토지의 사적 소유를 인정했고, 토지 소유자들은 토지에 곡식이나 가축을 길러 시장에서 매매함으로써 돈을 버는 경제구조가 형성되었다. 다만 제국의 시민이 아닌 사람에게는 토지 소유가 허용되지 않았다. 그러나 게르만족의 부족사회에서 토지는 공동의 소유자산이었을 뿐 사적 소유는 인정하지 않았다. 개인의 소유권을 현재와 같이 모든 국민에게 인정해 주기까지는 오랜 세월이 걸렸다. 현재도 토지소유권을 개인에게 인정하지 않고 국가가 가지면서 개인에게는 토지사용권만 주는 중국, 베트남 같은 일부 국가가 있다.

토지는 그 자체가 물리적 형태를 가지고 있어서 우리가 직접 보고 이용할 수 있으며, 그 소재지가 고정되는 자산이지만 자산으로서 주식은 인간의 집단적 상상력으로 창안한 법적 인격체인 주식회사에 대한 종합적 권리를 분할해서 체화한 것으로 물리적 형태를 띠지는 않는다. 주주는 주식회사의 부동산, 기계, 채권 등 모든 자산에 대해 포괄적 권리를 가진다. 주식이 등장하고 주권이 발행되어 증권거래소에서 거래되는 시대를 사는 사람들이 느꼈을 새로움과 낯섦은 최근 10여 년 사이에 토큰이 등장해 세계 어디서나 거래되기 시작했을 때 지구촌 사람들이 느낀 그것과 비견될 수 있다. 토큰은 주식회사를 전제로 하지 않고 또 다른 상상력으로 창안해 컴퓨터 네트워크상에서 존재하는 무형의 관념적 자산이다. 그 이전에 존재하지 않았는데 새롭게 관념적으로 만들어진 자산인 점이 주식과 공통적이다.

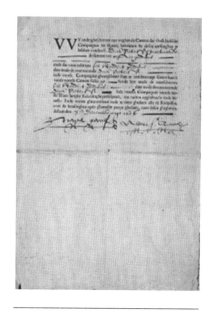

1606년 네덜란드 동인도회사에서 발행한 주권

주식은 1600년대에 영국과 네덜란드, 프랑스 등이 각각 식민지에 대한 투자활동을 장려하고자 허가해서 설립한 동인도회사들에서 처음 발행했다. 영국 동인도회사가 1600년에 먼저 설립되었으나 1602년에 설립된 네덜란드 동인도회사가 주식회사 형태에 더 가깝다. 위 이미지는 1606년에 그 회사가 발행한 주권이다.

　한국 최초의 주식회사는 1897년 독립협회 회원인 서재필 등이 설립한 대조선저마제사주식회사이다. 1897년 6월 12일자 〈독립신문〉의 논설에서는 삼베와 모시를 이용해 비단을 짠 뒤 이를 수출해서 돈을 많이 벌 수 있는 대조선저마제사회사가 금광보다 백 배 낫고 이 회사 증서를 사두는 것은 논을 사는 것보다 삼백 곱절 이득이라면서 조선 백성들이 먹고살게 만들어 줄 테니 20원을 내고 주식을 사라고 권유했다. 이 논설을 보면, 그 당시 사람들이 주식회사의 개념을 이해하기 어려운 점을 감안해 개화파 신문이 나서서 주식회사가 사업을 하는 주체라는 점과 개인은 그 주식회사의 증서(주식이라는 용어도 쓰지 않음)에 투자해서 돈을 벌 수 있다는 점을 아주 직설적으로 설명했다.

　그 후 건국이 되고 현재의 상법이 제정된 것은 1962년이다. 영국이 회사법을 제정한 1862년보다 정확히 100년 뒤이다. 그 이후에도 한국에서 많은 회사가 설립되어 자연인인 개인 사업자를 뛰어넘어 자본주의 경제활동의 실질적 주체로 인정되기까지 그리고 주식이 개인의 투자대상 자산으로 확고한 지위를 확보하기까지 수십 년이 걸렸다. 한편 주식이 개인의 자산으로 본격적으로 편입되려면 자유롭게 사고

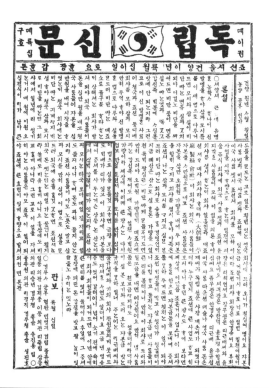

1897년 6월 12일자 〈독립신문〉의 논설

파는 거래소가 필수적이다. 뉴욕거래소가 1817년에 설립되고 런던거
래소가 1802년에 설립된 이후 다른 유럽 국가들과 아시아 등 모든 국
가가 뒤따라 거래소를 설립했다. 따라서 주식거래를 먼저 활성화하고
관련 법제도도 앞서 만든 미국과 영국이 자본주의의 선두주자가 된
것은 당연해 보인다.

주식이 한 국가 내에서 확산되는 데는 그 국가의 자본주의 채택 시기와 발전 정도에 따라 수십 년에서 수백 년 걸렸지만, 토큰은 글로벌하게 아주 짧은 시간에 확산된 것이 큰 차이점이다. 주식이나 토큰과 같이 완전히 새로운 형태의 자산이 아니면서도 몇몇 자산이 특정 시기에 엄청난 투자와 투기의 대상이 된 때가 있었다. 이러한 자산들의 등장은 자산혁명에 해당하지 않으나, 그 당시 사회와 국가가 받은 충격의 정도에서 혁명적인 자산과 유사한 점이 있다. 연금술의 성행으로 금을 만들 수 있다는 믿음이 퍼진 때와 골드러시(gold rush)• 때 금을 채굴하려는 광풍, 네덜란드에서 튤립 뿌리 하나가 집값보다 더 높게 매겨진 투기 광풍이 그것들이다.

그러나 토큰이 자산의 혁명을 가져온 것과 자산의 투기 광풍은 분명히 구분해야 한다. 2017년경 비트코인, 이더리움과 그밖에 대체코인의 가격이 급등하고 투자 광풍이 불 때 국가나 집단에서는 토큰들을 튤립 같은 투기 광풍의 대상과 동등한 위치에 놓고 비교했다. 하지만 이는 블록체인과 토큰에 대한 깊은 이해 없이 투기라는 결과적 현상만을 기준으로 좁은 시각에서 토큰을 바라보았기 때문임이 드러났다. 투기라는 거품이 제거된 후 튤립은 관상용 꽃이라는 단일 용도로

• 19세기 미국 캘리포니아 등지에서 사금이 발견되면서 1850년대의 미국 개척민들이 너도나도 캘리포니아로 몰려간 현상.

돌아갔지만, 토큰에 대해서는 유틸리티, 지급수단, 증권이라는 다양한 용도와 그에 따른 제도화 논의로 이어졌다.

이런 변화와 혁신은 경제, 사회, 정치, 법제도 전 분야에 걸치고, 국가를 뛰어넘었으며, 실물경제와 디지털 경제를 아울러서 가히 자산혁명이라고 할 만하다. 특히 2030년에 지금까지 유동화되지 않은 자산 중 토큰경제로 새로 유동화될 자산이 미화 16억 달러가 된다면 더욱 그렇다.

주식이 근대의 과학혁명, 산업혁명과 함께 등장한 혁신적 자산이라면, 토큰은 컴퓨터와 정보혁명, 블록체인이 가져온 새로운 자산으로, 주식 이후의 가장 새롭고 주식이 가져온 혁신 이상의 변화를 가져올 자산으로 예측하는 의견이 많다. 주식은 현재의 법에 규정된 주식회사라는 조직에 대한 지분권을 체화하는 반면에 토큰은 회사보다 훨씬 다양하고 탈중앙화 요소를 갖춘 디지털 네트워크, 커뮤니티나 조직을 기반으로 하며, 그 조직에 대한 참여권, 거버넌스 권리, 수익권 등 권리와 지위를 체화할 수 있다. 앞으로 토큰경제가 확대되면 경제활동 주체에서 회사가 차지하는 비중과 개인이 보유하는 자산으로서 주식의 비중이 줄어들 가능성이 있다. 회사가 아닌 DAO 같은 다양한 방식의 조직들이 활동할 시스템이 마련되기 때문이다. MMORPG• 게이

• 대규모 다중 사용자 온라인 롤플레잉 게임(Massively Multiplayer Online Role-Playing Game)의 줄임말로 게임의 장르명.

머들이 온라인상에서 DAO를 결성하여 토큰 형태의 게임 아이템을 획득해 처분한 소득을 분배하는 것이 그 예가 될 수 있다.

자본주의는 개인의 자산이 합법화되고 그를 명시한 문서체계를 정립하면서 발전되어 왔다. 토지에 대한 소유권 체계와 투명한 등기부제도, 회사의 설립과 등기제도, 주식 소유자인 주주의 명부 관리제도, 토지와 주식의 담보제도 등의 발전이 밑바탕이 되어 자본주의 경제가 확대되었다.

앞으로 토큰경제는 사람들이 보유하는 자산들을 토큰이라는 형태로 명시화하고 기록함으로써 새로운 자본으로 편입되어 자본주의 경제의 규모를 더 키우고, 국가 간 경계에 덜 얽매이면서 발전해 Web3.0 정신에 따라 기여분에 비례하는 분배를 하는 방향으로 진화할 가능성이 높다. 결국 자산이 토큰화되고, 토큰이 자본화되고, 토큰거래가 글로벌하게 쉽고 저렴하게 됨으로써 지구상의 더 많은 사람이 이전보다 더 많은 부를 가지게 되고, 이전에 참여하지 못한 자산거래와 금융시스템에 참여할 기회도 더 가지게 될 것이다.

초국가적 토큰경제와 법의 글로벌 동조화

메인넷 블록체인이 붕괴하거나 중앙화 암호자산거래소, 암호자산 대출회사, 크립토 투자회사의 파산이나 대규모 채무불이행이 발생하면, 다른 국가에 산재한 다른 크립토 관련 회사들의 파산으로 연쇄반응을 일으킬 수 있다. 크립토 자산 생태계는 글로벌하게 서로 연결되어 있다. 예를 들어 테라와 루나의 붕괴가 어떻게 글로벌하게 파급효과가 확산되었는가? 미국 회사인 3AC(Arrow Capital)는 미국 회사 블록파이(BlockFi)로부터 거액을 대출받아 루나를 대규모로 매입했다. 그 상황에서 루나의 가격이 붕괴되자 3AC는 투자금을 회수하지 못했으며, 그 결과 블록파이에 대출금을 상환하지 못하여 테라와 루나를 발행한 싱가포르 회사 테라폼랩스에 이어 3AC와 블록파이도 미국 파산법원에 챕터 11 파산절차(한국법상 회생절차와 유사함)를 신청했다. 블록파이는 전 세계에 흩어져 있는 고객 10만 명에게 파산채권을 신고하라는 안내문을 보냈다. 중앙화된 금융기관은 통상 그 소재지 국가에 거주하지 않는 사람들을 고객으로 받아들이지 않으므로 파산한 미국 회사가 전 세계 여러 국가에 널리 퍼져 있는 고객들에게 채권신고 통지를 한 경우는 없었다.

이미 강조했듯이 토큰은 그 자체로 컴퓨터 네트워크를 통하여 국가 간 경계에 상관없이 널리 거래되고 이전되는 속성이 있어서 이런 현상이 일어났다. 만약 국가별 규제가 없다면 토큰거래는 인터넷으로 연결된 세계에 있는 모든 컴퓨터 간에 신속하게 이루어질 수 있다.

이와 관련해 필자도 암호화폐거래소 FTX의 파산신청으로 세상이 시끄럽던 2022년 12월 중순 어느 날, 깜짝 놀라는 경험을 했다. 미국 뉴저지 파산법원에서 서울 우리 집으로 통지서가 배달된 것이다. 작은 아들 앞으로 왔는데 '법적 공지(Legal Notice)가 포함되어 있다'는 봉투의 문구가 눈에 확 들어오면서 '모르는 사이에 무슨 사고라도…' 하는 긴장감에 휩싸였다.

2021년 말까지 몇 년 사이에 가상자산의 발행과 거래 금액이 크게 확대되었는데, 그와 함께 가상자산 시세에 영향을 미치는 사건이 일어나면 국제적으로 거의 동시에 전파되어 대부분 거래소의 주문호가에 영향을 미치고, 더 나아가 가상자산의 시세에 대해 유사한 전망과 평가가 순식간에 확산되는 등 글로벌 동조화 현상이 점점 더 강해져 왔다.

예를 들어 2022년 5월에 테라 가격이 어느 정도 떨어지자 헤지펀드로 추정되는 세력이 대량의 테라를 빌려 암호자산거래소에서 더 낮은 가격으로 매도(공매도)하는 일이 일어났다. 전 세계에 흩어져 있는 일반투자자들도 순식간에 그 사실을 알고 테라를 매도하자 테라는 더 큰 폭으로 하락했다. 테라에 대한 수요를 급격하게 증가시킨 앵커프로토콜(ANC)은 테라를 예치하면 20% 정도의 이자를 지급하는 디파이 플랫폼이다. 높은 이자율을 기대하고 테라를 대규모로 예치한 사람들과 테라 가격이 하락할 조짐이 보이자 대량의 테라를 인출하여 거래소에서 매도하려 한 사람들은 전 세계에 흩어져 있었다.

멀쩡하게 보이던 FTX가 문제점을 드러낸 이후 파산신청에 들어간 것도 불과 며칠 사이에 일어난 일이다. 미국의 〈코인데스크〉(블록체인 미디어)가 FTX의 자회사인 알레메다의 재무제표에 따르면 FTX가 발행한 FTT코인을 너무 많이 보유한 것이 이상해 보인다고 지적한 날부터 7일 만에 두 회사 모두 미국 파산법원에 파산신청을 했다. 필자를 놀라게 한 우리 집 배달물은 파산신청을 한 블록파이가 아들에게 전자지갑 계좌에 관한 권리신고를 하라고 요청한 통지서였다.

다행히 아들은 이더리움 예치를 하다가 이미 인출한 상태여서 되돌려받지 못한 토큰이나 신고해야 할 토큰이 없었다. 미국의 파산법원이 전 세계에 흩어진 FTX는 물론 그 관계사의 모든 고객에게 유사한 통지서를 보냈을 테고, 그 통지서를 받은 개인뿐 아니라 그 개인들이 소재한 국가들의 수도 매우 많았을 것이다. 테라시스템 붕괴와 FTX 사태로 파산절차에 들어간 테라 계열사들, 중앙화된 암호화폐 대출업체●인 셀시우스, 블록파이, FTX와 수십 개에 이르는 그 계열사의 투자자, 고객, 거래회사들의 숫자와 소재지 국가의 숫자를 고려하면 암호자산생태계의 글로벌 상호 연결성과 동조화 정도를 짐작할 수 있다. 코인의 시세 등락, 해킹, 특정 코인 프로젝트의 성공 등 모든 사유는 전 지

● 특정회사의 책임과 계산으로 암호화폐 대출거래를 하고 디파이에 대응하여 CeFi로 불림.

구상으로 순식간에 퍼지고 확산되는 것을 생생하게 보여준 사례였다.

기존에 우리가 경험한 2008년 리먼브라더스(Lehman Brothers)의 파산으로 확산되기 시작한 글로벌 금융위기도 전 세계 금융시장의 상호 연결성과 동조화를 증거하기에 충분했다. 하지만 크립토 세계에서는 전 세계에서 특정 토큰을 대량으로 보유하고 있는 기관투자자 외에 여러 나라에 흩어진 수많은 개인투자자도 소량의 토큰을 가지고 토큰 가격의 하락 원인을 파악하는 순간 동조매도를 하는 현상이 더 강화되었다.

형사처벌의 한 유형으로 범죄자로부터 토큰을 몰수하거나 민사분쟁에서 토큰을 강제로 집행해야 하는 상황도 점점 확대되고 있다. 필자는 아직 한국에서는 비트코인을 몰수할 수 있는지가 재판상 쟁점이 된 적도 없던 2017년경 암호화폐에 대한 미국의 강제집행 자료를 보고 암호자산에 대해 궁금증을 갖게 되었다. 재미있게도 뉴욕의 전통적인 형태의 자산운용사의 설립자이자 공동대표인 잔 루이스가 필자에게 그런 자료를 볼 기회를 주었다.

그는 암호화폐에 큰 관심이 없었는데, 필자가 그에게 2017년경 암호자산 규제에 관심이 있다는 말을 흘리듯이 했더니 잘 아는 전문 변호사가 있음을 상기하면서 뉴욕로펌 코브레앤김(Kobre&Kim)의 마이클 김 대표를 소개해 주었다. 김 대표는 당시 미국 검찰이 암호화폐를 집행하는 것과 관련된 중요한 자료를 보내주면서 자신의 로펌도 전 세계에서 암호화폐를 찾거나 집행하는 일을 도와준다고 소개했다. 그만큼 암호화폐는 국경 제한 없이 이미 많은 나라에 확산되어 있고, 잔 루이스도 암호화폐는 잘 몰라도 이것이 세상의 큰 흐름이라는 점은 인식하고 있었다. 잔 루이스의 소개는 그 이후 필자가 해외 여러 나라의 암호자산을 찾고 집행하는 업무를 하는 중요한 계기가 되었다.

크립토 가격에 반응하는 글로벌 동조화뿐 아니라 크립토 관련 주제와 비즈니스에 관한 많은 콘퍼런스도 그 주제에 관심이 있는 전 세계의 투자자, 개발자, 서비스 제공자들을 개최지 국가에 관계없이 모으고 있다. 싱가포르에서 열리는 크립토 콘퍼런스, 미국 뉴욕에서 개최되는 뉴욕 NFT콘퍼런스, 미국 텍사스 오스틴에서 〈코인데스크〉가 개최하는 컨센서스 콘퍼런스, 세계 여러 도시에서 번갈아 개최되는 이더리움 개발자 대회 등에 수만 명이 운집했다. 또한 코로나가 기승을 부리던 서울에서 2022년 9월 열린 KBW(Korean Blockchain Week)에도 전 세계의 크립토 기업과 개발자, 사업자들이 몰려서 컨벤션 효과를 나타냈다. 이러한 대형 이벤트 이후 코인 등에 관한 일반의 관심과 매수세는 뚜렷한 증가세를 보이곤 했다. 2023년 바르셀로나에서 두 번째로 열린 아발란체 서밋에도 약 4,000명이 참가했다.

크립토 뉴스와 사건의 전파성도 훨씬 강해지고 있고, 크립토 전문 언론들이 커버해야 할 뉴스와 현상의 범위도 넓어지고 있다. 2022년 늦가을에 한국 검찰이 소프트웨어 엔지니어 권도형을 자본시장법 위반으로 수사하고 있다는 뉴스가 전 세계로 순식간에 퍼진 뒤 미국의 크립토 유튜버 채널 언체인드 팟캐스트(Unchained Podcast)를 운영하는 로라 신에게서 연락이 왔다. 테라와 권도형에 대해 자기 시청자들이 관심이 매우 많다면서 자신의 유튜브 방송에 출연하여 한국의 법률전문가로서 권도형이 해외에 숨어 있는 가운데 진행되는 그 수사가 어떤 의미를 가지는지와 향후 상황이 어떻게 전개될지 등에 대한 인터뷰에 응해 달라고 했다. 로라 신은 〈포브스〉 임원 출신으로 꽤 탄탄한 숫자의 시청자를 확보하고 있었다.

고민하다가 객관적 포인트를 왜곡 없이 알리는 것도 좋겠다 싶어 출연했다. 그런데 그 유튜브 방송을 본 외국에서 여러 명이 연락을 해왔다. FTX거래소의 수상한 점을 가장 먼저 보도한 미국 〈코인데스크〉의 글로벌 콘텐츠 담당 이사 에밀리 파커도 그중 한 사람이었다. 그녀는 12월에 한국에서 꼭 만나서 한국의 규제현황에 대한 의견을 듣고 미국이나 일본에 대해서도 의견을 교환하고 싶어 했다. 알고리즘에 의한 스테이블코인인 테라 이슈에 미국인의 관심이 상당히 넓게 퍼져 있다는 점을 실감했다.

FTX거래소는 몇 년 사이에 중개한 가상자산 거래량이 급격하게 늘어 파산 직전에 거래금액이 세계 2위 규모에까지 이르렀다. 거래량 규모도 그렇지만 FTX가 진출한 지역이 미국, 유럽, 아시아, 중동까지라는 점을 고려하면 토큰이라는 자산형태가 나오기 전에는 경험할 수 없었던 속도로 글로벌 규모의 자산거래소가 단기간에 부상할 수 있다는 새로운 현상을 보여주었다. US테라(UST)도 단기간에 거래규모가 확대되어 70억 개 이상 발행되었으며, 미국 달러화에 페깅된 USD테더, USD 코인, 바이낸스 코인(BNB)에 이어 4번째 규모의 스테이블코인 지위를 차지하기도 했다.

테라와 루나의 붕괴로 미국과 EU에서 스테이블코인의 발행과 유통에 엄격한 규제를 가하는 방향으로 제도 논의가 활발해졌다. 하지만 미 달러화의 법정화폐 가치에 페깅된 스테이블코인은 통화가치로는 미 달러화와 거의 동일시되면서 거래의 편의성, 특히 국제결제은행(BIS)을 통하지 않고도 국경을 넘어서 매우 짧은 시간에 저렴한 비용으로 전송할 수 있다는 이점 때문에 전 세계에 퍼져 있는 전자지갑 소유자들이 서로 금전적 가치를 전송하도록 해주었다.

2020년부터 2021년 초반까지 급격하게 확대된 탈중앙화금융(DeFi)도 국경에 제한받지 않고 디파이 프로토콜에 토큰을 예치하여 이자를 받거나 토큰이 필요한 사람들이 토큰을 담보로 맡기고 또 다른 토큰을 빌리는 일이 가능해진 현상을 보여주었다. 한때 유니스왑, 스시스왑, 연(Yearn), 컴파운드 등 디파이 프로토콜에 예치된 토큰의 총량(TVL)도 급격히 성장하여 2022년 2월 기준 미화 800억 달러 상당에 달했다.

이렇게 자금의 예치와 대출 등 금융의 기능을 하는 탈중앙화된 프로토콜은 최초 개발자가 어느 특정 국가에 소재할 수는 있으나, 프로토콜 자체는 세계 어느 나라에서나 인터넷으로 접속할 수 있으므로 특정 국가에 소재한다거나 속해 있다고 할 수 없다. 물론 프로토콜 이용자들이 프로토콜 지갑으로 지급하는 수수료가 특정 국가의 사업자에게 귀속되는 경우, 특정 국가에서 그 사업자를 규제하고 세금을 부과할 수 있겠지만, 그 점으로 인하여 디파이 프로토콜이 글로벌하게 통일된 방식으로 작동되는 점이 달라지지는 않는다.

2021년에 급성장한 NFT 거래플랫폼인 오픈시(OpenSea)도 어느 나라에 소재한 주체가 민팅(minting, 발행)한지에 상관없이 인터넷으로 오픈시에 접근 가능한 전 세계 투자자들이 최초 매수를 하고 2차적 거래를 할 수 있었다.

국제기구들도 토큰경제가 글로벌 차원에서 확산될 가능성을 자주 언급하고 있다. 예를 들어 세계은행이 2022년 3월에 발표한 「세계의 암호자산 활동, 진화와 거시적 금융 추동력(Crypto-assets Activity around the World, Evolution and Macro-Financial Drivers)」 보고서에서는 각 국가들에서 암호자산 거래량의 변화는 주로 미국 장기 인플레이션 예상, 미국 국채수익률, 금과 암호자산 가격에 따라 결정될 뿐 최근 각 국가 내부의 거시경제적 발전으로 영향을 받지는 않는다고 분석하고, 암호자산은 국경 간 거래를 지원하는 잠재적 수단으로 점점 더 선호될 거라고 내다보았다. 앞으로 자산의 토큰화가 확대되면 실물자산에 기반한 토큰의 거래도 글로벌 플랫폼을 이용하여 여러 나라에서 활성화될 것이다.

자산기반 토큰 중 증권의 성격을 갖는 토큰은 각 나라의 규제에 따라 발행이나 유통에 대한 제한이 다른 비증권형 토큰에 비하여 더 부과되겠지만 점진적으로 각 나라가 증권형 토큰 생태계의 발전 추이를 보면서 자본시장의 개방정책이나 규제 변화를 모색할 여지도 있다. 어쨌든 현재의 다양한 실물기반 경제적 거래가 토큰 기반으로 전환될 경우, 경제적 현상은 글로벌 블록체인 메인넷과 그 위의 다양한 탈중앙화 앱에서 이루지면서 경제의 글로벌 동조화가 가속되고, 그에 따라 각 국가들의 법체계에 대한 통일화 논의가 더 확대될 것이다.

크립토사피엔스의 등장

블록체인이 등장하기 전까지는 어떤 기관이 제도의 중개자가 되고 중앙화된 주체로 경제, 사회, 정치, 법적 제도의 운영주체가 되어 세상의 질서를 형성해 왔다. 하지만 블록체인으로 중앙화된 주체가 해오던 일을 모든 개인이 대체하면서 컴퓨터의 노드가 되어 온체인상 제도를 직접 설계하고 운영하는 주체가 되기 시작했다.

개인은 토큰을 만드는 블록체인 메인넷이나 그 위에 작동하는 탈중앙화 앱 프로그램의 개발자가 되는 것은 물론 그 메인넷이나 앱에 노드로 참여하여 토큰을 채굴, 주조(minting)하거나 보상으로 토큰을 얻을 수 있다. 토큰을 스테이킹(staking)●하여 지분증명 메인넷의 블록형성에 대한 보상을 받을 수 있으며, 메인넷이나 앱에서 중요한 사항에 의결권을 가지는 토큰을 보유함으로써 프로토콜의 중요한 변경이나 운영에 관한 의사결정 권한을 행사할 수도 있다. 따라서 블록체인기술과 그를 활용하는 Web3.0 구조하에서 개인의 역할, 지위와 권리가 더 확대될 것이다.

이렇듯 블록체인이 가져올 새 질서는 국가별로 국경의 테두리 안에 머물지 않고 초국가적으로 상호 접목·통합되면서 발전하는 과정을 거치는데, 이런 거대한 질서의 변화를 크립토 혁명으로 부르고자 한다. 보편적 질서가 바뀌면서 법과 규제는 그 질서를 제도화하고 구체적으로 구현하는 방향으로 새로 정립될 텐데, 이러한 새로운 질서를 주도적으로 만들고 그 질서 속에서 살아가는 사람들은 그 이전 사람들과는 다른 새로운 특성과 지향을 가지게 될 것이다. 글로벌하게 소속 국가, 문화, 종교의 차이를 넘어 상호 연대하고 협업할 이들을 '크

● 자신이 보유한 암호화폐의 일정량을 플랫폼의 스마트 컨트랙트에 예치하며 예치기간에 처분이 제한됨.

립토사피엔스'라고 한다.

'크립토'는 블록체인의 핵심 기술인 '암호화'를 중심으로 한 기술 변화가 인간의 삶과 제도에 광범위하게 영향을 미친다는 것을 고려하고 '호모 사피엔스'는 국가, 지역, 경제체제, 문화권 차이에 관계없이 모든 호모 사피엔스가 영향받는 점을 고려해 두 단어를 결합하면 호모 크립토사피엔스가 되는데, 편의상 '종'을 의미하는 '호모'를 생략하고 이를 '크립토사피엔스'라고 줄여도 의미가 충분히 전달된다.

30만 년을 진화하면서 가상의 제도를 믿고 협업해 온 현재의 호모 사피엔스가 사용 언어와 지역구분 없이 인터넷으로 연결된 컴퓨터 네트워크에서 크립토 기반 생태계를 만들고 토큰 이코노미를 주도하며 그에 참여하기 시작하는데, 이는 앞으로 더 확대될 전망이다.

2022년에 조금 줄어들었지만 2023년 1월 현재 전 세계에서 비트코인, 이더리움 등의 토큰을 보유하고 있는 사람은 약 2억 명이라고 한다. 이 사람들도 대표적인 크립토사피엔스다. 이 숫자가 2024년 초에 3억 명, 2025년까지 4억 명이 된다는 예측도 있다.[12]

유럽에서 주식투자를 하는 사람은 전체 인구의 23%인 데 반하여 크립토 투자를 하는 사람은 45세 미만에서는 33%, 그 이상 연령대에서는 25%라는 통계가 있다. 일반적으로 생각하는 것보다 이미 토큰에 투자하는 층은 두껍다.

현재 전 세계에는 은행 서비스에 접근이 안 되어 은행을 이용하지 못하는(unbanked) 20억 명이 현금에만 의존하고 있다. 이런 사람들의 문제를 해결해 암호화 기술을 이용한 금융수단을 제공하려고 2019년 리브라(Libra)를 개발했지만, 실행하지는 못했다. 국제송금결제 대기업인 머니그램은 스텔라 블록체인에서 법정화폐와 암호화폐를 함께 이용해 해외송금 및 결제 서비스를 제공하려 한다. 기존 은행 시스템 이용자 중에서도 블록체인 기반 네트워크의 확대를 주도하면서 적극적으로 시스템을 혁신하고 이용하려는 계층이 생겨나고 있다. 이 사람들이 크립토사피엔스가 될 수 있다.

2020년 대폭발 이후 경제가 무너진 레바논에서는 그사이에 레바논 파운드의 화폐가치가 95% 이상 폭락했다. 그러자 정부에서는 대규모 인출을 막기 위해 달러화도 실제 가치의 10~15%만 인정했다. 이에 레바논 사람들은 생존을 위하여 암호화폐 생태계에 참여해 비트코인과 미 달러화 연계 스테이블코인을 대체 통화로 쓰고 암호화폐도 열심히 채굴한다. 이들은 젊은 세대만이 아니라 통화가치를 보존해야 하는 기성세대도 포함하는 적극적인 크립토사피엔스라 할 수 있다.

아프리카, 동남아시아와 남아메리카 사람들도 스마트폰만 있으면 미 달러화 스테이블코인으로 결제할 수 있다.

역사상 대전환의 시대에는 항상 그 시대를 주도하고 만들어 온 계층 또는 그룹이 있었다. 서구에서 절대왕정의 전제적 지배에서 벗어나 자신들의 국가를 근대의 공화정으로 이끈 계층은 시민이었고, 산업혁명과 초기 자본주의를 주도적으로 이끈 계층은 상공업자였다. 막스 베버는 자본주의를 이끈 주도세력이 영리행위를 권장한 근면한 개신교도라고 분석했다. 미합중국이라는 나라를 건설하고 자본주의 경제를 발전시킨 주력 세력들은 WASP(White Anglo-Saxon Protestant)로 부르는 영국 출신의 앵글로색슨족으로 청교도 집단이었다.

근대를 연 상공업자와 개신교도들이 유럽과 미국이라는 특정 지역 사람들로 국한된 집단이었다면 크립토사피엔스는 세계 각국에 퍼져 토큰 이코노미를 꽃피울 주도세력과 토큰경제 구조를 받아들이고 토큰을 자연스럽게 이용하고 활용하는 계층을 통칭한다.

이미 세상에는 블록체인기술과 암호자산 생태계의 발전 잠재력을 믿고 암호자산으로 돈을 벌며 많은 산업과 제도적 기능을 블록체인 기반으로 대체하려는 의지를 지닌 사람들이 늘어나고 있다.

크립토사피엔스가 되기 어려운 사람들은 공통적으로 탈중앙화 네트워크상의 암호화된 정보와 데이터라는 형식이 자산이 되고 경제적 가치를 가지는 것을 받아들이기 힘들어한다. 그들은 여전히 종이라는 형식 또는 중앙화된 신뢰할 만한 기관, 예를 들면 은행, 증권거래소 등이 저장하고 인증하는 디지털 정보라는 형식에만 가치를 부여할 수 있다고 생각한다.

크립토사피엔스의 세계관을 지닌 개인들은 국가의 존재를 인정하고 소속 국가의 시민의 지위를 받아들이지만, 그와 병행하여 글로벌하게 펼쳐지는 블록체인 플랫폼과 토큰 이코노미에 적극 참여하고 크립토 혁명의 질서 확대를 희망하고 있다. 필자는 몇 년 동안 국내외에서 다양한 직업과 전문 분야에서 활동하는 많은 크립토사피엔스를 만났다. 그들의 새로운 세상에 대한 열정과 기대, 노력과 좌절도 많이 보았다. 한편 탈중앙화와 Web3.0이 가져다줄 긍정적 가치를 내세우지만 실제로는 거짓 명분을 내세우거나 탐욕과 극대화된 수익의 수단으로만 토큰경제를 악용하려는 사람들도 꽤 만나본 경험은 6장에서 소개한다.

크립토사피엔스들은 세계관을 공유하는 부분이 있어서 글로벌하게 좀 더 용이하게 연결되는 것 같다. 각국에 흩어져 있지만, 동일한 블록체인기술에 기반한 동일한 토큰에 투자하고, 소속국가의 법과 규제에 따른 차이가 있지만 메인넷과 토큰을 둘러싼 일이 벌어질 때 그것이 어떻게 내가 참여하는 블록체인과 암호자산의 가치와 권리의 행사에 영향을 미치는지에 대해 실시간 관심을 갖는 경우가 많은데, 이는 토큰경제 이전에는 없던 현상이다.

필자는 암호자산의 제도화와 법체계 정립이라는 모든 인류와 국가에 새롭고 어려운 주제를 두고 많은 크립토사피엔스를 만나 공감하고 의논했다. 그들에게 많이 배우고 자극을 얻고 영감을 얻었다. 그들 모두에게 너무 감사하다. 아래는 그 한가지 사례다.

2019년에 리걸해커클럽(Legal Hackers Club)에서 암호자산 규제에 관한 패널토론에 패널로 참가해 달라는 요청을 받고, 여러 가지 규제이슈가 궁금하고 해외 토론자들과 토론하는 것에 대한 기대가 커서 참가했다. 그때 같이 참가한 지브롤터에서 온 변호사 조이 가르시아를 만나서 작은 국가 지브롤터가 토큰발행에 대해서나 법제정비에서 앞선다는 점을 알게 되었다. 그의 추천으로 가입하게 된 GBC(Global Blockchain Convergence)의 세미나에서 미국, 호주, 프랑스, 독일, 지브롤터 등은 물론 홍콩, 싱가포르 등의 변호사들과 토론하고 경험을 나누고 한국의 규제상황도 알리는 기회를 가졌다.

크립토 세계와 온체인에서는 전 세계에 위치한 다른 크립토사피엔스들과 자산거래를 하고, 전통적으로 강한 규제가 적용되는 자본시장, 재산권 보호, 투자자 보호 영역에서 규제의 완화나 변화를 요구하면서 경제적·사회적·문화적 활동을 하며, 필요하면 국경의 물리적 범위에 제한되지 않는 DAO 형태의 공동활동을 펼치려고 한다. 메타버스 내의 아바타를 매개로 다양한 정체성에 기초한 경제적·사회적·문화적 행위에도 적극적이다. 크립토사피엔스는 우선 토큰 이코노미를 통한 경제적 자유의 확대에 가장 큰 관심을 갖겠지만, 국가가 그런 자유를 존중해 주기를 요구하고 국제적으로도 토큰 이코노미가 합법적으로 작동되도록 압력단체를 구성할 가능성도 있다.

물론 아직 암호자산과 토큰의 발행부터 국제간 송금, 자산의 토큰화, 증권형 토큰의 발행과 유통, 블록체인 플랫폼과 프로토콜의 운영,

DAO 설립에 관하여 확립된 제도와 법이 부족해 막상 실행에는 어려움이 많지만, 토큰 가격의 등락이나 토큰 생태계에서 발생하는 크고 작은 사고에도 그런 방향성은 계속되고 있다.

AI와 블록체인의 결합

챗GPT는 인공지능기술의 한 부분인 거대언어모델(Large Language Model)을 이용하다 보니 기술적 결함도 있지만, 많은 사람이 각자의 용도로 활용할 수 있다는 점에서 전 세계에 충격과 놀라움을 주는 동시에 단기간에 1억 명 이상의 사용자를 확보했다. 챗GPT가 뜨겁게 달군 인공지능에 대한 관심이 고조되어 있던 2023년 3월 어느 날, 공통점이 없어 보이는 세계적 석학 유발 하라리, 테슬라와 스페이스 X의 설립자인 일론 머스크, 애플 창업자 스티브 워즈니악을 포함한 2,700여 명이 인공지능의 위험성을 경고하는 공개편지에 서명했다는 뉴스가 빠르게 확산되었다. 챗GPT가 보여주는 대화형 인공지능의 발전 정도와 사람들의 뜨거운 반응을 고려할 때 인공지능 개발을 이대로 두면 인류가 멸망할 것이라는 이유로, 인공지능에 관한 안전한 프로토콜이 정해질 때까지 향후 6개월 동안 모든 AI 연구기관이 챗GPT4 이상의 성능을 지닌 인공지능의 설계와 개발을 중단하자는 내용이었다.

인공지능이 인간의 판단에 도움을 주는 긍정적 기능을 하고 인류의 삶에 유용한 것은 사실이다. 창작이나 발명 같은 인간의 정신적 작업을 대체·보완하고 금융상품과 신약 개발 등 모든 산업 분야의 발전을 가져올 것이다. 그러나 인공지능은 결국 초지능이 되어 인공지능 자체의 이익을 위하여 인간 위에서 인간을 조종하고 인간이 서로 다투게 함으로써(치명적 무기의 발사나 전염 확산 등의 방법) 결국 인류를 멸망하게 할 것이라는 극단적인 우려가 존재한다. 어느 순간 인간은 초지능이 등장한 사실조차 인식하지 못하고, 인간의 필요에 맞게 조율하는 단계를 지난다는 얘기다. 이 공개편지에서는 인공지능이 필연적으로 인류를 멸망시키므로 아예 개발해서는 안 된다는 주장까지는 아니지만, 인류가 공유하는 인공지능 개발의 안전성, 편향성을 없애는 기준을 만들지 않으면 인류의 생존에 큰 위협이 된다고 우려했다.

그밖에 현재 챗GPT 기술을 포함해 다양한 인공지능에 대한 몇 가지 우려와 논쟁은 다음과 같다. 인공지능이 사용하는 데이터와 그에 기초하여 생성하는 내용과 관련한 것, 인공지능이 인간의 능력을 보완하는 데서 그치지 않고 인간의 일자리와 직업을 대체하고 더 나아가 인간의 존재 자체를 쓸모없게 만들 가능성에 대한 것이 그것이다.

내용 측면에서, 챗GPT가 제공하는 답변 중 저작권이나 특허권 등

제3자의 지적재산권을 침해하거나 영업비밀을 침해하는 것들이 있을 경우 책임소재를 어떻게 할지가 아직 명확하지 않다. 챗GPT가 데이터를 수집할 때 또는 답변으로 알려주는 내용이나 판단 중 편향성이 있을 수 있다. 편향성은 종교, 성별, 교육수준, 인종 등 특정 요소에 선입견을 가지는 것이다. 인공지능이 편향성을 가지는 원인으로는 처음부터 편향적인 데이터를 입력하거나, 입력한 데이터의 양과 질이 충분하지 못하거나, 인공지능 프로그램을 설계할 때 편향적인 기준을 포함한 것 등이 있을 수 있다. 편향성을 방지하려면 인공지능 개발·이용사업자를 위한 윤리규정 등을 제정할 필요가 있다. 금융위도 2021년 7월에 「금융 분야 AI 가이드라인」을 발표해 인공지능 이용에 관한 금융기관 조직내부의 윤리 원칙과 기준을 수립하고, 인공지능시스템의 위험 평가·관리를 위한 구성원의 역할·책임·권한을 구체적으로 정의하며, 필요시 인공지능윤리위원회를 만들 것을 제시했다. 또한 개인의 생명, 건강, 기본권 등을 위험할 수 있는 인공지능을 활용할 때는 반드시 내부 승인절차를 거치도록 하는 내용도 포함되어 있다.

챗GPT가 출시되기 이전에 학습한 최초의 데이터를 적법절차에 따라 어떻게 수집·이용했는지가 알려지지 않았을뿐더러 그 과정에서 개인정보 침해는 없었는지 의문이 든다. 인공지능이 빅데이터를 수집하여 분석하고 활용하는 것이므로, 모든 단계에서 정보주체인 개인에게서 동의를 받는 등 적법 절차를 거쳤는지는 항상 중요한 이슈다. 설사 최초의 데이터가 일반에 공개된 것이라 하더라도 AI가 그 데이터를 수집하여 이용하는 것이 적법한가 하는 이슈도 있다. 공개된 데이터라 하더라도 처음 데이터를 공개한 사람의 목적과 용도 등을 종합적으로 고려할 때 인공지능이 수집·이용하도록 허용했다고 볼 만한 사정이 있을 때만 적법하다는 한국 대법원 판례도 있다.

한편, 인공지능이 발달하면 인간의 일자리를 대체하여 인간이 일자리를 잃고 더 나아가 특정한 직업 자체가 없어질 것이라는 예측이 이미 넘쳐나는데, 블록체인 역시 데이터가 주도하는 신기술이라는 측면에서 인공지능과 블록체인이 인간에게 미치는 영향력을 함께 따져볼 필요가 있다. 산업혁명, 정보화 혁명이 진행되면서 새로운 기술이 도입되고 생산성이 제고될 때마다 기존 일자리의 일정 부분이 없어진 것이 사실이지만, 인공지능기술이 일자리를 없애는 효과는 이전 기술과는 차원이 다른 국면으로 흘러갈 가능성이 있다는 점이 큰 차이다.

산업혁명 직후에 인간의 일자리를 빼앗아간 기계에 반발하여 기계를 부순 러다이트운동(Luddite Movement)에 비견되는 인공지능 파괴운동이 일어날 수 있다는 경고도 있다. 산업혁명 시대의 기계가 인간의 육체적 노동력을 주로 대체한 것에 비해 인공지능은 인간의 정신적 능력을 매우 광범위하고 깊이 있는 정도로 대체하거나 아예 역할을 빼앗아갈 위험, 더 나아가 인간의 생명 자체를 쓸모없게 만들 본질적 위험이 발생할지도 모른다는 우려가 나오고 있다.

　법규 측면에서는 인공지능의 역할이 자체적으로 점점 커져 인간의 의지와 통제에서 독립하는 상태가 될 경우 법적으로 독립된 주체로 볼지에 대한 근본적 논란도 이어진다. 그런 논의에는 인공지능이 재산을 소유할 수 있고 그 재산으로 제3자에게 책임을 지는 주체가 되는지도 포함되어 있다. 김광수 교수는 로봇(인공지능)에 대한 전면적인 법인격을 인정할지 여부는 더 논의가 필요하더라도 특정분야의 로봇의 행위로 인한 결과를 처리하기 위해 책임 법제와 법적 절차 마련이 필요하다고 주장한다. 법인에 구성원과 구별되는 당사자 지위를 부여하고, 재산 관계도 구성원의 출자책임과 별도로 처리하는 법인제도가 인공지능에 권리능력을 부여할 중요한 열쇠가 된다고 본다.[13]

　호모 사피엔스와 차원이 다른 데이터 분석을 할 수 있는 인공지능 능력을 내재화한 것이 유발 하라리의 이른바 '호모 데우스[14] 일 텐데, 호모 데우스의 초인적 능력에는 블록체인 프로토콜을 최대한 활용하는 것도 포함된다. 그러나 블록체인과 토큰 이코노미가 글로벌 스케일로 크게 활성화되고 초국가적 현상으로 발전한다 하더라도, 그것으로 크립토사피엔스가 그 기술 자체와 주종관계를 다투는 일은 없을 것이다. 크립토사피엔스는 호모 사피엔스로서 정체성을 유지하며 자기 관점에서 자신에게 최대한 유리한 방향으로 블록체인기술과 토큰 이코노미를 활용하려 할 테니 말이다.

블록체인과 인공지능은 그 자체로는 서로 태생과 목적이 다른 별개 기술이다. 앞서 살펴보았듯이 블록체인은 미리 정한 방식에 따라 제안되고 검증을 거친 기록을 사후 변경 불가 방식으로 분산원장에 저장하고, 거래내역을 투명하고 안전하게 확인하는 기술이다. 인공지능은 주어진 데이터 또는 스스로 수집한 데이터에 기초하여 인간의 지적 능력, 즉 학습하고 판단하고 문제를 해결하는 능력 등을 대체하거나 보완하는 기술이다.

그 두 가지는 제도는 물론 인간의 관계와 그에 미치는 영향도 많이 다르다. 중국 정부 입장을 보면 그 차이를 이해하는 데 도움이 될 수 있다. 중국 정부는 블록체인기술에 기반한 토큰 발행, 투자와 거래가 확산되자 민간의 토큰거래소는 물론 토큰 채굴까지 금지하면서도 전 세계에서 가장 앞서서 CBDC 인민폐의 기축통화 만들기에 힘쓰고 있다. 중국에서는 탈중앙화에 기반한 디파이, 지급결제 토큰, DAO 같은 것들이 제도적으로 인정될 수 없다.

반면 중국 정부는 챗GPT 같은 인공지능이 일자리를 빼앗을 수 있는 점에는 특별히 제한 조치를 하지 않는다. 중국 최대광고회사인 블루포커스 인텔리전트 커뮤니케이션 그룹이 카피라이터와 디자이너 같은 특정 일자리를 인공지능으로 대체하겠다고 발표한 것이 노동시장에 큰 영향을 미칠 수 있음에도 별 정책적 태도를 밝히지 않았다. 그 대신 2023년 4월 11일 '생성형 AI가 만들어내는 콘텐츠는 핵심

사회주의 가치를 반영해야 하며 중국의 국가통합을 해쳐서는 안 된다'는 생성형 AI 서비스 관리방안 초안을 발표했다. 공산당에 도전하거나 신장위구르 자치 불허 같은 국가정책에 반대해서는 안 된다는 것이다. 더구나 모든 회사는 인공지능 관련 제품을 출시하기 전에 당국의 보안 평가를 통과해야 한다는 내용도 포함했다.

이런 점에 기초해 보면, 블록체인과 토큰, 토큰 생태계의 탈중앙화 지향 자체가 중국 공산당과 국가가 단선적·효율적으로 통제하는 많은 사회, 경제, 정치제도의 운영방향과 배치된다고 생각하여 전면금지하는 것이다. 반면 인간의 능력을 보완·강화하는 인공지능의 능력은 효율성 측면에서 얼마든지 실용적으로 활용가치가 있어서 굳이 금지할 이유가 없고, 다만 인공지능이 활용할 데이터의 수집과 인공지능의 산출물이 국가의 핵심가치나 정책에 위배되는 경우 통제하면 된다고 보는 듯하다. 자유주의 국가에서 우려하는 개인정보보호, 저작권 침해, 일자리 상실과 같은 이슈는 우선순위에서 밀려나 있다.

토큰 생태계와 경제는 그 자체로 국가의 경제, 금융, 화폐, 신분증 등 많은 제도에 접목되어 이들을 변화시킬 가능성이 있다. 반면에 인공지능은 인간의 작업과 판단을 보완하는 데서 출발하여 일자리와 직업 소멸, 데이터와 관련된 권리 분쟁, 개인정보보호와 인공지능의 효용성 사이에 긴장관계를 불러일으키고, 그에 따라 전반적 사회제도를 변화시키는 단계를 거쳐 장기적으로 인간 존재 자체를 위협할지 모르는 위험성이 있다. 그러나 두 기술 모두 데이터를 대상으로 하거나 데이터를 기초로 한다는 점에서 공통성이 있다. 그 점에 기초해 보면 인공지능과 블록체인이 결합할 여지는 여러 가지로 예상된다.

첫째, 인공지능은 블록체인이 저장하고 있는 양질의 데이터를 더 정확하고 적절히 판단하는 데 활용할 수 있다. 인공지능이 분석·활용하는 데이터가 그 원천을 모르는 경우도 있고 개인정보를 침해할 여지도 있지만, 블록체인에 검증절차를 거쳐 저장하는 데이터 중에서 가장 적절한 데이터를 활용한다면 인공지능에 대한 신뢰성을 높이는 데 크게 기여할 수 있다.

필자도 챗GPT가 급속히 확산되면서 인공지능과 블록체인의 관계가 어떻게 전개될지 궁금했는데, 한 기업에서 인공지능에 데이터 공급을 목적으로 하는 블록체인 플랫폼을 설계하는 프로젝트를 시작하면서 법률자문을 해왔다. 인공지능 알고리즘에 데이터를 공급한 대가로 지급할 토큰을 발행하는데, 그 토큰의 법적 성격이 무엇인지와 그렇게 대가를 지급할 때 법적 쟁점이 무엇인지를 분석·판단해달라고 했다. 다행히 그 토큰이 자본시장법상의 증권에 해당하지 않는다는 결론이 나왔다.

둘째, 인공지능이 어떤 판단을 해서 결정을 내렸을 때 블록체인 기반 스마트 컨트랙트에 그 사실을 알리면, 그것이 스마트 컨트랙트 조건을 충족하는 경우 그 자체로 토큰의 지급을 포함한 상태변경이 되게 할 수 있다.

셋째, 기술적 발전이 더 필요하겠지만, 블록체인 탈중앙화 플랫폼에서 일어나는 거래내역을 인공지능이 관찰하다가 악의에 기초한 노드의 일탈행동이나 플랫폼에서 경험하지 못한 특이한 현상 등을 파악해 블록체인 플랫폼이 원래 설정한 프로토콜 기반으로 작동되도록 하는 데 기여할 수도 있다.

이렇듯 앞으로 크립토사피엔스는 금융 분야는 물론 교육, 의료, 물류 등 거의 모든 산업 분야에서 산업적 특성을 고려하여 블록체인 기반 토큰경제의 이점과 인공지능의 장점을 적절히 결합해 나갈 것으로 예상된다.

챗GPT를 개발한 샘 알트만이 투자한 월드코인도 인공지능으로 인한 문제를 블록체인기술로 해결하려고 한다. 월드코인은 인간과 인공지능을 구분하고 인공지능으로 인한 일자리 손실을 상쇄할 수 있는 '보편적 기본소득(universal basic income)'을 제공하는 것을 목표로 한다. 인공지능이 널리 활용되면 온라인에서 거래하거나 발언하는 주체가 진짜 사람인지 인공지능인지 구분할 필요성이 커질 수 있다. 이때 사람은 지갑인 '월드 앱'을 내려받아 휴대전화번호로 인증하면 '월드ID'를 생성할 수 있고, 월드ID로 신원이 증명된 사람끼리 지갑을 통해 암호화폐를 교환할 수 있으며, 필요할 때마다 생성홍채인식으로 진짜 사람임을 인증(Proof of Personhood)할 수 있다. 보편적 기본소득은 사람으로 인증된 지갑에만 '월드코인' 토큰으로 지급한다는 것인데, 그로써 인공지능이 확산된 세상이 인간들 사이에 공평함을 유지하는 데 일조한다는 비전을 내세운다.

현재까지 월드ID를 등록한 사람이 170만 명이며, 2024년에 월드코인을 발행할 예정이라고 한다.[15] 인공지능의 급속한 확산을 기정사실로 전제하고 인간의 고유한 정체성 확인과 최소한의 소득확보는 블록체인 토큰과 지갑을 활용한다는 취지인데, 월드토큰의 발행과 배분, 유통구조가 어떻게 구체화되는지 예의주시할 일이다.

만약 월드코인의 비전대로 진행된다면, 인공지능에 대응하는 의미를 넘어서 많은 사람이 신원확인을 월드ID로 하고, 월드코인이 글로벌 지급수단으로 널리 이용되어 탈중앙화, 개인정보보호 등이 제대로 구현되는 게 매우 중요한 이슈가 될 것이다. 리브라가 등장했지만 갑작스럽게 전 세계인이 이용하는 글로벌 지급수단이 되고 금융플랫폼이 되는 데 대한 미국 정부의 우려와 거버넌스의 탈중앙성이 처음부터 확보되지 못한 점 등이 원인이 되어 좌초된 점을 교훈으로 삼아야 한다. 크립토사피엔스가 산업과 기술뿐 아니라 인공지능의 확산으로 인한 인간의 문제 해결을 고민하고 주도하는 한 인공지능을 장착한 호모 데우스가 인류를 지배하는 일은 하나의 기우로 끝날 수 있다.

CRYPTO SAPIENS

3장

자산의 토큰화와
토큰경제화의 확대

이 장에서 말하는 '토큰'은 블록체인 메인넷에서 발행하는 비트코인과 이더리움 등 크립토 고유 토큰 외에 다양한 분야에서 기존의 자산과 연계된 토큰이다. 토큰 생태계가 발전하는 가장 기본적인 토대는 토큰이 하나의 자산이나 재산으로 법적 지위가 명확해지는 것이며, 그러려면 재산법의 보완이 필요하다는 사실을 강조한다. 그렇지 않으면 토큰을 둘러싼 주체들 사이의 계약과 법률관계도 불명확해져 토큰경제 정립에 해를 줄 테니 말이다.

이런 토큰이 거래되는 기술적 토대인 스마트 컨트랙트가 가져온 혁신과 이를 정착시키기 위해 해결해야 할 과제를 살펴본다. 토큰화와 토큰경제가 이루어지는 대표적 분야를 탈중앙화금융(디파이), NFT,

게임토큰, 증권형 토큰의 발행으로 나누고, 분야별로 토큰화가 어떻게 진행되고 있으며, 그와 관련한 법과 규제는 어떻게 만들어지고 있는지 등을 분석한다.

디파이는 현재 탈중앙화 앱 중에서 활용도가 가장 높지만 아직 실질적인 법이나 규제가 정립되지 않았다. 2023년 초, 영국의 재무성이 디파이제도를 검토하고 디파이 산업을 주도하겠다고 밝혔을 뿐이다. 이밖에 NFT의 기술적·제도적 의미와 활용 분야의 광범위성을 짚어보며, 게임산업에서 NFT를 포함한 토큰이 더 활용되고 있음은 물론 P2E의 전망을 알아보고 그에 대한 규제 내용을 소개한다.

전 세계적으로 증권형 토큰과 STO는 엄격한 규제 대상이지만 독일, 일본 등 여러 나라에서 자본시장을 혁신하리라는 기대감으로 발행한 사례도 벌써 나왔다. 2023년 3월 독일의 지멘스가 6,000만 유로의 회사채를 토큰으로 발행한 일은 여러 나라와 기업에 적잖은 영향을 미칠 것으로 예상된다. 한국도 2023년 2월 증권형 토큰에 관한 가이드 라인을 발표해 법제도적으로 수용하는 방향을 정했으나 각론에서 STO 발행플랫폼에서 퍼블릭 블록체인을 배제하고 한국예탁결제원에 반드시 등록하게 한 점 등이 논란이 되었는데, 이를 여기서 자세히 들여다본다.

토큰이 기술적으로는 국가 경계 없이 거래될 수 있지만, 각 국가의 법과 규제에 따라 여러 제한을 받는다. 스위스, 싱가포르, 홍콩 등 외국환거래 규제가 없는 나라들도 있지만, 외국환거래 규제가 있는 나라에서는 서로 다른 나라에 있는 당사자들끼리 토큰거래를 하게 될 텐데, 그 토큰이 해외지급수단이나 증권에 해당하면 거래에 대한 외환신고의무를 부담할 수 있어서 토큰경제의 순환에 큰 장애요인이 될 수 있다. 이 장에서는 외국환거래에 어떤 규제가 있는지 살펴보고 특히 그림자 규제의 문제점도 짚어본다.

자산의 토큰화와 토큰경제

토큰 이코노미나 토큰경제는 아직 특정 국가, 국제조직이나 단체에서 또는 과학적 의미로 엄밀하게 정의되지 않았다. 하지만 일반적으로는 블록체인 플랫폼에서 발행한 토큰의 투자자, 보유자, 이용자를 확대하고 플랫폼 기여자에게 토큰으로 보상을 줄 뿐 아니라 토큰의 가치를 높여 참여자들에게 이익이 돌아가게 만들어 플랫폼과 토큰 생태계를 발전시키는 체계를 의미한다. 또한 기존의 경제·산업생태계에 블록체인 토큰을 결부하거나 기존 자산을 토큰화하여 산업의 생산성을 높이고, 거래를 더 효율적이고 저렴하게 하면서도 법적 명확성을 높이는 방향으로 생태계를 발전시키는 체계를 말하기도 한다.

토큰은 비트코인이나 이더리움같이 현실의 다른 자산과 전혀 관계없이 크립토에 고유한 형태로 시작했지만, 기존의 다양한 증권을 토큰으로 만들 수 있으며, 물리적 형태가 있는 부동산과 동산에 관한 권리도 토큰으로 만들 수 있다. 이런 현상을 자산의 토큰화(tokenization)라고 한다. 『블록체인 법제화(Legalize Blockchain)』를 저술한 리히텐슈타인의 토머스 드엔서(Thomas G. Duenser) 변호사는 다양한 권리를 담을 수 있는 용기와 같은 토큰의 성격을 들어 토큰 컨테이너(Token Container)라는 용어를 사용한다.

드엔서는 토큰 이코노미가 작동하기 위해 갖추어야 할 요소로 세 가지를 든다.[1] 첫째, 거래 당사자를 증명하는 전자적 신원증명 ID(위임장 포함)가 필요하다. 이때 ID는 현재 국가가 인증하는 ID에 국한하지 않고 그 ID에 기초한 다양한 사적 ID도 활용될 수 있다. 둘째, 거래 목적물의 ID를 확인할 수 있어야 하는데, 실물 목적물을 보지 않고도 원산지, 품질, 제품명세 등을 믿을 수 있어야 한다. 셋째, 물질적 형태의 거래 목적물이나 권리를 디지털 형태의 목적물로 전환해 법적으로 명확하게 거래할 수 있어야 한다.

토큰 이코노미와 유사한 개념으로 해시드의 김서준 대표가 주창하는 프로토콜 경제라는 개념도 있다. 그는 현재 경제모델을 지배하는 비즈니스는 모두 플랫폼 모델인데, 플랫폼 이용자 처지에서 비싼 수수료와 플랫폼 운영자의 데이터 독식, 폐쇄적인 비즈니스 환경, 우버 노동자·에어비앤비 호스트 같은 플랫폼 노동자나 기여자에게 보상이 저조한 점 등 각종 한계에 직면하고 있음을 지적하고, 이를 해결하는 방안이 프로토콜 경제가 될 수 있다고 주장한다. 프로토콜 경제의 대표 분야인 디파이는 계약 당사자에 대한 무신뢰성과 결합성의 특성이 있어, 프로토콜 경제 참여자들은 일한 만큼 투명하고 공정하게 보상을 받으며, 상승 잠재력이 있는 자산을 다른 참여자들과 나누면서 성장할 수 있다는 것이다.[2] 디파이의 무신뢰성은 모든 거래가 사람의 의사결정 없이 스마트 컨트랙트의 코드베이스(codebase)●로 자동화하는 속성을, 결합성은 다른 사람이 만든 디파이에 누구든 허가 없이 결합해 새로운 서비스를 만들 수 있는 속성을 의미한다. 글로벌 플랫폼 노동자들의 노동 대가가 제대로 평가받지 못하는 점을 해결하고, 참여자에 대한 '공정한 보상'을 강조하는 문제의식이 돋보인다.

기존의 실물 분야에서 토큰 이코노미가 적용되기에 적합한 분야는 무엇일까? 금융이나 투자 분야는 물론 물류, 예술품 거래, 식음료(Food&Beverage)산업●● 등 거의 대부분 산업 분야에 접목될 수 있으며, 앞으로 얼마나 많은 자산이 토큰화될지에 대한 분석도 나오고 있다.

PCW독일의 안드레아스 트라움(Andreas Traum)이 프랑크푸르트 스쿨, 블록체인 아카데미(Frankfurt School, Blockchain Academy)에서 2022년 12월에 「암호자산, 자본시장 3.0출시?(Crypto Assets, the Launch of the Capital Market 3.0?)」를 주제로 발표한 내용에 따르면, 2030년까지 지금은 유동화되지 않은 부동산, 데이터, 지적재산권 등의 자산이 토큰화되어 유동화될 자산규모가 1조 6,000억 달러(한화

● 특정 소프트웨어 시스템, 응용 소프트웨어, 소프트웨어 구성 요소를 빌드하기 위해 사용되는 소스 코드의 모임.
●● 식음료 사업에 투자하고 배당받을 권리를 주는 토큰, 지급기능과 할인권을 결합한 토큰, 식당의 프라이빗 멤버십을 표시하는 토큰 등이 발행될 수 있음.

약 2경 원)로 추산된다.

토큰화할 수 있는 자산의 유형은 무궁무진하다. 투자목적으로 취득한 주식, 회사채, 신탁수익증권, 펀드수익증권 같은 자본시장법상의 증권, 보험증권, 예금채권 같은 금융자산을 토큰화할 수 있는 것은 물론이고 부동산, 자동차, 그림, 자전거 같은 동산, 마일리지 포인트, 로열티 포인트 등도 토큰으로 발행하여 거래할 수 있다. 블록체인 기반 포인트 통합(교환) 플랫폼인 밀크는 밀크코인을 발행하는데, 그 플랫폼에서 사용자는 밀크코인을 여러 사업자가 적립해 주는 다양한 마일리지 포인트와 교환할 수 있다. A기업의 포인트를 가진 이용자는 A기업 포인트로 밀크코인을 교환, 취득한 후 그 밀크코인으로 B기업 포인트를 교환, 취득할 수 있다.

고가의 그림은 보통 사람들이 소유할 수 있는 대상이 아니었다. 필자는 2020년 고가의 그림 소유권을 여러 개로 쪼개 그 일부 소유권을 토큰으로 발행하는 구조가 한국법상 문제가 없는지를 흥미를 느끼며 자문했다. 영국 회사인 로빌런트앤보에나(Robilanct & Voena)가 일반 개인이 고가의 그림을 일부라도 소유하고 싶어 하는 수요를 간파하여 사업자가 그림을 보관하면서 투자자에게 그림 소유권의 일부 지분을 토큰화하여 매도하는 구조를 창안한 것이다. 여기서는 토큰이 증권에 해당하지 않도록 구조를 만드는 데 초점을 두었다.

최근에는 자발적 탄소배출권을 토큰화하여 거래하는 거래소를 운영하는 것이 법과 규제에 문제되지는 않는지 법률 검토를 했다. 대개 국가가 정한 중장기 '국가온실가스감축목표'를 달성하고자 개별 온실가스 배출업체에 할당되는 허용량만 배출할 수 있는 '온실가스배출권'은 엄격히 규제되며 한국거래소에서만 거래할 수 있다. 이에 반하여 '자발적 탄소배출권'은 민간기구들이 정한 기준에 따라 발행되어 거래 플랫폼을 자유롭게 개설할 수 있다. 이로써 자산의 토큰화는 탄소배출권이라는 특수한 권리에도 이미 적용되고 있음을 실감한다. 게임에서 보상으로 주어지는 게임 아이템도 토큰화되고 있고 게임토큰을 다시 암호자산거래소에 상장된 토큰으로 교환해 주는 게임들도 많다.

토큰화되는 자산의 유형별로 발생할 수 있는 이슈를 조금 더 살펴본다. 유형자산의 소유권을 표상한 토큰의 법적 성격은 원래 자산과 동일하게 볼 수 있고, 자산이전의 효력도 토큰이 양수인에게 이전될 때 발생하는 것으로 할 수 있다. 만약 실물자산의 보관인이 있다면, 그 역할은 토큰화되기 전후로 동일하게 유지된다. 규제의 관점에서는 대상 자산이 토큰화되기 전후에 동일한 성격에 동일한 기능을 한다면 규제를 동일하게 적용하면 되고, 토큰화되었다는 이유만으로 다른 규제를 적용할 이유는 없다.

고가의 자산인 자동차를 예로 들어 토큰화를 설명하면, 소유권을 표시한 NFT에는 자동차 제작연도, 제조사, 가격 등의 사양과 최초 소유자부터 현재까지 모든 소유자의 정보를 기재한다. 토큰화된 자동차의 매수인은 토큰대금을 지급함과 동시에 토큰을 지갑으로 이전받고, 토큰에서 확인한 자동차키의 비밀번호로 문을 열게 된다. 물론 관할구청에 가서 자동차 등록명의를 매수인으로 변경해야 하지만 만약 구청에서 자동차 토큰 발행 블록체인 플랫폼에 노드로 참가하면, 매수인 명의로 변경되는 계약이 이행되는 상황을 구청이 블록체인상에서 확인하고 바로 등록명의를 변경해 줄 수 있다. 더 나아가 자동차 렌터카 회사의 경우 렌터카 이용권(기간, 이용료, 지연반납 시 가산금 조항 등 기재)을 표상한 토큰을 만들어 렌터카 이용 고객에게 이용료를 받고 이전해 주면, 고객은 토큰에서 확인할 수 있는 비밀번호로 자동차키를 활성화해 자동차를 이용할 수 있다. 이때 물건 소유권의 모든 권능을 토큰화할 수도 있고, 그중 사용권, 임대권, 담보권을 각각 구분해 토큰화할 수도 있다.

이렇게 기존에 존재하는 자산을 토큰화한 경우 그 토큰은 자산토큰(asset token), 자산연계토큰(asset-linked token/asset-associated token), 기초자산이 있는 토큰(token with underlying token)이라고 할 수 있다. 대체가능한 토큰(FT) 또는 대체불가능한 토큰(NFT)을 스마트 컨트랙트와 결합하면 우리 경제에서 일어나는 수많은 종류의 자산 매매, 임대차, 담보제공, 보험계약을 포함하여 다양한 거래에서 목적물로 활용할 수 있다. 토큰 이코노미에서 결제수단은 법정화폐가 아니라 블록체인 플랫폼에서 바로 결제수단으로 널리 쓰일 수 있는 암호화폐이다.

토큰 이코노미가 제대로 작동할 때 얻는 장점으로는 실물거래방식에 관여한 중개자를 없앰으로써 자산거래의 효율성, 편의성, 신속성은 물론 저렴한 비용에 권리관계의 명확화 등을 들 수 있다. 자산에 대한 권리를 표상하는 토큰의 이전에 따른 자산의 권리이전과 암호화폐에 의한 대금 지급이 동시에 자동으로 일어나고, 자산의 권리이전 내역이 블록체인에 기록되는 데다 제3자에게도 투명하게 공개되므로, 거래의 취소나 무효 주장 또는 자산을 이중매매하는 등의 분쟁이 발생할 여지가 크게 줄어든다. 그러나 많은 분야에서 토큰 이코노미가 기대하는 대로 제대로 자리 잡으려면 다음과 같은 요소가 잘 갖추어져야 한다.[3]

첫째, 발행되는 토큰을 보유하고 P2P방식으로 이전하는 데 기술적으로 하자가 없고, 해킹이나 도난이 방지될 정도의 기술 수준이 필요하다. 또 이전거래의 속도와 이전 수수료 등도 적정한 수준이 유지되어야 한다.

둘째, 물리적 형태가 있는 부동산과 동산에 연계되어 토큰이 발행되면 권리가 토큰에 정확하게 화체되도록 보장해야 한다. 토큰 보유자나 매수자는 토큰에 화체된 물건이나 권리를 자신이 원하는 대로 직접 지배하고 행사해야 한다. 거래 목적인 실물과 토큰에 하자가 발생하거나 토큰 보유자가 물건이나 권리에 대한 지배권을 행사하는 데

지장이 생기면 토큰 이코노미는 사람들의 신뢰를 얻지 못할 수도 있다. 따라서 토큰에 화체된 물건을 보관하거나 검증해 주는 형태의 서비스가 필요해질 수 있다.

셋째, 토큰의 보관체계가 문제없이 작동되어야 한다. 토큰을 보관하려면 암호화키를 생성해야 하고 그 키를 안전하게 보관해야 한다. 토큰의 보관을 보관업자에게 위탁하는 방법과 직접 보관하는 방법이 있을 수 있다. 후자의 경우 키를 잃어버린 상황에서 키를 복원할 문구까지 없으면 토큰이 표상하는 물건에 대한 지배권을 영원히 잃을 위험이 있으므로 이에 대한 경각심을 토큰 이코노미 전반에서 일깨워야 한다.

토큰을 수용하는 재산법 체계

암호자산거래가 확대되는 상황에서 지금까지는 암호자산과 관련한 자금세탁방지, 자본시장과 금융시장의 안정성 같은 행정적 목적의 여러 규제가 우선 관심의 대상이었지만, 새 질서가 자리 잡으려면 행정규제 못지않게 토큰을 재산권 체계로 편입하는 민사법의 정비도 매우 중요하다. 현재 법체계가 인정하는 동산, 부동산, 채권, 지적재산권 등 다른 모든 형태의 자산과 마찬가지로 재산으로서의 암호자산의 법적 지위, 암호자산을 유효하게 양도·이전하는 요건, 암호자산 선의취득자의 권리, 암호자산 보관자의 권리·의무 등을 법적으로 명확히 해야만 암호자산거래를 둘러싼 비효율성과 비용을 줄일 수 있다. 대체가능한 토큰(FT), 대체불가능한 토큰(NFT)과 양도 자체가 불가능한 SBT 등도 법적 근거가 필요하다.

토큰화되는 다양한 자산의 거래생태계가 발전하려면 법적 명확성은 필수적이고, 토큰의 성질상 서로 다른 국가에 있는 당사자들 사이에 토큰거래가 많은 점을 고려할 때 토큰과 관련된 민사법 체계가 국가들 사이에 통일되거나 조화되는 것도 중요하다. 동일한 토큰에 대하여 국가 간에 재산권 또는 권리로 명확하게 인정하는지에 차이가 있으면 합법적 지위를 명확히 부여하는 국가로 쏠림현상이 일어날 수 있다. 아직 한국에서는 디지털 자산에 대한 행정적 규제와 기본법 제정에 관심이 쏠려 있을 뿐 민사법적으로 가상자산의 재산권에 관한 법률 제정·개정을 본격적으로 논의하지는 않는다.

국제사법위원회는 각 국가 간 재산권과 거래에 관한 민사법령에 차이가 있는 경우 통일 방안을 연구하는 기구로, 토큰을 둘러싼 사법체계 정립의 필요성과 중요성을 몇 년 전부터 역설해 왔고, 2023년 1월에는 몇 가지 원칙을 제시했다.[4] 독일, 프랑스, 한국 같은 대륙법계 국가나 영국, 미국 같은 보통법 국가 모두 입법에 참고할 중립적 원칙을 몇 가지 소개하면 다음과 같다.

'암호자산'은 '지배 또는 통제할 수 있는 전자적 기록'으로 정의하고 '이전'은 '암호자산에 대한 재산권을 한 사람에서 다른 사람에게로 변경하는 것'으로 정의한다. 그리고 암호자산 성립요건의 하나인 지배나 통제(control)는 세 가지 권한으로 구성된다고 보았다. 첫째, 보유자가 제3자에게 지배권한을 이전할 독점적 권한, 둘째, 암호자산에서 발생하는 모든 실질적 수익을 취할 권한, 셋째, 타인이 그 수익을 취하지 못하도록 방지할 독점적 권한이다. 물론 이러한 지배권한은 여러 사람의 공유로 설정할 수도 있다.

암호자산 관련 분쟁에서는 실명을 사용하지 않은 사람도 암호키 등으로 지배권한을 행사할 수 있음을 보여주면 지배권자로 인정된다. 암호자산을 이전할 때 이전하는 자는 자신의 재산권 범위 안에서만 이전받는 자에게 이전할 수 있다. 이전받는 자는 원칙적으로 이전한 범위의 권리를 취득하지만 이전하는 자가 이전 범위를 축소한 경우에는 예외로 할 수 있다. 암호자산 지배권한을 선의로 취득한 사람은 제3자와 관계에서 암호자산에 대하여 우선적 권리를 인정받을 수 있는데, 그 구체적 요건은 법으로 규정해야 한다.

암호자산을 담보목적물로 제공하는 거래를 할 수 있는데, 담보권자가 선의로 암호자산에 대한 지배권한을 갖거나 암호자산 보관자가 선의로 담보권자를 위해 암호자산을 보관하면 담보권도 선의로 취득할 수 있다. 또한 여러 형태의 기존 자산이 토큰화된 후 토큰이 이전될 때 연계된 기존 자산이 같이 이전되는지, 이전된다면 어떤 요건이 필요한지 등을 법적으로 명백히 규정해야 한다.

암호자산 보관자는 고객을 위해 암호자산을 직접 지배하거나 하위 보관자(sub-custodian)로 하여금 암호자산을 지배하게 하는 자를 뜻한다. 보관자는 크게 세 가지 의무를 부담하는데, 일정한 주의의무로 보관해야 하고, 암호자산을 이전하라는 고객의 지시에 따라야 하며, 자기 이익을 위해 암호자산을 처분해서는 안 된다.

두 나라 이상에 걸친 거래를 할 때는 특정 법적 이슈에 어느 나라 법을 적용할지 정해야 하는데, 그 기준을 정한 법이 각 국가의 국제사법이다. 현재 국제사법에는 토큰에 대한 준거법을 어떤 기준으로 정할지 규정이 없다. 하지만 토큰은 형체가 없어서 특정 소재지가 없으므로 토큰거래 당사자가 합의해 어느 나라 법을 준거법으로 할지 정할 수 있고, 토큰이 발행된 플랫폼에서 특정 국가의 법을 준거법으로 정할 수도 있다.

국가가 이러한 원칙들을 법체계 안에 반영하는 방법은 크게 두 가지다. 토큰 자산의 특성을 반영한 별도 법률을 제정하거나 기존 법률 중 해당 부분을 개정 또는 법해석론으로 해결하는 방안이다. 리히텐슈타인에서는 이미 토큰이나 암호자산에 관한 민사법을 제정하여 실시하고 있는데, 국제사법위원회에서 제시한 원칙과 부합하는 규정도 상당히 많다.

인구 3만 명의 작은 나라인 리히텐슈타인은 정치체제로 내각책임제를 택하고 있고, 외교는 스위스 대사관을 이용해 대리할 정도이다. 하지만 블록체인이 가져다줄 혁신의 효과를 탐색하고 토큰경제가 가져올 국가적 경제성장 효과, 더 나아가 가난퇴치 등 유엔의 지속가능한 개발 목표(Sustainable Development Goal)까지 달성할 거라는 믿음 아래 토큰경제를 뒷받침하는 종합적 법체계를 만들었다. 2016년 말 총리 산하에 태스크포스를 만들어 연구하기 시작했고 2020년 1월에 블록체인 법률(6장에서 설명)이 시행되었다. 이 나라에서 어떤 과정을 거쳐 이 법이 만들어졌는지 궁금했기에 2021년 여름 입법에 깊숙이 관여한 토마스 네이겔 변호사와 전화통화를 해서 알아보았는데, 30대 젊은 총리 다니엘 리쉬의 소신과 그를 지원하는 전문가들의 노력이 매우 인상적이었다.

그 네이겔 변호사를 2022년 여름 한국블록체인 주간(KBW) 행사에서 만났다. 그는 크립토에 관한 법과 규제를 잘 정립해 두면 많은 회사와 자금이 리히텐슈타인으로 들어와 사업을 할 거라는 기대와 믿음이 있었다. 가상의 것이 또 다른 현실이 되는 시대에 크립토 산업을 유치하는 데는 넓은 땅이나 물리적 설비가 필요없다는 점을 고려하면 실현가능한 기대라고 생각한다. 유럽 몇몇 국가의 변호사들이 이 법률이 매우 잘 만들어져 자기 나라 법제화에 참고한다는 이야기도 들었다.

이 법은 토큰 이코노미가 잘 작동하게 하려면 토큰 이전이 잘될뿐더러 강제집행이 확보되어야 한다는 점을 간파해 세계에서 처음으로 토큰을 법적으로 정의하고 토큰의 양도·이전의 요건과 효과, 블록체인 시스템 관련 사업자등록 등에 관한 자세한 절차를 규정했다. 토큰 보유를 둘러싼 권리·의무관계에 관한 민사법과 한국에서 디지털자산 기본법에 규율하고자 하는 행정규제에 관한 행정법이 결합되어 있다고 할 수 있다. 이 법의 규정들을 읽어보면 토큰거래계에 체계적으로 법적 명확성을 주고자 노력했음을 느낄 수 있다. 법률 전체의 주요 내용을 소개하면 다음과 같다.[5]

토큰은 외부 권리를 표상하는 외부연계 토큰(extrinsic token)과 외부 권리와 무관하게 블록체인상에서 존재하는 내재적 토큰(in-trinsic token) 두 가지로 나뉜다. 이는 리히텐슈타인에 본사가 있는 신뢰기술(TT, Trustworthy Technology)사업자가 토큰을 생성하거나 공모하는 경우 또는 당사자들이 이 법을 준거법으로 명시적으로 선택한 경우에 적용된다. 블록체인 기술 내지 분산원장기술을 이 법률에서는 신뢰기술(TT)이라고 부른다. 따라서 이 법이 적용되면 해당 토큰은 리히텐슈타인에 소재하는 것으로 간주된다. TT키 보유자는 토큰을 처분할 권리를 가지는 것으로 추정된다.

토큰 처분은 토큰에 표상된 권리를 처분한 효과를 가져온다. TT 시스템에 처분권 보유자로 등재된 사람에게 채무자가 지급하면 그 채무자는 고의나 과실이 없는 한 책임이 면제된다. 토큰을 선의로 취득한 사람은 토큰 양도인이 처분권을 가지지 않더라도 고의나 과실이 없는 한 취득권리가 보호된다.

암호화 TT키를 분실하거나 토큰이 작동을 멈추면 분실시점 또는 작동 중단시점에 처분권을 가진 사람은 토큰에 표상된 권리의 의무자를 상대로 토큰의 취소를 신청할 수 있다. 토큰이 취소되면 신청자는 토큰 없이 권리를 주장할 수도 있고, 새로운 토큰 생성을 요청할 수도 있다.

사업자는 총 11개 유형으로 구분하여 정의했는데, 한국의 특금법상 가상자산사업자 다섯 가지 유형보다 훨씬 세분화되어 있다. 이를 하나하나 살펴보면 다음과 같다.

- 토큰공모발행업자는 자신 또는 의뢰인 이름으로 토큰을 공중에게 매도·청약하는 자이고, 토큰 생성업자는 한 개 이상의 토큰을 생성하는 자이다.
- TT키 보관업자와 TT토큰 보관업자는 고객을 위하여 키를 보관하거나 토큰을 고객의 이름과 계산으로 보관하는 자이다.
- TT수탁업자는 토큰을 자기 이름으로 보유하되 고객의 계산으로 보유하는 업자이다.

- 실질적 검증업자는 계약과 재산법에 따라 토큰에 표상된 권리의 실행을 보증하는 업자이다.
- TT거래업자는 토큰과 법정화폐 간 그리고 토큰 간 교환을 하는 자이다.
- TT 인증기관은 토큰 처분을 위한 법적 권한과 요건을 인증하는 자이다.
- TT 가격 서비스 제공업자는 TT시스템에 매매주문과 체결된 매매에 기초하여 시세정보를 제공하는 자이다.
- TT ID서비스 제공업자는 토큰 처분권을 가진 사람의 신원을 확인하고 기록하는 자이다.
- TT대리인은 외국 TT사업자의 이름과 계산으로 리히텐슈타인에서 TT서비스를 제공하는 자이다.

이 법은 행정규제에 해당할 수 있는 TT사업자의 등록에 관해서도 규정한다. 즉 모든 TT사업자는 사전에 감독기관인 FMA(Financial Market Authority)에 등록해야 하는데, 범죄경력 등이 없어야 하며 기술적 기준, 최소자본금, 적절한 조직구조, 업별로 고유한 내부통제 절차 등을 등록 요건으로 정하고 등록의 종료와 취소사유도 규정한다. 자본시장과 투자자에게 미치는 영향을 고려하여 토큰공모발행 시에 기본정보를 쉽게 접근할 수 있는 방법으로 공개해야 하고 공모발행사실을 FMA에 보고할 의무까지 규정한다.

앞으로 한국을 포함하는 다른 국가도 규제를 정립하는 것 외에 암호자산 관련 거래안정성과 법적 명확성을 확보하려면 암호자산의 지위, 거래와 관련된 민사법체계를 만들어야 한다. 다양한 토큰거래가 증가되는 상황에서 더 나아가 토큰을 이전하라는 법원의 판결이 있더라도 당사자가 임의로 토큰을 이전하지 않을 경우, 강제집행을 할 수 없으면 재산권 보호 법체계에 공백이 생긴다. 채권자가 채무자를 상대로 금전지급 판결을 받았을 때 채무자가 암호자산이 있는 경우, 암호자산을 강제집행해 채권을 회수할 수 있어야 한다.

한국의 민사집행법상 그런 판결들을 강제집행할 명시적 근거는 아직 없다. 분쟁 대상이 되는 토큰이 거래소에 보관되어 있으면 실무적으로 상대방이 거래소에 대하여 가지는 토큰반환청구권을 압류하고, 그 청구권을 강제집행하는 형식을 취하는 이유가 바로 토큰을 직접 강제집행할 근거규정이 없기 때문이다. 금전청구소송에서 승소 판결을 받은 채권자가 채무자의 암호자산을 압류하고 집행관에게 이전하라는 명령을 내릴 법적 근거 또한 정립할 필요가 있다. 채무자가 보유 중인 암호자산은 개인키에 대한 정보를 갖지 않는 한 집행관도 채권자에게 강제로 인도 또는 이전할 수 없다. 따라서 특정된 암호자산에 대해서는 인도의무를 이행하지 않으면 일정한 손해액 지급을 명하는 간접강제방식을 고려할 수 있다.[6]

스마트 계약에 따른 거래의 혁신과 과제

스마트 컨트랙트는 어느 국가의 법률에 규정되거나 정의된 계약의 형태로 등장한 것이 아니라 이더리움 개발자들이 처음 만들어낸 용어이다. 원래 계약은 스스로 판단할 수 있는 의사능력과 행위능력이 있는 개인들이 자신들의 자유로운 의사로 체결하는 법률행위로, 재화와 서비스를 공급하고 취득하는 제도적 핵심장치이다. 정치체제가 자유민주주의이고, 자본주의 경제를 인정하는 나라일수록 이 계약은 국가의 경제·사회 시스템에서 실핏줄 같은 역할을 하며 누구든 수많은 형태의 자산과 서비스를 만들어내고 자산 또는 서비스의 이용, 이전, 활용과 중단, 종료를 하도록 해준다. 계약을 체결하는 주체가 누구인지 특정되어 서로 상대방에게 인식되며, 그 주체는 거래의 의미를 온전하게 판단한다는 전제하에 당사자 간 의사의 합치인 계약에 따른 법률효과를 부여한다. 예를 들어 물건 매매계약에서의 법률효과는 매도인에게는 대금을 받을 권리를, 매수인에게는 대상 물건을 이전받을 권리를 부여하는 것이다.

계약법은 더 나아가 사후 계약에서 문제가 발견되었을 경우에 대한 규정을 두고 있다. 계약은 존중되고 계약이 당사자를 구속하는 힘은 법의 강제력으로 보장되지만, 문제가 발견되면 그 구속력에서 벗어날 방법도 부여하고 더 나아가 계약을 위반한 당사자의 손해배상책임도 규정했는데, 이를 구체적으로 살펴보면 다음과 같다.

첫째, 계약체결 과정에서 나타난 당사자의 의사능력이 정상인과 다르게 조금 부족하거나(일시적 정신질환 상태) 아예 결여된(중증 치매상태) 경우 사후에 그 계약을 취소하게 하거나 소급해서 처음부터 무효로 만들게 한다.

둘째, 계약체결 과정에서 어느 당사자가 상대방을 협박하거나 속인 사실이 드러나고 상대방이 억압을 받거나 속아서 착오에 의한 판단을 했다는 점이 드러나면 계약을 취소하게 한다.

셋째, 매수인의 대금지급의무와 매도인의 권리이전의무는 동시에 이행해야 한다는 것도 계약법의 중요한 뼈대이다. 만약 매수인이 대금지급 준비를 다 했는데도 매도인이 매매목적물의 소유권을 넘겨줄 의무를 이행하지 않으면 매수인은 그를 이유로 대금지급을 거절할 수 있는데, 이를 동시이행의 항변이라 한다.

위에서 살펴본 일반 계약법의 법리를 스마트 컨트랙트에 어떻게 대입할지 알아본다. 스마트 컨트랙트의 당사자는 익명으로 존재할 수 있고, 특정된 개인이 아니어서 당사자가 계약을 체결할 의사능력이 있는지 판단할 수 없고 그럴 필요도 없다. 따라서 스마트 컨트랙트의 당사자가 의사능력의 전부 또는 일부를 갖지 못했다는 이유로 스마트 컨트랙트를 무효로 하거나 취소할 방법은 없다.

일단 스마트 컨트랙트가 실행되면 그것의 코드나 알고리즘 등에 문제가 있어 원래 의도와 다른 효과가 발생한 사실이 사후에 드러나더라도 구제수단을 행사하지 못하는 한계가 있다. 스마트 컨트랙트에 그런 기능이 없을 뿐만 아니라 스마트 컨트랙트의 참여자가 원칙적으로 익명의 지갑주소이지 실명 당사자가 아니어서 오프라인에서 당사자들이 따로 해결하기가 매우 어렵다.

실제로 2016년 슬록잇(Slock.it)이라는 회사가 주도하여 만든 더다오(the DAO)는 스마트 컨트랙트로 당시 발행된 이더 총수량의 14%를 투자금으로 모았는데, '반복요청버그'라는 하자가 스마트 컨트랙트에 발생한 틈을 타서 모아둔 이더가 해킹되었지만, 해킹을 중지시킬 수도 해킹된 이더를 반환해 올 수도 없었다. 따라서 스마트 컨트랙트의 조건 충족부터 결괏값이 확정될 때까지 생길 수 있는 문제는 스마트 컨트랙트를 실행하기 전에 미리 조치해야 한다. 예를 들어 스마트 컨트랙트를 구성하는 코드의 하자가 있다면 그를 제거하고, 코드 안에 문제요소를 포함시키는 악의적 개발자가 있다면 반드시 그를 차단하는 검증 조치를 해야 한다. 그리고 조건의 충족과 자산이전 효과는 동시에 실시간으로 발생해 완결되므로 일반 계약과 같이 한쪽 당사자와 다른 쪽 당사자 사이에 각자 이행시점을 둘러싼 논란이 발생할 여지가 없다.

스마트 컨트랙트도 결국 인간의 필요를 충족하려는 것인데, 이를 계약을 체결하고 이행하는 하나의 방식으로 인정하면 코드와 컴퓨터에 대한 이해도가 떨어지는 사람들은 스마트 컨트랙트에 접근하기 어렵다. 스마트 컨트랙트가 본격적으로 확산되려면 그런 사람들이 스마트 컨트랙트를 이용하도록 배려 방안이나 법적 장치가 필요하다. 그들을 대리할 대리인의 개념을 둘지, 그 경우 본인과 대리인 사이의 관계를 어떻게 구성할지와, 대리인이 악의적인 행위를 할 위험성을 어떻게 제거할지 등을 이론적으로 고민하지만, 그런 고민을 해결할 법제도를 만들어야 할 것이다.

스마트 컨트랙트에는 일반 계약에 없는 특이한 역할이 있어야 한다. 블록체인 밖 오프체인의 데이터를 프로토콜에 제공해야 스마트 컨트랙트가 실행되는 경우(예를 들어 특정시간의 온도가 15도 이하일 때 0.1 이더를 지급하기로 하는 보험 컨트랙트나 스포츠 경기의 점수가 2:0일 때 보상금을 지급해 주는 내기게임 컨트랙트)에는 외부 오프체인의 정보(위 예에서 현재 온도 몇 도 또는 최종 경기 스코어)를 제공하는 '오라클(Oracle)'이 필요하다.

오라클이 개입되는 스마트 컨트랙트가 신뢰를 얻으려면 오라클이 제공하는 정보는 진실임을 담보하는 대책들이 있어야 한다. 그 일환으로 오라클이 제공하는 정보를 정할 때 복수의 노드가 탈중앙화 구조로 운영하는 방안, 즉 각 노드가 제공하는 정보의 평균값을 적용하는 방안을 고려할 수 있다. 체인링크(Chain Link)는 여러 스마트 컨트랙트 프로토콜에 오라클 역할을 하는 대표적 회사인데 정보의 신뢰도를 높이려 탈중앙화 방법도 채택하고 있다.

오라클이 진실한 정보를 제공할 때는 인센티브를, 거짓 정보를 제공할 때는 페널티를 부과하는 방법도 고려할 수 있다. 예를 들어 오라클의 노드가 제공한 정보가 허위일 때, 처음 노드로 가입할 때 프로토콜 지갑에 스테이킹한 코인을 프로토콜이 몰수하거나, 향후 노드 자격을 박탈하거나 일정 기간 제한하는 방법이 있다. 이더리움 블록체인상의 스마트 컨트랙트는 어떤 규약이라도 코드화할 수 있어서 많은 분야의 경제적 행위와 거래를 스마트 컨트랙트로 구성할 수 있다. 그러나 이를 완벽하게 구현하려면 기술발전은 물론 예상 못한 허점과 코드상 하자를 발견하고 보완하는 과정이 필요하다.

스마트 컨트랙트가 하나의 새로운 계약체결 시스템으로 더 확산되면서 거래 당사자의 신원확인과 대상 자산의 특정성을 강화하는 방향으로 진행될 수도 있다. 즉, 스마트 컨트랙트에 참여하는 거래 당사자의 정체성을 블록체인기반 DID로 확인하고, 스마트 컨트랙트가 사물인터넷과 결합되는 경우에는 인터넷에 연결된 사물, 예를 들어 톨게이트나 냉장고의 지갑 ID로 확인하도록 하며, 거래 목적물인 자산도 NFT로 만들어 특정성을 부여하는 방법이다. 톨게이트와 차량에 ID가 있으면 차량이 고속도로 진입 후 진출하는 순간 차량의 지갑에서 통행료 상당의 토큰이 진출 톨게이트의 지갑으로 송금되고, 특정

ID를 지닌 냉장고의 계란이 다 떨어져갈 무렵이 되면 계란값 상당의 토큰이 마트의 전자지갑으로 송금되면서 계란이 주문될 수 있다.

디파이와 전통금융의 경쟁과 보완

디파이 또는 탈중앙화금융은 대출, 예금, 송금 등의 기능을 하는 블록체인 프로토콜로 이루어진 금융거래방식을 말한다. 이더리움 디파이 프로토콜에 예치된 암호화폐 총가액(TVL, Total Value Locked)은 2022년 초 미화 950억 달러였다가 2023년 초 230억 달러로 축소되었다. 전반적인 암호화폐시장의 침체에 테라 앵커프로토콜의 붕괴와 디파이 예치이자율의 저하 등이 원인으로 보인다. 디파이 프로토콜은 누군가의 아이디어와 설계로 개발되어 오픈소스 소프트웨어로 공개된다. 프로토콜에서 정해진 규칙에 따라 자금을 공급하거나 토큰끼리 교환하려는 사람들이 프로토콜의 전자지갑으로 토큰을 송금하거나 프로토콜로부터 자금을 차입하면, 프로토콜이 미리 정해둔 조건에 따라 자금공급에 대한 보상, 토큰 교환, 자금 차입에 대한 이자부과 등이 이루어진다.

그렇다면 이는 지금까지의 전통적 금융(Traditional Finance)방식과 무엇이 다를까? 기존의 금융시스템은 일정한 설비와 전문인력을 갖추어 국가의 승인이나 허가를 받은 금융기관만 그 국가의 영역 내에서 금융소비자를 상대로 대출, 예금수신, 주식이나 펀드·수익증권 판매 등을 하는 방식이다. 이에 비해 디파이는 국가의 경계와 관계없이 인터넷이 연결된 모든 국가의 이용자들이 이용한다. 블록체인기술 이전에는 생각할 수도 없었던 시스템이다. 디파이에 대해서는 과연 규제할 수 있는지, 규제한다면 어떤 내용으로 누구를 대상으로 할지 논란은 많지만 아직 명확하게 정립되지 못하고 있다. 따라서 디파이현상이 커질수록 논란도 커질 것이다.

디파이가 등장하기 이전에 국가는 수백 년 동안 금융기관이 승인 라이선스 조건을 준수하는지를 항상 관리·감독해 왔고, 이를 위반하면 그에 상응하는 제재와 처벌을 할 권한이 있었다. 국경을 넘나들면서 이루어지는 국제금융에 대해서는 여러 국제기구나 협회가 기준을 제시했고, 기축통화국인 미국을 포함한 몇몇 선진국이 제도를 만들면서 산업도 주도했다. 그런데 디파이는 이렇게 구축된 국제금융질서에 놀라운 충격을 준다. 금융기관의 역할은 블록체인 네트워크와 코드가 대체하고 네트워크 운영의 중요한 의사결정은 디파이 거버넌스 토큰 보유자들이 온체인 투표로 이루어 금융기관과 국가 없이도 금융시스템이 작동될 가능성을 보여주었기 때문이다.

탈중앙화금융의 장점으로는 기존 금융과 비교할 때 수수료가 낮고 거래에 걸리는 시간이 짧아지며 미리 코드로 정해진 조건대로 투명하게 거래되는 점을 들 수 있다. 반면에 단점으로는 디파이 프로토콜이 전자지갑에 예치된 자산의 해킹 가능성, 거버넌스 토큰 보유자들이 거버넌스에 관한 의사결정을 할 때 악의적 왜곡을 가할 위험, 이더리움 메인넷의 거래처리속도 제한(POS로 변경된 후에도 현재 1초당 최대 30건 처리)으로 또는 급격히 늘어나는 거래량을 처리할 수 없게 될 위험이 있다.

탈중앙화금융의 유형으로는 탈중앙 예치와 대출 거래, 탈중앙 암호자산거래소, 탈중앙 보험, 탈중앙 파생상품거래, 탈중앙 자산운용이 있다.[7] 디파이 플랫폼이 금융의 인프라스트럭처(infrastructure)•로 기능하려면 지속적으로 유동성을 적절하게 공급할 수 있어야 한다. 유형별로 작동방식을 살펴본다.

첫째, 탈중앙화 예치와 차입거래는 암호자산을 프로토콜에 예치 또는 예금(deposit, staking)하고 이자를 받거나 암호자산을 프로토콜로부터 빌리고 이자를 지급하는 것이다. 여기서 프로토콜은 이미 정해진 규칙에 따라 암호자산의 입출금을 처리하는 스마트 컨트랙트와 그에 연결된 전자지갑을 의미한다. 거래를 위해 예금자나 차입자의 신

• 사회적 생산기반.

원확인(KYC)을 반드시 하지 않아도 된다. 예금이자(업계에서는 '이자농사'라 함)와 차입이자는 은행과 같이 프로토콜에 들어오는 해당 암호자산의 수요량과 공급량을 고려한 일정한 규칙에 따라 산정되는데, 15초라는 매우 짧은 주기로 자동으로 산정된다.

　중앙화된 은행과 완전히 다른 점은 예금자에게 탈중앙화 플랫폼의 거버넌스 토큰을 지급하는 일이다. 예로써 앵커프로토콜에서는 ANC가, 유니스왑에서는 UNI가 거버넌스 토큰이다. 거너번스 토큰 보유자는 플랫폼의 중요한 사항, 예를 들어 이자율 산정방식, 거버넌스 토큰 지급기준에 대하여 거버넌스 토큰 보유자총회에 안건을 제안하고 의결권을 행사할 권리를 가진다. 플랫폼 이용자이면서 운영자 지위도 가지는 것으로, 중앙화된 금융구조에는 없는 점이다.

　차입자가 암호자산을 차입하려면 반드시 차입금 대비 일정한 금액의 암호자산을 담보로 예치해야 하는 점이 특이하다. 그러나 차입자의 신원을 확인하지 않고 신용평가도 하지 않는 거래에서 차입금 반환의무 불이행에 대비하는 방안으로는 물적 담보 확보가 유일한 방안인 만큼 당연하다. 예외적으로 담보 없이 차입 직후에 이자와 함께 원금을 상환하는 플래시 론(Flash loan) 거래를 허용하는 에이브(Aave)라는 플랫폼이 있다. 플래시 론은 대출, 대출금 사용과 상환이 하나의 트랜잭션으로 이루어져 있다. 담보로 예치한 암호자산의 시세가 차입 암호자산의 시세보다 일정 배수 이하로 떨어지면 담보물을 강제매각해서 차입금을 반환한다.

담보물 예치와 강제매각처분의 조건들은 미리 스마트 컨트랙트에 포함해 두어 자율적으로 작동되고 누군가의 행위가 추가로 개입되지는 않는다. 물론 이 과정에서 담보물인 암호자산과 차입대상인 암호자산의 시세는 그때그때 변해서 미리 입력해 둘 수 없으므로 외부의 오라클이 등락하는 시세 정보를 프로토콜에 전달해 줄 필요가 있다. 디파이의 혁신성이 제대로 발현되려면 오라클의 공정성, 투명성, 객관성 확보가 매우 중요하다.

컴파운드(Compound), 메이커다오(MakerDAO), 에이브 등이 탈중앙화 예금, 대출플랫폼이다. 예금하거나 차입하는 당사자는 상대방 당사자와 거래하는 것이 아니라 프로토콜과 거래한다. 메이커다오는 이더리움을 담보로 하여 발행된 다이(DAI)를 송금과 지급결제수단으로 쓴다.

둘째, 탈중앙화 암호자산거래소(DEX, Decentralized Exchange)는 거래소나 거래중개자 없이도 프로토콜을 중심으로 토큰과 토큰 간 교환거래를 하는 방식이다. 중앙화된 거래소는 매도희망자, 매수희망자에게서 각각 주문을 받아 주문호가장부(order book)를 만들어 매매거래를 중개함으로써 운영된다. 그에 반하여 DEX는 주로 유동성 공급 방식을 취하는데, 암호자산을 매도하거나 매수하려는 사람이 있을 때 그에 상응하여 매수되거나 매도되는 암호자산의 수량, 즉 유동성이 확보되어야 한다. 주문장부 없이도 기술적으로 유동성을 어떻게 확보하여 거래가 계속 일어나도록 하는지가 핵심이다.

탈중앙화거래소의 대표 모델인 유니스왑은 2018년에 이더리움 메인넷 기반으로 개발된 오픈소스 프로그램으로 유니콘이라는 회사가 개발했고 기본 아이디어는 비탈릭 부테린이 제공했다. 유니스왑의 거래량은 2023년에 들어와서 미국 1위 거래소인 코인베이스 거래량을 몇 달간 앞서는 현상이 발생했다. SEC는 코인베이스에 상장된 13종의 토큰들이 투자계약증권에 해당하는데도 코인베이스가 SEC에 등록도 하지 않은 채 그 토큰들에 대한 거래소, 브로커, 청산기관 역할을 했다는 이유로 기소하자, 그런 규제가 없는 탈중앙화거래소를 선호하는 흐름이 생긴 것이다.

유니스왑은 새로운 유동성 제공방식인 '자동화된 시장조성자(AMM, Automated Marketing Maker)' 모델을 창안했다. 유니스왑에서는 토큰과 법정화폐 간 매매는 할 수 없고, 토큰 간 교환(스왑)거래만 할 수 있는데, 이더리움과 ERC20 기반 토큰들 사이에 가능하다. 유니스왑 이용자가 A와 B토큰을 스왑하려면 그 전에 A, B토큰이 한 쌍이 된 유동성 풀이 형성되어 있어야 한다. 즉 최초의 유동성 제공자가 동일한 금액의 A토큰(이더리움 또는 ERC20토큰)과 B토큰(이더리움 또는 ERC20토큰)의 개수를 페어링(예를 들어 각 총액 1만 달러가 되도록 ETH와 ERC20방식 스테이블코인인 USC의 각 개수를 산정하여 매칭함)해서 스왑풀인 스마트 컨트랙트에 제공한다. 그 후 A, B토큰 유동성 풀에 추가 유동성을 제공하려는 자는 동일한 금액 상당의 A토큰과 B토큰의 해당 개수를 페어링해서 풀에 제공할 수 있다.

한편 누구든 유동성 풀에 보관된 A, B토큰을 이용하여 스왑거래를 할 수 있다. A토큰 5개를 프로토콜에 지급하고 B토큰으로 바꾸는 스왑거래를 하려는 경우 교환해 줄 B토큰 개수가 프로토콜에 의해 자동 산정되어 A, B가 교환된다. 교환해 줄 B토큰의 산정방식은 다음과 같다. 교환 직전 당시 기준으로 유동성 풀에 있는 A토큰의 개수(a) × B토큰의 개수(b) = k(일정한 숫자)라면, 교환 이후의 (a + 5) × (b − x) = k가 되는 x값을 구하면 된다. 이렇게 유니스왑이 자동으로 유동성을 공급하는 방식을 AMM 중에서 CPMM(Constant Product Market Maker)이라고 한다. A, B토큰 각 개수의 곱이 상수 k여야 한다는 조건에 따라 A, B토큰의 가격이 결정되게 하는 체계이다. 결국 CPMM 방식으로 교환하는 토큰의 가격이 결정되도록 함으로써 누구나 자유롭게 언제든지 교환거래를 하도록 했다. 유니스왑의 가격결정 체계는 그 이후 많은 DEX의 모델이 되었으며, 스왑거래를 하는 사람들은 프로토콜에 수수료를 지급한다.

모든 유동성 제공자는 유동성 풀에 있는 전체 토큰 수량 중 자신이 제공한 토큰 수량이 차지하는 지분비율만큼의 거버넌스 토큰(유니토큰)을 지급받는다. 또한 유동성 제공자는 프로토콜에 제공한 A, B토큰을 언제든 인출할 수 있고, 유동성 제공기간에 스왑풀에 들어온 스왑수수료 중 자신의 거버넌스 토큰 지분비율만큼 분배받는다. 유니스왑 프로그램을 개발한 유니콘사는 이런 수수료를 전혀 지급받지 않고 거버넌스 의사결정에서도 의결권을 행사할 수 없는데, 이런 의미에서 탈중앙화가 실질적으로 잘 구현되었다고 본다.

셋째, 탈중앙화 암호자산 파생상품 거래구조를 살펴본다. 특정 기초자산의 가격에 연계하여 그 가격이 오르면 수익을 보고, 그 가격이 내리면 손실을 보는 파생상품의 대표적 탈중앙화 네트워크는 신세틱스(Synthetix)이다. 기초자산은 다른 암호자산은 물론 금, 은, 주식 등 다양하다. 파생상품을 구입하는 자는 기조자산의 가격이 많이 떨어지면 손해를 입을 수 있으므로, 그 상황에 대비하여 담보물(신세틱스 네트워크에서 발행한 암호자산인 SNX)을 반드시 예치하고 파생상품 토큰인 신스(Synth)를 발행받는다. 담보물은 발행되는 파생상품 토큰 금액의 500%를 요구한다. 파생상품 투자자가 실제로 기초자산을 매입하지는 않으므로 외부 기초자산 가격의 등락에 따라 이익을 얻기도 하고 손실을 입기도 한다. 기초자산의 가격은 오라클 역할을 하는 체인링크에서 외부 정보를 받아 결정한다.

탈중앙화 자산운용상품은 기존에 자산운용사가 투자자의 자금을 모아 주식이나 부동산 등에 투자한 결과 수익을 배분하는 구조에서 자산운용사를 배제하고 스마트 컨트랙트에게 운용을 위임하는 구조다. 탈중앙화 투자 스마트 컨트랙트에 투자금을 보내고 전체 투자금의 일정 지분 비율에 해당하는 토큰을 받게 되는데, 그 토큰은 향후 투자금을 청산받거나 상환받을 권리를 표시한다. 스마트 컨트랙트에 자산운용전략이 미리 입력되어 있어 어떤 자산에 투자할지 별도 판단이 필요 없어진다. 투자금과 투자로 취득한 자산은 스마트 컨트랙트의 전자지갑에 보관되므로 수탁회사가 필요없다.

탈중앙화 보험은 보관 중인 암호자산이 해킹 등으로 탈취되는 위험이나 탈중앙화금융플랫폼에서 예치금 반환 등으로 암호자산을 반환할 유동성이 부족할 위험 등을 담보하는 보험상품이다. 넥서스뮤추얼(Nexus Mutual)이 대표적인 예인데, 영국의 금융감독기구 FCA에 등록되어 있다. 여러 종류의 보험상품이 스마트 컨트랙트로 설계되어 있어 가입을 원하는 스마트 컨트랙트 상품을 고른 뒤 보험금액과 보험기간을 선택하면 그에 상응하는 보험료가 계산된다.

보험금 재원은 투자자들이 투자 목적으로 프로토콜에 예치·지급하는 투자금으로 마련한다. 투자자들은 예치 대가로 넥서스 뮤추얼이 발행한 암호자산(NXM)을 받는데, NXM 보유자들이 '위험평가자' 역할을 맡아 보험료를 계산한다. 보험사고가 발생하여 보험금 청구가 들어오면 NXM 보유자들이 보험금 지급 여부도 심사하며, 심사를 통과한 사고에는 보험금이 지급된다.

보험사고가 발생하지 않으면 자동으로 보험가입자가 납부한 보험료의 50%는 보험토큰 보유자들에게 수익으로 배분되고, 10%는 해당 보험 가입자에게 반환되며, 나머지 40%는 스마트 컨트랙트에 저장해 향후 보험금 재원으로 사용된다. 그러다 보니 중앙화된 보험구조에서 보험사업자가 하던 역할이 없어지고 탈중앙화된 투자자들이 각 투자 비율만큼 토큰을 가지며 보험료 계산, 보험사고 인정 여부와 보험금 지급 여부를 결정하는 역할을 한다.

금융은 한 국가 내는 물론 국제적 자금융통시스템의 안정성과 원활한 작동을 확보하는 것을 목적으로 하는데, 규제가 불확실한 상황에서 디파이가 양적으로나 질적으로 발전하면 기존 금융시스템의 작동에 부정직 영향을 미치지 않을지 각국 정부와 규제당국들이 공통적으로 우려한다. 물론 국가들 간에도 디파이를 바라보고 대하는 다른 입장에서 미묘한 차이가 있다. 국제금융산업을 주도하는 국가들은 자신의 주도권과 영향력을 상실할 우려에 예민하게 반응하지만, 금융에서 소외된 국민들이 속한 금융 후진국은 디파이가 가져오는 새로운 금융구조가 자국민들에게 금융접근성과 금융포용성(Financial Inclusion)을 증대하는 효과를 가져다줄 가능성에 더 큰 관심을 갖고 있다.

국가들 간에도 디파이를 바라보고 대하는 시각에서 서로 충돌 또는 대립하는 면이 있다. 한편, 막연한 우려나 효과를 말하기 전에 디파이의 구조를 정확하게 따져볼 필요가 있다. 2022년 1월 국제증권관리위원회(IOSCO)가 발간한 「IOSCO Decentralized Finance」 리포

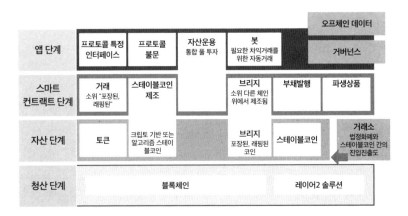

앱 단계	프로토콜 특정 인터페이스	프로토콜 불문	자산운용 통합 풀 투자	봇 필요한 차익거래를 위한 자동거래	오프체인 데이터	
					거버넌스	
스마트 컨트랙트 단계	거래 소위 "포장된, 래핑된"	스테이블코인 제조		브리지 소위 다른 체인 위에서 제조됨	부채발행	파생상품
자산 단계	토큰	크립토 기반 또는 알고리즘 스테이블코인		브리지 포장된, 래핑된 코인	스테이블코인	거래소 법정화폐와 스테이블코인 간의 진입진출도
청산 단계	블록체인				레이어2 솔루션	

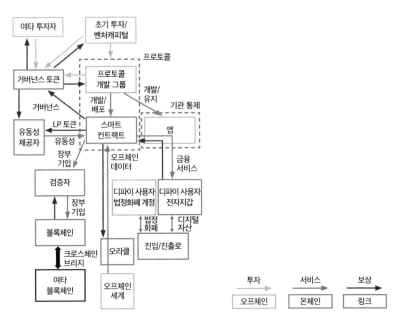

디파이 구조도

출처: IOSCO, Decentralised Finance Report, 2022. 3, p. 35.

트에서는 디파이의 기술적 작동구조와 디파이가 제공하는 상품과 서비스가 무엇인지, 주요 참여자들 및 위험과 고려할 사항들은 무엇인지 깊이 있게 전반적으로 살폈는데, 무엇보다 하나의 디파이가 작동하는 구조를 매우 심도 있게 분석했다.

두 그림 가운데 위의 그림은 디파이의 4단계 구조, 즉 밑에서부터 거래기록을 저장하는 블록체인, 거래 대상인 코인·토큰·스테이블코인 등 암호자산, 발행·거래를 일으키는 스마트 컨트랙트, 사용자가 이용하는 애플리케이션을 명쾌하게 설명했다. 아래 그림은 디파이에 기여하는 관여자들인 초기 투자자들/벤처캐피털, 프로토콜 개발자 그룹, 유동성 제공자, 검증지, 오라클과 각 관여자들의 역할과 보상의 지급을 잘 보여준다.

디파이 규제와 법의 혁신

디파이가 작동하려면 디파이 프로토콜을 개발한 개발자, 운영자(또는 운영에 따른 수익수취자), 이용자 등이 필요한데, FTX처럼 중앙화된 거래소가 극단적인 탈법을 저지르는 사고를 경험하면서 프로토콜에 따라 운영자의 악의나 고의가 개입되지 않은 디파이 플랫폼의 중요성이 더 부각되고 있다. 어떤 회사나 개인이 블록체인 메인넷과 그 위의 토큰 예치, 대출을 위한 탈중앙화 애플리케이션을 개발했어도, 오픈소스 소프트웨어로 메인넷과 애플리케이션을 공개한 이후에는 운영에 관한 의사결정은 백서에 정해진 대로 온체인 투표 등으로 했을 뿐이고 최초 개발주체가 추가로 다른 개입을 하지 않았다면 발행자를 누구로 인정할지 쉽게 판단하기가 어렵다. 물론 최초 발행의 구조와 최초 개발회사가 발행된 토큰량을 얼마나 보유했는지, 이자율은 어떻게 결정하는지 등 프로토콜의 중요한 사안에 대한 의결권을 어떻게 행사했는지, 구체적 사실관계가 어떤지에 따라 발행자를 특정할 수 있다는 논거가 형성될 수 있다.

다양한 디파이 서비스는 전통적인 금융업자와 같이 서비스를 제공하고 통제하는 주체가 없다는 이유로 서비스와 관련해 책임질 주체도 없다고 인정해야 할지, 아니면 디파이에도 누군가의 관여행위가 있다는 이유로 법적으로 행위주체와 책임주체를 정해야 할지에 논란이 있다. 전자의 논거는 실제로 디파이 애플리케이션을 개발자가 만들어 공개하면 그다음부터 개발자의 영향력에서 벗어나 많은 사람이 프로그램을 통해 디파이 프로토콜을 이용할 뿐 특정 사업자를 접촉하지 않으며, 특정 사업자가 디파이 운영에 관해 별도 행위를 하지 않는다는 것이다.

그러나 디파이와 관련해 사고가 발생하거나 프로토콜의 하자로 이용자가 손해를 입은 경우 배상책임 주체를 정해야 한다는 주장이 강해지고 있다. 더구나 현실에는 완전한 의미에 이르지 못하는 위장된 탈중앙화 프로토콜이나 프로토콜에 지급된 수수료 일부를 수익으로 취하는 누군가가 있을 수 있다. 이런 상황에서 법적 관점에서는 디파이 서비스를 제공하는 주체와 책임져야 하는 주체를 특정할 기준을 적용할 수 있을지 논의가 필요하다. 더 나아가 테라-루나 사태가 계기가 되어 탈중앙화금융플랫폼을 기획하고 프로토콜을 개발해 배포하는 자는 디파이 프로토콜의 내용을 어디까지 알려야 법적 책임을 면할 수 있는지에 대한 논의도 커지고 있다. 프로토콜의 작동구조를 백서에 충실하게 기재하면 되는지, 그에 더해 작동구조로 예상되는 모든 위험 내용까지 설명해야 하는지에 대한 논쟁도 제기된다.

필자는 국내 회사가 이더리움 플랫폼 위에서 토큰스왑서비스를 하려는 것과 관련하여 필요한 몇 가지 계약서를 작성해 준 적이 있다. 디파이 스마트 컨트랙트에 페어링된 두 가지 토큰이 공급된 이후에는 스왑하려는 사람이 프로토콜의 지갑에 스왑할 토큰을 송부하고 스왑 수수료를 내면 스왑으로 수령할 토큰의 수량이 자동 계산되어 지갑으로 송부된다. 그러나 유동성을 공급하려고 토큰의 페어링을 프로토콜에 최초로 제공하는 것과 관련해서는 플랫폼 운영회사는 유동성 공급자 사이의 계약이 필요하다고 보아 협상을 거쳐 계약을 체결했다. 이로써 디파이 플랫폼 위에서 모든 행위가 프로토콜을 기반으로 자동으로 이루어지지는 않음을 알 수 있었다. 플랫폼 개발회사와 최초 유동성 제공자 모두 디파이 시스템이 아직 익숙하지 않아 디파이에서 이루어지는 스테이킹과 보상지급의 방식 등을 전통적인 계약의 형식으로 명시하고 싶은 욕구가 있다고 생각된다.

탈중앙화금융에서도 프로토콜의 하자나 예상하지 못한 문제로 이용자들이 손해를 입을 수 있다. 그 손해를 배상할 책임자를 누구로 인정할지와 누구를 규제할지 법리가 정립되지 않아 견해가 엇갈린다.

첫째, 디파이 개발과 운영, 서비스 제공이 가능하도록 하는 기여자나 관여자가 있는데, 이들을 규제 대상으로 또는 디파이 작동과 관련하여 민사적·행정적·형사적·법적 책임을 지는 주체로 구성하려는 의견이다.

둘째, 디파이 자체는 탈중앙화되어 운영회사가 존재하지 않는 특수성을 고려해 새로운 법리를 창안할 필요가 있다는 의견이다.

첫째 의견은 투자자 보호와 시장 안정성을 위하여 실질적으로 디파이 운영에 관여하거나 운영자 수익을 취하는 자연인이나 법인을 특정하여 그를 규제대상으로 삼고 책임 주체로 인정해야 한다는 것이다. 자금세탁방지에 관한 국제기구인 FATF에서 2021년 10월에 공표한 수정가이던스에 따라 디파이 플랫폼을 통제하거나 실질적 영향력이 있는 주체를 가상자산사업자로 볼 수 있다고 한 점도 논거가 될 수 있다. 위 가이던스에 따르면 디파이라는 명칭을 쓰는 것만으로 실질적인 디파이로 인정하지 않으며, 실제 운영구조와 프로토콜의 작동 등을 살펴 디파이에 누군가가 실질적으로 통제권이나 영향력이 있다고 판단되면 그자를 사업자로 인정해야 한다고 명시했다.

그러나 탈중앙화 방식이 등장하기 전에 중앙화된 주체 누군가가 고객을 대상으로 서비스나 사업을 할 경우에 적용한 법리를, 탈중앙화의 특성을 고려하지 않고 무리하게 적용하지 않도록 신중할 필요가 있다. FATF의 지침은 그 목적상 디파이의 혁신효과와 긍정적 가치보다는 자금세탁과 테러자금 조달의 방지에만 초점이 맞추어져 디파이의 전반적 법리와 규제 방향을 정할 때 원용하려면 매우 신중히 할 필요가 있다.

또한 디파이 규제와 그 법을 만드는 데 새로운 법적 사고와 논리를 고민해야 한다. 토큰 이코노미가 크립토사피엔스의 삶에 미치는 영향, 경제와 사회에 미치는 부정적 또는 긍정적 효과 등 모든 관련 요소를 면밀히 분석해서 법의 정신을 찾아내도록 노력을 해야 한다. 예를 들어, 디파이 프로토콜의 개발자나 수익을 얻는 운영자가 있다 하더라도, 위장된 탈중앙화 또는 탈중앙화를 악용하는 등의 문제가 없다면 기본적으로 그 운영자에게는 중앙화 운영자와 차별화되는 탈중앙화 운영자라는 새로운 지위를 인정하는 방안을 고민해 볼 수 있다. 디파이 프로토콜의 개발, 작동과 운영과정에서 탈중앙화 운영자가 책임질 사유는 최소한으로 제한하고, 악의나 고의로 이용자 등에게 손해를 끼친 경우에는 당연히 관련 책임을 다 지게 하는 것이다.

디파이 자체에 기존의 개인과 법인에 부여한 것과 다른 새로운 형태의 법적 주체성을 확대하는 방안도 고민해 볼 수 있다. 주식회사가 상법 또는 회사법에 설립요건, 대내적 의사결정기구, 대외적 행위를 할 수 있는 대표 등에 관한 규정에 근거하여 존재하는 것처럼, 디파이라는 새로운 카테고리의 법적 주체를 인정하는 요건과 법인격을 인정하는 범위를 매우 좁게 규정하는 방안을 생각할 수 있다. 현재의 회사도 경제의 필요에 따라 주식회사에 이어 유한회사, 합명회사, 가장 가깝게는 유한책임회사까지 다양한 형태로 구분되어 법에 규정되어 있다. 디파이의 스마트 컨트랙트의 전자지갑에 보관되어 있는 가상자산은 어떤 기여자나 관여자의 것이 아니라 디파이 자체의 것이다. 따라서 전자지갑에 보관된 가상자산을 디파이 프로토콜 문제와 관련해서 책임재산으로 인정하는 방안도 생각할 수 있다.

물론 이러한 아이디어들이 너무 낯설어서 법적으로 가능할지에 대해 연구가 필요하지만, 주식회사가 법인격을 갖고 책임의 주체가 될 수 있다는 아이디어가 영국과 네덜란드에서 처음 나왔을 때, 그 시대 사람들이 느꼈을 생소함과 황당함을 고려한다면 안 된다고 쉽게 단정할 일은 아니다. 기존 법률의 시각에서 벗어나 새로운 법이론이 논의되고 만들어져야 한다.

NFT, 대체불가능성의 토큰화

대체불가능한 토큰으로 번역되는 NFT는 대체가능한 토큰(FT)과 대비되는데, 이미 있는 FT에 기술적으로 대체불가능성을 입혀 NFT를 발행하는 것이 아니며, 처음 발행할 때 적용하는 기술이 다르다. FT가 ERC20 기술에 따라 발행되는 데 반하여 NFT는 발행될 때부터 이더리움 기반의 다른 기술인 ERC721 프로토콜에 따라 만들었다. ERC20은 특정 지갑주소별로 보관된 토큰의 잔고수량을 나타내는 원장기재방식으로, 토큰이 10개 이전되면 이전한 지갑의 수량은 10개 줄이고 이전받은 지갑의 수량은 10개 늘린다. ERC721은 토큰 한 개마다 별도의 토큰 일련번호와 지갑주소를 특정해 발행함으로써 토큰별로 어느 지갑에서 어느 지갑으로 이전되는지 전 내역을 기재하는 방식이다.

대체불가능성이라는 속성이 토큰과 결합될 수 있다는 사실이 알려지자 토큰 생태계와 산업의 거의 전 분야에서 NFT를 다양한 목적으로 발행하고 여러 용도로 활용하려고 한다. 이렇듯 빠르게 확산된 이유는 인간이 소유하는 자산과 권리를 다른 것과 구별하여 대체불가능한 것으로 만들고 싶어 하는 욕구와 대체불가능성이 주는 여러 가지 효용 때문이다. 더 나아가 인간이 어떤 자산을 소유한 사실에 대한 기

191

3장 | 자산의 토큰화와 토큰경제화의 확대

록을 남기고 싶어 하는 욕구도 작용하는 것 같다. 중국의 고서화에는 실제로 소장자들이 각자 낙관을 찍은 그림이 있다. NFT는 그 소유자들이 자기 낙관을 그림에 찍어 각자 소유한 사실을 기재하고 싶어 하는 사람들의 오랜 욕구를 해소해 주게 되었다.

게임토큰, 디파이에서 발행되는 토큰, 플랫폼 거버넌스 토큰, DAO 멤버 토큰, 증권형 토큰 등 대체불가능성을 담을 필요가 있는 모든 토큰은 NFT로 발행될 수 있다. 그런데 대체불가능이라는 의미가 법적으로 단순하지 않으므로 그 개념부터 알아본다.

우리가 소유하고 거래하는 많은 물건은 법적으로 여러 기준에 따라 구분된다. 대체가능성 여부에 따라 대체물(代替物)과 대체불가물(또는 부대체물)로 나뉘고, 특정 여부에 따라 특정물과 불특정물로 나뉜다.

대체가능하다는 것은 거래계의 통상적 관념 또는 물건의 객관적 성질에 따른 개념으로, 거래할 물건을 종류, 품질, 수량으로만 정하고 물건 자체는 특정하지 않는 것을 의미한다. 종류, 품질, 수량이 같은 물건이면 구체적으로 대상 물건이 달라져도 상관없다. 지폐나 쌀이 대표적인 예이다. 돈에 꼬리표가 붙어 있지 않다는 표현을 많이 하는데, 대체물의 특성을 잘 나타낸 말이다. 다른 한편 그림, 조각, 신분증은 대체불가물의 예이다.

그에 비해 특정물인지는 물건의 객관적 성질이 아니라 거래 당사자들이 어떤 물건을 특정하기로 합의한 사실이 있느냐에 따른다. 물

건륭황제의 표준 인장 8개가 찍힌 조맹부(1254~1322)의 그림

양과 염소, Zhao Mengfu, c. 1300. Freer-Sackler Smithsonian Museum of Asian Art 컬렉션, F1931.4.

건의 원래 속성이 무엇인지와 관계없이 거래하는 당사자가 구체적 대상을 정하면 그것이 특정물이 된다. 거래 목적물을 불특정물로 정한다는 것은 물건의 종류, 품질, 수량만 정하고 구체적 대상을 특정하지 않는다는 의미다.

대체불가물은 대개 당사자들이 특정물로 거래하기로 합의한다. 어떤 그림을 매매할 때 그 그림은 대체불가물이면서 특정물이 된다. 대체물은 일반적으로 당사자가 불특정물로 거래하지만 당사자가 원하면 특정물로 거래하기로 합의할 수 있는데, 이 경우 대상 물건은 성질상으로는 대체물이지만 거래 목적물로는 특정물이 된다. 지폐는 꼬리표가 붙지 않은 대체물이지만, 거래할 지폐의 번호를 특정하면 특정물이 된다. 강화도 마니산 주변에서 재배한 쌀도 어떤 자루에 들어 있는 것을 특정하면 특정물이 된다.

따라서 블록체인기술은 부대체물을 특정해서 NFT로 만들 수 있는 것은 물론, 대체물도 특정물로 정해 NFT로 만들 수 있다. 대체물과 특정물에 관한 법적 개념을 엄격히 적용하면 NFT는 원래 성질상 부대체물만 대상으로 하는 것이 아니라 발행자 의사에 따라 특정한 물건을 대상으로 하므로 '특정 가능 토큰'이라는 명칭이 더 타당하다고 볼 수 있다.

비슷한 관점에서 동일한 디지털 사진 100만 매에 대하여 ERC721에 따라 100만 매의 NFT를 만든 경우 토큰 한 개마다 서로 다른 일련번호와 지갑주소를 가진다 하더라도 토큰에 연계된 실제 작품은 동일하므로 모든 NFT는 서로 대체가능하다고 보아야 한다는 의견도 있다.[8] 마치 지폐 두 장이 일련번호가 다르더라도 서로 대체가능한 점과 같다는 얘기다.

보통 문서에 작성하는 서면은 작성자가 특정한 내용(정보)을 기재하고 서명 또는 기명날인함으로써 그 서면을 다른 서면과 구별해 특정한다. 예를 들어 특정인 사이의 계약서, 특정 소유자의 이름을 기재한 기명식 주권(株券), 채권(債券), 수익증권 같은 증권과 특정인의 신분증이 있다. 예술작품은 대부분 그 자체가 다른 작품과 대체할 수 없다. 만약 동일한 내용의 판화 10매가 있으면 각자가 특정되지 않고 대체가능하지만, 일련번호를 붙여 구별하면 각 판화가 특정된다.

그런데 서면과 작품이 위조 또는 변조될 가능성을 완전히 차단할 수는 없고, 이를 취득하는 쪽에서는 대체불가능하다는 것 또는 특정된 것임을 100% 신뢰하기가 어려웠다. 그에 비해 NFT는 토큰 자체에 고유한 일련번호를 심는 블록체인기술(ERC721)로 대체불가능성이나 특정성을 완벽하게 구현하게 되었다.

크립토 키티, 크립토 펑크를 거쳐 BAYC(Bored Ape Yacht Club) NFT는 어떤 커뮤니티에서 자신의 프로필을 나타내는 증표(PFP)로 사용되었으나, NFT는 그외에도 매우 다양하게 활용할 수 있다. 인간의 욕망은 대체불가능성 또는 특정성을 구현할 필요가 있는 다양한 권리와 지위, 즉 각종 디지털 저작물과 실물저작물을 이용할 수 있는 권리, 회원권을 NFT로 발행하고, 더 나아가 각종 자산의 소유권과 증권도 NFT로 발행하려고 한다.

NFT 소유자의 권리나 NFT 매수인이 취득하는 권리의 내용은 어떤 유형의 NFT인지에 따라 달라진다. 디지털 콘텐츠 NFT이면 NFT에 연계된 콘텐츠 사용·수익권을 취득하나 콘텐츠에 대한 저작권은 갖지 못하므로, NFT 보유자라 하더라도 다른 사람에게 동일한 콘텐츠를 NFT로 만들어 팔지 못한다. 커뮤니티 또는 조직의 자격이나 지위를 나타내는 NFT 취득자는 그 자격과 지위를 얻게 되고, 증권형 NFT를 취득하면 증권 자체를 취득하게 된다.

NFT가 블록체인에서 발행된다는 것은 블록체인에는 NFT의 제목, 소유자, 발행일자, NFT와 연계된 디지털 저작물이 보관된 온라인 저장소만 기록하고, 연계된 디지털 저작물 등은 별도 저장소에 저장한다는 말이다. 저장소는 중앙화 방식으로 특정 주체가 저장할 수도 있고, 정보를 일부 분산 보관하는 탈중앙화 방식일 수도 있다.

NFT 시장은 2020년부터 급속도로 확산되어 2021년 4월 기준 NFT 시가총액이 미화 25억 달러에 이르고, 2021년 4월 한 달간 가장 큰 NFT 거래소인 오픈시(Open Sea)의 거래대금액이 미화 34억 달러에 이르렀다. 2022년에 트위터는 NFT를 프로필로 사용하게 했고, 나이키는 멤버십 NFT 2만 개를 확보한 RTFKT를 인수했으며, 인스타그램과 페이스북은 외부의 메타마스크 같은 지갑과 연동해 이용자가 보유한 NFT를 게시하는 서비스를 제공하기 시작했다.

NFT의 대체불가능성에 양도불가능성을 추가로 내장한 토큰도 등장했다. 2022년 5월 11일, 마이크로소프트의 글렌 웨일과 이더리움 재단의 비탈릭 부테린은 「탈중앙화 사회: 웹3의 영혼을 찾아서(Decentralized Society: Finding Web3's Soul)」이라는 제목의 논문에서 현재 Web3.0에서 개인의 신원이나 평판을 나타낼 수단이 없어 Web3.0의 활동이 대부분 금융에 제한되어 있다는 사실을 지적하고, 대안으로 SBT(Soulbound Token) 개념을 제안했다. SBT는 모든 사람에게 공개되어 있지만, 발급받는 순간 남에게 전송이 불가능한 토큰으로 어떤 단체의 멤버십, 자격증명 등을 나타내는 데 사용할 수 있다. 대체 불가능 토큰이지만 여기에 전송 불가능성도 포함된 토큰이다.

여기서 Soul은 SBT를 소유하고 있는 지갑, 계정을 의미하며, 모든 종류의 데이터를 저장할 수 있다. SBT는 유저들의 과거 대출 기록, 평판, 커리어 등을 저장해서 무담보 대출을 하거나 충성도 있는 유저들에게만 에어드랍(airdrop)●을 하는 근거로 쓸 수 있다. 만약 개인의 플랫폼 기여도가 SBT에 기록된다면, SBT에 따라 투표권을 차등 배분할 수 있다. 바이낸스에서는 신원인증을 완료한 사용자들에게 SBT 형태로 발급하는 BAB 토큰을 론칭했다. 글렌 웨일이 SBT를 커뮤니티결합 토큰(Community-Bound Token)이라고 할 정도로 SBT는 개인이 특정 커뮤니티에 소속되어 있다는 데 대한 증명으로 가장 큰 의미가 있다.

NFT를 취득한 사람으로서는 NFT에 연계된 저작물 등에 대한 메타데이터가 단일 회사의 지배를 떠나 탈중앙화된 구조로 영구히 저장된다는 사실이 중요하다. 블록체인 기업 알위브는 이러한 점을 기술적으로 구현하는 서비스, 즉 NFT 메타데이터를 분산·보관할 뿐 아니라 영구히 보관해 주는 서비스를 개발했고, 메타는 2022년 11월 알위브의 서비스를 이용한다고 발표했다.

● 공중(air)에서 떨어뜨린다(drop)는 뜻으로 기존 암호화폐 소유자들에게 무상으로 코인을 배분하여 지급하는 행위.

게임의 탈중앙화와 P2E에서 X2E까지

　블록체인 이전의 게임에서는 이용자가 중앙화된 게임회사에서 개발해 배포한 게임에 들어가 게임을 하고 게임의 성취 정도에 따라 게임능력을 증강하는 아이템을 지급받았다. 이 아이템은 가격이 형성되어 외부의 아이템거래소에서도 거래가 가능하지만, 게임회사가 일방적으로 게임을 종료하면 게임 내에서 활용할 수 없을 뿐 아니라 경제적 가치도 눈 녹듯 사라져버려 게임 이용자는 이를 감수할 수밖에 없었다.

　그런데 블록체인기술은 게임과 결합하면서 이런 게임산업의 구조를 근본적으로 바꿀 가능성을 보여주었다. 먼저 이용자가 게임 내에서 일정한 임무를 수행하면 받는 아이템이 블록체인 토큰이 되면 이용자는 외부 거래소를 통해 이 토큰을 매도하여 지속적으로 돈을 벌 수 있다. 베트남 회사인 스카이마비스사가 2018년 개발하여 배포한 이더리움 블록체인 기반 액시 인피니티(Axie Infinity) 게임이 최초의 사례다. 이용자는 액시(Axie)라는 게임 캐릭터(ERC721기반 NFT 형태)를 이용하여 번식이나 전투를 하는데, 게임 내 특정 임무를 수행한 대가로 받은 토큰 SLP를 바이낸스거래소에서 팔아 돈을 벌 수 있다.

　이런 게임을 통한 소득활동을 게임하면서 돈을 번다는 의미의 Play

베트남 십대가 달러를 벌 수 있는 최초의 게임, 엑시 인피니티

to Earn, 줄여서 P2E라고 한다. 이 게임을 하려면 게임 캐릭터가 필요한데 이를 매수하려면 2022년 초 기준 약 100만 원이 필요했으나 게임개발사는 이용자 부담을 해소하고자 이용자가 초기에 다른 사람의 게임 계정을 빌려 게임을 하도록 허용했다. 이때 게임자는 계약에 따라 SLP를 벌어서 계정주와 나눌 수 있다. 액시 인피니티 블록체인의 거버넌스 토큰인 AXS(Axie Infinity Shard)토큰도 발행되었다. 이 토큰 보유자는 AXS를 스테이킹해 두고 블록체인 플랫폼에 관한 중요한 사항에 의결권을 행사하거나 게임을 할 수 있으며, 스테이킹 보상으로 AXS를 지급받는다. 동남아시아 국가의 평범한 청소년이 자기 동네에 머물면서 미국 달러화자산, 엄밀하게 말하면 미국 달러화를 1:1로 페깅한 USD 테더, USDC 같은 스테이블코인을 번다는 것은 관광객에게서 받는 달러 팁을 제외하면 이전에는 생각조차 하기 어려운 일이었다.

달러자산을 벌 수 있는 P2E 게임은 베트남의 젊은 세대에게 경제활동의 자유를 넓히고 귀한 자산을 취득하게 해준다. 이전 게임에서는 아무리 힘들게 취득하거나 가격이 높아진 게임 아이템도 그 가치의 유지는 게임회사와 게임 존속에 전적으로 의존했다. 게다가 게임회사의 모든 위험이 게임 이용자의 자산가치를 0으로 만들더라도 감수할 수밖에 없었다. 그러나 액시 인피니티의 반려동물 NFT는 블록체인 기반으로 많은 컴퓨터에 저장·기록되어 극단적으로 게임네트워크에 참여자가 두 명만 남아도 게임회사의 흥망성쇠에 관계없이 존재할 수 있다. 실제로는 게임을 원하는 사람들이 존재하는 이상 블록체인상으로 NFT는 거래될 테고, 사람들이 그 NFT를 원하는 한 그에 걸맞은 가격이 형성될 것이다.

게이머들에게 탈중앙화라는 방식은 새로운 자산을 만들어내는 기술이다. 여기에 기성세대와 경쟁하지 않고도 취득할 수 있다는 점까지 더해져 게이머들의 탈중앙화 방식 게임에 대한 관심이 폭발할 수밖에 없었다. 더 나아가 모든 게임의 내용과 보상으로 지급한 토큰의 내역을 블록체인에 기록·분산·저장하려는 프로젝트도 등장했다. 나인 코퍼레이션이 개발하여 배포한 나인크로니클즈 게임이 그것이다. 여기서는 게임 내에서 거둔 일정한 성취에 대해 NCG라는 토큰을 지급하며, NCG는 외부 거래소에서 거래할 수 있을 뿐 아니라 게임능력 증강이나 특별한 이벤트에 참가할 자격을 준다.

2021년 여름, 법률자문을 구하려고 찾아온 김재석 대표와 첫 미팅에서 그와 회사의 사업계획을 듣고 게임구조를 탈중앙화해 보려는 그의 의지에 감탄했다. 다른 게임과 비교할 때 두드러지는 혁신은 모든 게임의 기록과 게임물의 기록을 분산원장에 기록하여 게임개발사가 없어지더라도 게임은 그대로 유지되고, 그때까지 발급된 경제적 가치를 지닌 게임 아이템도 블록체인에서 계속 활용된다는 점이다. 세계적으로도 이런 정도로 게임의 탈중앙화를 지향하는 모델이 거의 없다는 말을 듣고 프로젝트를 응원하는 마음으로 기꺼이 법률적 지원을 시작했다. 게임회사들이 자체 토큰을 발행하고 게임 아이템을 토큰과 교환해 주는 구조는 여러 경우가 있었지만, 게임에 관한 모든 기록을 게임회사의 중앙서버 대신 탈중앙화 분산원장에 기재하는 것을 지향하는 경우는 매우 드물었다. 2022년의 크립토 윈터 동안 약간 부진했지만, 운영자금조달에 성공한 그와 회사의 계획과 꿈이 언젠가 이루어지리라 기대한다.

베트남뿐만 아니라 여러 동남아국가의 청소년들에게 그동안 취미활동의 영역으로 받아들여진 게임으로 P2E 방식의 새로운 돈벌이가 가능해졌다는 것은 가난한 국가의 저소득층의 소득증가라는 의미가 있다. 그러나 이렇게 게임산업 구조의 혁신을 가져왔지만 길지 않은 기간에 한계도 드러났다. SLP 토큰 가격이 많이 떨어졌는데, 그 주된 이유는 이용자들이 게임에서 특정 임무를 수행할 때 무제한으로 발행하게 되어 공급량 과다로 시가가 떨어질지 모른다는 우려 때문이었다. SLP 가격이 하락하자 플랫폼 자체에 대한 기대감도 떨어져 AXS 토큰도 하락하게 되었다. 따라서 저개발 국가의 노동자들에게 지속적인 소득의 원천이 되려면 게임보상으로 지급되는 토큰의 발행량과 수요·공급의 규칙을 어떻게 조율할지 대책이 필요하다.

그다음으로 성공한 P2E 모델은 위메이드가 미르4 게임에서 게임 대가로 교부하는 흑철, 드레이코 코인, 위믹스 코인의 생태계가 있다. 게임 이용자가 게임으로 얻은 재화인 흑철 10만 개를 드레이코 코인 1개로 교환할 수 있고, 드레이코 코인은 위믹스 월렛을 통해 위믹스로 교환해 거래소에서 매도할 수 있다. 위믹스는 위메이드 블록체인에서 지급수단으로 이용되고 거버넌스 의사결정에도 참여할 수 있는 의결권이 부여된다.

P2E 개념은 X2E로 확대되고 있다. X를 하면 돈을 벌 수 있다는 개념이 X2E인데, X에는 움직이거나 광고를 보는 등 모든 행위가 대입될 수 있다. 움직이는 만큼 보상으로 토큰을 준 M2E(Move to Earn) 모델은 스테픈(Stepn)에 이어 아프로고(AffloGo)도 출시되었다.

NFT와 P2E 게임에 대한 규제

 NFT를 둘러싸고 몇 가지 불확실성과 법적 불명확성이 있어 그에 따라 혼란도 일어나고 있다. 먼저 NFT가 보통의 대체가능 토큰과 같이 자금세탁방지 규제상 가상자산에 해당하는지가 불명확하고, 이에 대한 법규가 어떻게 정립될지 아직 불확실하다. 한국 정부는 2021년 초 NFT는 가상자산이 아니라고 했다가, 그 후 지급수단과 투자목적으로 사용될 경우 가상자산에 해당할 수 있다고 밝혔다. 이는 자금세탁방지를 위한 국제기구인 FATF에서 2021년 10월 공표한 가이던스 수정내용을 거의 그대로 따른 것이다. FATF는 그 수정 가이던스에서 원칙적으로 수집품인 NFT는 유일무이하고 결제목적으로 사용되지 않으므로 가상자산이 아니나 지급수단과 투자수단으로 사용되는 경우 가상자산에 해당한다고 밝혔다. 그러나 여전히 NFT가 가상자산인지 판단하는 기준을 완전명료하게 정립하거나 법령에 규정하지 못해서 당분간 혼란이 예상된다.

 발행된 NFT는 주로 특정한 디지털 저작물과 연계되는데, NFT로 발행된다고 해서 NFT와 연계된 저작물의 저작권 등 지적재산권을 다 확보했다는 보장이 없다. 따라서 NFT 구매자 쪽에서 해당 저작권자의 허락이 있었는지 확인하기가 어렵고 결과적으로 저작권 등을 확보하지 않은 채 발행된 NFT를 취득한 경우 NFT에 대한 권리를 잃는 손해를 보며, NFT 발행자 등을 상대로 소송을 제기해야 할 수도 있다. 루이뷔통 가방의 디지털 사진을 NFT로 발행되었는데, 그 과정에서 루이뷔통사의 승낙이나 수권 없이 무단으로 사진 이미지를 활용한 것으로 드러난 적도 있다. 저작물에 연계된 NFT를 취득하는 사람은 자기 책임으로 NFT 발행에 필요한 저작자의 허락이 있었는지 반드시 체크해야 한다. 또 한국에서는 NFT가 게임 아이템으로 발행되고 게임 외부에서 거래될 경우, 그 NFT가 게임산업법상 환가 가능한 게임 아이템이 되고 그 게임은 사행성이 있는 것으로 인정되어 게임등급 분류가 거절될 수 있다. 한국 내에서 게임을 판매하려면 게임관리위원회로부터 반드시 게임등급을 부여받아야 하므로, 게임등급분류가 거절되면 게임을 출시하지 못하게 된다.

또한 NFT 마켓플레이스와 일반 가상화폐거래소의 차이가 무엇인지, 규제에 어떤 차이가 있는지도 혼란스럽다. NFT 거래플랫폼의 역할은 NFT 거래를 중개하는 것이고 NFT 보관 지갑 서비스는 할 수도, 안 할 수도 있다. NFT가 가상자산이 아니라면, NFT 거래플랫폼에는 특별한 규제가 미치지 않겠지만 가상자산이라면 가상자산에 관한 모든 규제가 다 적용된다. 한국에서는 불법적 자금세탁을 방지하려는 특금법 규제가 가상자산규제에서 차지하는 비중이 매우 크다.

오픈시 같은 중앙화된 거래소는 NFT에 연계된 디지털 콘텐츠나 저작물을 탈중앙화 보관 플랫폼에 보관해 주지 않는다. 따라서 NFT에 연계된 디지털 저작물이 NFT 보유자들의 의사에 반하여 사라지거나 탈취될 위험성도 정부는 관심 있게 지켜보고 있다. 세법상으로도 NFT는 재화로 볼지, 재화 중에서도 그림으로 볼지, 가상자산으로 볼지 등에 따라 세금부과 여부와 세율에 차이가 있는데, 아직 명확히 정립되지 못하고 있다.

게임산업의 혁신성 확대와 함께 지금까지 논란이 되는 것은 게임 아이템으로 이용되는 게임토큰과 NFT가 외부 거래소에서 거래되는 한 한국에서는 그 게임을 적법하게 배포할 수 없고, 한국 이용자들이 게임에 참여할 수 없다는 점이다. 한국의 게임산업법상 모든 게임은 게임물관리위원회에서 어떤 등급을 받아야 배포할 수 있는데, 사행성이 있는 게임은 등급거절 사유로 정하고 있으며, 게임 외부의 거래소에서 게임토큰이 환가되는 게임은 사행성 게임으로 인정하기 때문이다. 법조항과 게임물관리위원회의 등급 거부로 한국 게임사들은 게임토큰을 발행하는 게임을 개발하여 글로벌 시장을 공략하면서도 한국 이용자들에게는 배포도 하지 못하는 어려움을 겪고 있다.

그러자 많은 게임산업 종사자가 개선을 요구해 왔지만 게임물관리위원회의 견해는 변하지 않았고, 2023년 1월 P2E 게임에 대한 등급분류 거부처분은 적법하다는 서울행정법원 판결도 선고되었다. 앞으로 이를 해결하려면 게임산업법의 개정이 필요하다.

STO와 자본시장의 혁신

　아직 예외적이지만 증권형 토큰(Security Token)이 발행·유통되고, 그동안 유동화되지 않았던 자산들이 토큰 형태로 발행·유통됨으로써 자본시장에 편입되려 하고 있다. 증권형 토큰은 각 국가의 자본시장법이나 증권, 파생상품 관련 법령에 규정되어 있는 여러 유형의 증권을 분산원장에 기재하여 토큰 형태로 발행하고 분산원장 기반으로 유통, 거래하는 형태를 의미한다. 널리 알고 있는 주식과 회사채는 물론 한국 자본시장법에는 규정되어 있었으나 실제로는 거의 활용되지 않았던 투자계약증권까지도 모두 토큰 형태로 발행, 유통할 수 있다. 글로벌 기업과 금융회사들도 이미 이를 발행하기 시작했다.

　2023년 3월에 독일회사 지멘스가 자본시장의 디지털 전환에 앞서간다는 비전을 내세우면서 6,000만 유로 상당의 사채를 토큰으로 발행하는 데 성공한 것은 여러 의미가 있다. 유럽에서 퍼블릭 블록체인 기반(폴리곤)으로 발행한 최초의 증권형 토큰이고, 사채발행 주선 금융회사 없이 지멘스가 투자자에게 직접 판매했으며, 대금결제까지 이틀 만에 완료하는 신속함과 효율성, 비용 절감을 달성했다. 데카방크(Deka Bank), 유니언투자(Union Investment)와 독일중앙조합은행(DZ Bank) 등 세 금융회사가 전부 인수했고, 대금 자체는 암호화폐에 부담을 느껴 현금으로 지급했다. 글로벌회사인 지멘스의 적극적인 STO 활용은 전 세계 기업과 금융기관이 증권형 토큰을 보는 관점과 활용 타당성에 적지 않은 영향을 미칠 듯하다.

2022년에는 미국의 프라이빗 에쿼티 자산운용사인 KKR이 총 5조 원 상당의 헬스케어 펀드의 수익증권 일부를 토큰 형태로 발행해 개인인 적격투자자들에게 판매했다. 시큐리타이즈(Securitize)가 KKR 의[9] 위탁을 받아 수익증권의 일부 금액을 퍼블릭 블록체인인 아발란체 네트워크(Avalanche Network) 위에서 발행해 개인들에게는 새로운 투자 기회를, 자산운용사에게는 새로운 투자금 확보 방식을 준 것이다. 아발란체 위에서 토큰거래확정에 필요한 시간이 0.1초여서 수익증권거래 결제의 신속함은 물론 토큰 형식으로 수많은 서류작업을 생략해 거래비용도 절감한 효과가 있었다.

싱가포르의 MAS가 추진하는 자산의 토큰화와 디파이 서비스를 실험하는 가디언 프로젝트에서는 2022년 말 싱가포르 최대은행 DBS가 싱가포르국채를, SBI 디지털에셋(SBI Digital Asset)이 일본국채를 각각 토큰으로 발행하여 유통성 풀을 구성해 국채거래를 진행하고 있다.

세계 최대 자산운용사인 블랙록의 CEO 래리 핑크는 2022년 12월에 '증권의 토큰화가 차세대 증권과 시장을 이끌 것'이라며 증권이 토큰화되면 금융서비스에서 즉시 거래 완결이 가능하고 수수료도 낮출 수 있다고 전망했다.

한국은 현행 법체계상 증권을 실물 또는 한국예탁결제원이 등록·관리하는 전자증권 형태로 발행하는 것만 허용해서 토큰 형태 발행은 허용되지 않으며, 국가마다 법령상 허용 여부와 허용할 경우 방식과 효력 등은 조금씩 차이가 있다. 이렇게 토큰 형태의 증권은 아직 기술적인 발전이 더 필요한 부분도 있지만 크게 보면, 발행과 유통절차가 쉽고, 거래처리 속도가 빠르고, 거래비용이 절감되고, 전 세계적으로 거래하는 데도 편리하다는 장점 때문에 큰 관심의 대상이 되고 있다. 한국에서는 2023년 3월 초 증권형 토큰이나 토큰증권의 발행과 유통을 허용하기로 하는 가이드라인을 금융위에서 발표하여 업계는 물론 투자자와 전문가들의 큰 관심과 논의의 대상이 되고 있다. 이에 대한 좀 더 자세한 내용은 뒤에서 설명한다.

기존 증권의 토큰화 현상이 더 가시화되고 확대될 경우 현재의 자본시장은 폭발적으로 성장할 수 있다는 예상이 나온다. 글로벌 컨설팅 회사 PwC(PricewaterhouseCoopers) 독일은 이렇게 발전할 자본시장의 단계를 '자본시장 3.0'으로 정의했다.[10] 자본시장의 발전 단계를 자본시장 1.0, 2.0과 3.0으로 구분하는데, 각 단계는 시기와 구조 측면에서 Web1.0부터 3.0까지의 단계에 각각 대응된다는 흥미로운 분석이다.

자본시장 1.0은 글로벌 금융위기가 발생한 2007년까지로, 대형 투자금융기관과 대규모 자본시장이 일방적인 시장지배력을 갖고 자금

조달자의 수요에 맞춤형으로 설계했지만 그들이 이해하기는 힘든 상품으로 금융기관이 큰 이익을 본 단계다. 자본시장 2.0에서는 금융상품이 정형화·디지털화되어 거래와 결제까지 자동으로 이루어지는 상품들이 늘어난 단계다. 소비자들의 참여는 늘었으나 소비자들이 금융상품설계에 협업을 하지는 않는 단계다. 자본시장 3.0은 특정한 중앙화 주체 없이도 탈중앙화된 금융 위주로 성장한다는 것이다. 앞으로 기존의 증권이 토큰화되는 데 추가하여 증권형 토큰을 디파이 플랫폼에서 대여하고 차입하는 것을 활성화하거나 증권형 토큰의 기초자산이 있는 경우 그 자산을 수익성 높게 운용하는 방안 등이 결부되면 증권형 토큰으로 인한 자본시장의 혁신효과가 훨씬 크게 나타날 것이다.

PwC는 또한 다음 세 가지 예측을 제시했다.

첫째, 자본시장 3.0의 핵심 전망은 자산의 토큰화로 현재의 많은 비유동성 자산을 유동화할 수 있고, 자본시장에 참여하지 않는 여러 국가와 계층의 사람들이 추가로 자본시장에 참여할 수 있다는 것이다. 2030년까지 지금은 유동화되지 않은 부동산, 데이터, 지적재산권 등의 자산이 토큰화되어 유동화될 것으로 추산되는 자산규모가 1조 6,000억 달러(한화 약 2경 원)라는 놀라운 금액이다. 자본시장이 존재하는 이유는 사람들을 유동성과 연결하는 것이고 토큰화로 자본시장이 더 발전할 거라고 보기 때문이다.

둘째, 탈중앙화거래소(DEX)의 큰 성장이 예상되는데, 현재 전체 가상자산거래소의 거래대금 중 탈중앙화거래소에서 거래되는 금액은 전체의 10%인 100억 달러 정도에 불과하기 때문이라고 본다.

셋째, 많은 증권형 토큰이 NFT로 발행되고 NFT 커뮤니티의 발전이 예상되는데, NFT가 2021년 말 이후 쇠퇴 중이나 곧 이전 NFT 시가총액의 최고액인 총가액 20억 달러를 갱신할 것이라고 예측한다.

블록체인의 기술력만으로 자본시장 3.0이 발전할 수 없으므로 더 많은 사람을 교육하여 이해를 넓힘으로써 많이 사용하도록 해야 하고, 현재의 중앙화금융(CeFi)시스템을 이용해 디파이에 접근할 통로를 제공하는 것도 중요하다고 강조한다.

앞으로 만들어질 규제는 그 내용과 방향에 따라 이러한 자본시장 3.0의 발전을 억제할 수도 있고 촉진할 수도 있다. 3.0시대가 가져올 자본시장의 확장은 컴퓨터 네트워크상 토큰거래 방식을 전제로 하는 점에서 기존 자본시장보다도 한층 더 국제성과 글로벌 성격을 띨 것으로 예상된다.

증권형 토큰의 활성화와 자본시장규제의 변화

어느 나라나 주식 등 증권에 대해서는 증권법, 자본시장법이나 그와 유사한 법률을 포함해 정교하고 엄격한 규제체계를 갖추고 있다. 다른 어떤 규제 분야보다 자본시장 분야가 가상자산 생태계와 접촉면이 가장 넓고 새로운 가상자산과 서비스가 자본시장규제에 적용되는 것도 많으며, 규제당국이 규제하려는 범위도 넓고 항목도 가장 많다. 따라서 논란과 더불어 제도화 요구가 오랫동안 뜨겁고 깊게 지속될 것이다.

자본시장은 여러 형태의 자본 공급자와 수요자가 만나는 가상의 시장으로, 한 나라의 기업과 경제에 필요한 자본을 조달하는 기능을 한다. 이 자본시장에서 주식, 채권, 수익증권 등을 발행하여 투자자에게서 자본을 조달하거나 그 과정에서 영업으로 증권을 매매, 매매중개, 신탁하거나 타인의 자금을 운용하려면 엄격한 규제를 받아야 한다. 한국의 예를 들면, 50인 이상 투자자에게서 자본을 조달하려면 원칙적으로 금융위에 증권신고서를 제출해야 하고, 증권 관련 사업을 영위하려면 최소자본금, 전문인력 확보, 물적 설비라는 일정한 요건을 갖추어 금융위의 인허가를 받아야 한다.

자본시장을 규제하는 법은 자본시장과 금융투자업에 관한 법률과 그 시행령, 금융투자업 감독규정 등이다. 이 법령에서 금융투자라는 말이 핵심 용어인데, 이는 자금을 융통한다는 '금융'이라는 용어와 자금을 수익목적으로 어떤 대상에 지급하되 회수할 수 있는 금액이 지급한 원금액보다 작아질 위험을 용인하는 '투자'라는 용어를 결합한 것이다.

금융투자상품은 증권과 파생상품으로 나뉘고, 증권은 다시 주식 같은 지분증권, 회사채 같은 채무증권, 투자계약증권, 파생결합증권, 예탁증권으로 나뉜다. 파생상품은 자산을 장래 특정시점의 가격으로 미리 매매하는 선물계약, 특정가격으로 기초자산을 장래 특정시점에 매매하는 권리를 부여하는 옵션계약 등으로 나뉜다. 암호토큰에 증권의 성격이 있느냐에 대한 논의에서는 주로 투자계약증권에 해당하는지를 다룬다. 암호토큰을 이용한 선물계약, 옵션상품들도 나와 있다. 증권형 토큰을 영업으로 매매하거나 타인의 매매를 중개하려면 금융위에서 투자매매업, 투자중개업 인가를 받아야 한다. 토큰 파생상품의 매매, 중개업도 역시 인가를 받아야 한다.

위와 같은 증권 관련 영업을 하는 주체는 증권회사, 투자자문회사, 신탁회사, 자산운용사 등인데, 자본시장의 기능이 돌아가는 데 필요한 일을 하는 이 회사들이 자본시장에서 중앙화된 대표적 회사들이다. 내가 증권거래소에서 주식을 매매하거나, 내 회사가 증권거래소에서 주식이나 회사채를 발행하려면 위 사업자들의 서비스를 반드시 이용해야 한다. 그리고 자본시장이 작동되는 데 필수인 증권거래소, 한국예탁결제원은 각각 증권의 거래플랫폼, 증권의 매매대금 지급과 인도의무를 결제하는 기관으로 모두 중앙화된 회사들이다.

한국 자본시장법의 목적은 자본시장에서 혁신을 촉진하고, 투자자를 보호하며, 금융투자업을 건전하게 육성함으로써 자본시장의 공정성, 신뢰성, 효율성을 높여 국민경제의 발전에 이바지하려는 것이다. 토큰 이코노미를 어떻게 규제하고 법질서에 편입할지를 정할 때 항상 이 목적을 참고할 필요가 있다. 또 인허가를 취득하려면 최소자본금의 규모, 전산시스템 등 물적 설비, 인적 역량 확보는 물론 최대주주가 금융규제를 위반하지 않아야 하는 등 적격요건을 충족하고, 사업을 영위하는 전 기간에 걸쳐 회사 자체와 대주주에 대한 관리·감독·위반에 대한 제재를 철저하게 실행해야 한다.

한 나라의 자본시장은 다른 나라와도 연결되어 있다. 대부분 나라들이 정도 차이는 있지만 자본시장을 외국인 투자자에게도 개방해 외국인 투자자들이 자국 자본시장에 들어와서 투자하는 것을 허용하고, 외국인 투자금융업자에게도 일정한 인가, 허가, 신고 등을 거쳐 자국에서 영업하도록 허용하고 있다. 자본시장을 규율하는 대표적 법과 기구로 미국에는 증권법, 증권거래법과 증권거래위원회(SEC, Securities Exchange Commission)가 있고, EU에는 MiFid와 독일의 BAFIN 등, 영국에는 금융서비스시장법(FSBM, Financial Service Market Bill)과 FCA(Financial Conduct Authority), 스위스에는 증권시장법과 FIN-MA(Financial Market Supervisory Authority), 싱가포르에는 증권과 선물법, 통화감독청(MAS, Monetary Authority in Singapore)이 있다.

이렇게 국가의 법과 규제의 촘촘한 그물망이 정교하게 작동하는 자본시장에서 누군가 증권의 성격이 있는 토큰을 발행해 투자자에게 판매하고 토큰거래가 일어나면 국가는 기존의 규제를 적용할지 아니면 어떤 새로운 규제가 필요할지 고민하게 된다. 궁극적으로는 기존의 법률을 제정·개정해야 할 사안도 정부는 제정·개정되기 전까지 시장 상황에 따라 대응해야 한다. 그 대응 방안 중에는 규제 샌드박스 지정과 그림자 규제라는 두 극단이 있다.

어떤 증권형 토큰 프로젝트가 혁신성이 있으면 법률상 근거가 없더라도 일정한 기간 예외적으로 사업을 허용하는 특례를 부여하는 제도가 '규제 샌드박스'다. 현재 한국의 법률상 토큰 형태로 펀드의 수익증권을 발행할 수는 없다. 이런 상황에서 2020~2021년에 일반 투자자의 투자 기회를 확대해 주거나 관련 금융산업을 키우는 등 혁신성 있는 부동산 펀드나 신탁, 수익증권 등을 토큰 형태로 발행하도록 허용한 사례들이 있다.

필자는 동료 변호사들과 토큰 수익증권의 샌드박스 신청 모델을 만들고자 브레인스토밍을 하고 고심을 거듭했다. 금융당국은 규제특례를 인정한 후 예상 못한 투자자 피해가 발생할 수 있음을 매우 우려하여 신청회사가 감당하기 어려운 요청을 해왔지만, 결과적으로 샌드박스 3건을 혁신금융심사위원회로부터 승인받는 보람이 있었다.

2022년 8월에 열린 '코리아 블록체인 주간(KBW)' 행사 중 하나로 해시드 라운지에서 있었던 글로벌 블록체인 레귤레이션 포럼(Global

Blockchain Regulation Forum)에서 미국 CFTC 상임위원 캐롤라인 팸의 CFTC(미국 상품거래위원회)의 역할과 증권거래위원회의 관계에 대한 깊이 있는 발표를 들은 적이 있다. 미국은 SEC가 우선 토큰의 증권성 여부를 판단할 권한이 있으며, SEC가 증권성이 있다고 판단한 토큰의 발행사와 거래소는 SEC에 등록하고, 증권형 토큰의 발행 공시 등에 대한 엄격한 규제를 받아야 한다. 그러나 증권이 아닌 암호화폐나 암호자산은 상품(commodity)에 해당되어 CFTC가 규제관할권을 가지는데, 암호화폐거래소나 브로커 등은 현재 CFTC의 규제에 따라 모두 CFTC에 등록하고 최소한의 자본금 요건과 리스크 관리·의무 등을 지켜야 한다.

캐롤라인은 두 기관의 목표는 서로 다르다고 했다. CFTC는 소비자 보호만큼 시장경쟁과 경제활동도 장려하는 것이 목표이나 SEC는 투자자 보호가 가장 우선적인 목표라는 것이다. 그녀는 암호화폐같이 경제적 중요성이 큰 사안에서 산업혁신과 소비자 보호 양쪽의 균형을 유지하는 것이 중요하다고 강조했다.[11] 발표에 이은 자유토론에서 캐롤라인은 필자에게 한국의 샌드박스가 어떻게 이루어지는지 궁금하다고 질문했다. 미국은 SEC가 토큰의 증권성 여부를 판단하고 증권성 토큰 판매의 증권법 위반을 단속하지만, 아직 샌드박스 제도가 없는 점을 아쉽게 생각하는 듯했다.

다른 한편으로 그림자 규제 방식을 취하는 경우도 있다. 법령상 명확한 근거 없이 사실상 이루어지는 규제를 그림자 규제라고 한다. 법률의 제정 또는 개정을 공식적으로 하지 않고 기존 법령을 새롭게 유권해석도 하지 않은 채 규제당국이 원하는 정책방향을 시장 참여자들에게 간접적·비공식적으로 표명함으로써 실질적으로 어떤 유형의 시장 참여행위를 금지 또는 억제하는 효과를 거두는 방법이다. 그림자 규제는 시장에 불명확성을 던져주어 사업자는 새로운 서비스를 해야 할지를, 투자자는 특정 상품에 투자해야 할지를 결정하기가 어려워지고, 특정 서비스와 상품이 합법적이고 규제를 준수하는지가 불명확해 누구도 판단할 수 없는 상황에 빠질 수도 있다.

그렇다면 증권의 성격이 있는 암호화 토큰을 발행하고 유통시키는 데서 제기될 수 있는 현재의 법령상 이슈들은 무엇일까?

첫째, 어떤 토큰이 증권에 해당하는지 구체적 기준이 필요하다. 크립토 고유 토큰이 증권에 해당되는지는 주로 투자계약증권에 해당하는지에 관한 것이다. 한국의 자본시장법상 투자계약증권은 '투자자가 투자하여 다른 사업자(다른 투자자 포함)와 공동으로 사업하되, 주로 다른 사업자의 노력으로 얻은 수익을 분배받는 권리'이다. 이 요건은 미국 증권법상의 하위테스트(Howey Test)●라는 투자계약증권의 요건과

───────

● 어떤 거래가 투자에 해당하는지를 판단하려고 사용하는 테스트.

거의 유사하나, 이 테스트에서는 수익을 분배받을 권리가 아니라 분배받을 목적을 갖추면 증권이 되는 점에서 차이가 있다. 주로 논란이 되는 것은 토큰의 발행인이나 매도인이 토큰 매수와의 공동사업에서 사업적 노력을 하는지와 토큰 매수자가 수익배분 등 권리를 취득하는 지 여부다. 2022년 4월 금융위는 어떤 조각투자 상품이 투자계약증권에 해당하는지 가이드라인을 발표해 투자자가 얻는 수익이 사업자의 전문성이나 노력에 연계되면 증권에 해당한다는 예시를 들었다.

둘째, 주식 등 증권을 토큰 형태로 발행하도록 허용하는지 여부이다. 한국의 자본시장법은 증권을 정의하면서 어떤 형태로 발행해야 하는지는 명시하지 않았지만 전자증권법을 제정해 전자증권의 형태를 추가로 인정하고, 상장주식이나 펀드 수익증권 같은 증권은 반드시 전자증권 형태로만 발행해야 한다고 규정했다. 2023년 3월에 금융위가 발표한 가이드라인에 따라 금융위는 자본시장법과 전자증권법 등을 개정해 앞으로는 허용한다는 태도를 공표했다.

독일은 중앙등록부에 등록하는 일반 전자증권 외에 암호증권등록부에 등록하는 암호증권, 즉 증권형 토큰을 인정하는 전자유가증권법(Electronic Securities Act, eWpG)을 2021년부터 시행하고 있다. 암호증권의 성격을 민법상 유체 동산으로 의제한 셈이다. 지멘스의 토큰회사채 발행은 이 법에 근거한 것이다.

스위스는 STO에 원래의 증권법을 적용하되 금융감독기관인

FINMA에서 STO 프로젝트별로 직접 조사하고 허용 여부를 결정한다.

일본에서는 금융상품거래법상 STO가 분산원장에 기록하는 방식으로 허용되어 있으며, 발행자는 투자설명서를 배포하고 신고서를 내야 한다. STO 거래플랫폼으로는 SBI홀딩스와 미쓰이 스미토모 파이낸셜그룹이 만든 합작투자회사가 설립한 오사카디지털거래소와 미쓰비시 파이낸셜이 설립한 프로그마트(Progmat)가 있다. 증권형 토큰을 매매하거나 중개하는 사업자는 금융상품거래법상 1종 증권사업자로 등록해야 한다.

한국은 그동안 STO를 제도화하는 데 부정적 태도를 취하다가 2023년 2월 6일 금융규제혁신회의에서 STO 가이드라인을 발표했다.● 이 가이드라인을 만든 취지는 "새롭게 등장한 기술을 자본시장으로 수용하여 혁신의 동력으로 삼고", "미래의 기술변화에 선제적으로 대응하며", "자본시장의 국제적 위상과 혁신성을 높이는 이정표"를 만들려는 것이라고 했다.

이 방안의 주요 골자는 토큰증권을 주식·사채 등에 관한 전자등록법('전자증권법')상 전자증권의 한 형태로 수용하고, 토큰증권의 발행인을 계좌관리기관으로 인정해 투자계약증권, 수익증권에 대한 장외

● 정식 명칭은 '토큰증권(security token)의 발행, 유통 체계 규율정비방안'임.

거래중개업을 신설한 점이다. 현행법상 전자증권시스템은 주식을 실물로 발행하지 않고 전자등록기관인 한국예탁결제원에 전자등록하며, 계좌관리기관인 증권회사 등이 전자증권의 권리자가 누구인지를 기록하는 고객계좌부를 관리하는 방식이다. 이번 가이드라인은 기본적으로 자본시장을 혁신하는 큰 전환점이 될 수 있다고 본다. 또한 향후 자본시장법과 전자증권법이 개정될 때까지 다양한 의견을 수렴할 예정이어서 최종안은 아니지만 자본시장을 키우고 블록체인의 기술혁신을 장려하는 효과를 가져오기에는 아쉬운 점이 몇 가지 있다.

첫째, 이번 가이드라인에서는 퍼블릭 블록체인 기반 토큰증권을 완전히 배제했다. KKR자산운용사가 토큰 형태의 펀드수익증권을 발행한 아발란체나, 지멘스가 토큰 형태의 회사채를 발행한 폴리곤은 모두 퍼블릭 블록체인이다. 만약 특정인에게만 허용된 프라이빗 블록체인만으로 제한한다면 다음과 같은 문제점을 예상할 수 있다.

프라이빗 블록체인은 확장성이 떨어지고 토큰거래량과 유동성이 낮아져서 투자자를 유치하는 데 어려움이 있을 수 있다. 증권형 토큰거래가 활성화되려면 유동성 확보가 기본적으로 필요하기 때문이다. 예를 들어 국내 엔터테인먼트회사가 케이팝(K-Pop) 관련 IP권리(K-Pop 스타의 신곡 음원이나 공연노동 영상)에 기초한 투자계약성 토큰증권을 발행하여 글로벌 스케일로 판매하고 투자자를 유치할 필요가 있을 때, 프라이빗 블록체인에 한정된 국내 토큰증권 발행 플랫폼만 이용하게 되면 호환성, 확장성에 한계가 있어 외국인 투자자가 접근하는 데 어려움이 클 수 있다. 따라서 퍼블릭 블록체인 기반 글로벌 스케일의 증권형 토큰 프로젝트를 한국으로 유치하려고 할 때 프라이빗 블록체인으로 한정한 전자등록시스템하에서는 그것이 매우 어려워질 수 있다.

기술적 관점에서는 프라이빗 블록체인의 기밀성과 보안유지 효과를 취하면서도 퍼블릭 블록체인의 장점인 안정성, 확장성(다양한 스마트 컨트랙트의 탑재 등)과 다른 프로젝트의 상호 운용 가능성 등의 장점을 취할 방법을 더 연구할 필요가 있다.

둘째, 토큰을 한국거래소(KRX)에 상장할 경우에는 토큰 성격을 제거했는데, 일반 전자증권으로 전환한 후 상장·거래하게 한 블록체인 기술력이 한국거래소의 전산시설이 처리할 수 있는 실시간 정산 속도를 따르지 못한다는 점을 고려했기 때문으로 보인다. 그럼에도 토큰 형태의 증권을 혁신으로 보고 인정한 후 다시 토큰 성격을 제거하는 방식은 혁신성 후퇴로 받아들여질 우려가 있다. 따라서 이미 발행된 증권토큰의 형태를 유지해 KRX 디지털 증권시장의 전자지갑에 보관하거나 제3자의 보관기관에 보관한 상태에서 KRX에 상장할 기술적 방법이 있는지 충분히 검토해야 한다. 또한 자본시장 3.0이 폭발적으로 성장하고 증권형 토큰의 비중이 매우 커지는 상황이 되면 각 국가 간에 자본시장을 발전시키고 더 많은 투자자를 유치하려고 어떤 법제도가 더 나을지 경쟁할 수 있다는 점도 신중하게 고려해 멀리 내다보는 새로운 제도를 만들 필요가 있다.

토큰의 글로벌 성격과 외국환거래규제

싱가포르나 홍콩처럼 자금이 해외에서 국내로 또는 국내에서 해외로 이전하는 데 별다른 규제를 두지 않는 나라도 있지만 한국은 외국환거래규제를 엄격하게 해왔다. 암호화 토큰이 지급수단의 기능을 하는 암호화폐인 경우가 많고, 증권형 토큰은 법적으로 증권에 해당하므로 그런 토큰이 한국 국경을 넘나드는 것은 외국환거래법령상 자본거래에 해당할 뿐 아니라 지급수단의 수출·수입에 해당할 수 있다.

외국환거래법령은 일반적인 재화나 물건의 수입과 수출, 즉 경상거래는 규제하지 않지만 대외지급수단(외국통화나 그에 준하는 것)이나 증권을 국내로 반입하거나 반출하는 것, 즉 자본거래는 한국은행이나 외국환은행에 신고할 것을 요구한다. 그런데 외환감독을 하는 기획재정부와 한국은행은 현재 암호화 토큰이 대외지급수단이 되거나 증권의 성격을 가지는지 여부에 대한 기준을 공표하지 않고 있다. 그 결과 기획재정부와 한국은행은 다양한 성격의 암호화 토큰의 국내 반입이나 해외송금을 신고해야 하는지, 해외 상품구입의 대금지급수단으로 토큰을 송금할 때 신고해야 하는지도 공식 기준을 제시하지 않았다. 다만 실질적으로 그런 거래를 하지 않도록 유도하고, 만약 신고하더라도 수리하지 않는 것이 현실이다. 해외에 있는 크립토 펀드에 투자하거나 해외의 가상자산사업자에게 투자하고자 해외로 법정화폐를 송금하려고 신고해도 외환당국이 수리하지 않는다는 방침을 세운 것으로 알려져 있다.

어떤 토큰의 법적 성격을 제대로 검토한 결과 이용권, 즉 유틸리티 성격으로 판명되면 그 토큰의 송금은 현행 외국환규제상 한국은행에 신고할 대상이 되지 않으며, 어떤 토큰이 실제로 지급수단기능이나 교환의 매개기능을 한다 하더라도 그것만으로 외국환거래법령에서 정의한 '대외지급수단'에 반드시 해당하지는 않을 수도 있다. 왜냐하면 외국환거래법에서 지급수단을 구체적으로 열거하는데, 법을 제정할 당시에는 토큰 형태의 지급수단이 존재하지 않아 여기에 포함되지 않는다고 볼 수 있기 때문이다. 국경을 넘나드는 개별 토큰의 구체적 성격을 따져보지 않은 채 대외지급수단 또는 증권에 해당할 가능성이 있다는 이유만으로 모든 신고를 받아주지 않음으로써 토큰의 국경 간 거래를 억제하는 행위이다. 이 이면에 깔려 있는 이유를 짐작해 보면, 외환시장의 혼란에 대비하는 것으로 보인다. 그러나 해외로 토큰을 송금할 필요가 있는 쪽에서는 명백한 법령상 규정이나 명확한 법적 근거 없이 사실상 송금을 금지당하는 데 따른 불편을 호소하고 있다.

이런 그림자 규제도 개선해야 한다는 목소리가 업계에서 계속 불거져나온다. 토큰의 해외송금이나 토큰 관련 해외투자로 사고가 터지는 상황에 대한 규제당국의 우려는 이해하지만, 법치행정의 원칙에 따라 금지해야 할 합당한 필요성이 있으면 관련 법령에 근거를 만들거나 그럴 필요성이 없으면 신고를 받아주되 요건을 강화하는 등의 조치를 본격적으로 검토하기를 바란다.

CRYPTO SAPIENS

4장

화폐와 지급결제의
혁명

국가의 통화주권은 화폐 독점발행권, 통화 가치 결정권, 통화사용 규제 권한으로 구성되고, 통화는 교환의 매개, 가치저장, 계산과 회계단위의 기능을 수행해 왔다. 그러나 블록체인 기술로 만들어진 토큰이 통화의 기능을 일부 하게 되고 오랫동안 당연히 국가의 독점적 권한으로 여겨진 통화주권도 분산 행사될 가능성이 논의됨에 따라 앞으로 변화가 예상된다. 국가로서는 화폐주권을 유지하고 강화하는 데 블록체인기술을 활용하고자 하고, 개인들과 시장은 편의성, 비용의 경제성 등의 관점에서 토큰 형태의 다양한 지급수단, 가치저장수단을 모색하는 경향이 생겨나고 있다.

이 장에서는 비트코인이 대체하려고 했던 법정화폐의 운명과 화폐의 주요 기능인 지급결제수단을 집중적으로 다룬다. 국가의 화폐주권에 반발하여 만든 비트코인을 자국의 법정화폐로 채택한 국가들의 사례를 소개한다. 전통적인 국가의 입장에서는 탈중앙화의 산물에 상당히 양보한 것이고, 사토시 나카모토와 사이퍼펑크로서는 부분적으로나마 대안 화폐라는 꿈이 실현된 것이라고 할 수 있다.

블록체인 토큰은 법정화폐를 완전히 대체하지 않더라도 다양하게 화폐 기능의 일부를 대체할 수 있다. 스테이블코인과 지급수단으로 쓰이는 토큰이 그것이다. 화폐나 다른 자산가치를 담보로 한 스테이블코인과 기초자산 없이 알고리즘에 따르는 스테이블코인의 개념과 활용법을 살펴본다. 테라는 알고리즘에 의한 스테이블코인의 대표 격이고, 발행토큰의 시가로 세계 3위 규모로 성장한 적이 있었는데, 왜 테라와 루나의 가격이 붕괴되었는지도 분석해 본다. 테라 생태계의 성장과 붕괴 과정과 이유에 대한 면밀한 분석은 스테이블코인뿐 아니라 진정한 의미의 탈중앙화, 디파이와 바람직한 규제가 무엇인지에 대해 많은 교훈을 가져다줄 수 있다.

지급수단형 토큰은 새로운 지급결제수단으로 널리 쓰이기에 비용이 저렴하고 결제속도가 빠른 장점 등이 있어서 다양한 서비스 모델이 시도되고 있다. 한편, 테라 사태로 스테이블코인에 대한 각국 규제가 강화되는 사례도 살펴본다.

화폐주권에 도전한 기술이 만든 화폐 CBDC

2008년 글로벌 금융위기가 터진 상황에서 탐욕으로 부실해진 금융기관을 구제하느라 국가에서 자의적으로 통화발행량을 늘림으로써 통화가치가 하락해 아무 잘못 없는 통화보유자가 손해를 보는 부당한 상황이 벌어졌다. 비트코인은 이런 상황에 저항하는 무정부주의적 사이퍼펑크를 다양하게 연구한 결과물로 이해되었다.

한국에서는 2017년 말 비트코인이 법정화폐를 대신하는 통화가 될 수 있는지를 두고 논란이 뜨거웠다. 정부, 중앙은행 등 다양한 집단에서 책임지는 발행 주체도 없는 비트코인이 법정화폐를 대신하는 것에 대한 막연한 두려움과 반감이 확산되었다. 그 결과 비트코인에 대한 논의는 비트코인이나 블록체인을 객관적이고 균형 잡힌 시각으로 이해하기보다는 비트코인이 화폐를 대체할 수 있는지에만 초점이 맞춰지면서 찬반 양론이 크게 부딪치는 형국으로 내달렸다. 어느 방송국에서는 이 주제를 놓고 정치인 출신 작가 유시민과 카이스트 뇌과학 교수 정재승의 대담을 기획해 논쟁을 이끌어 대중의 폭발적인 관심을 받기도 했다.

그러나 그 대담은 어느 쪽에서 논쟁을 더 잘했는지와 관계없이 다양한 면모를 지닌 비트코인과 블록체인을 보는 시각을 하나의 기준으로 좁히고 말았다. 지금은 많이 약화되었지만, 그 논쟁에 이어 블록체인기술은 생산적이니 장려해야 하지만, 코인은 화폐가 될 수 없고 내재적 가치도 없으며 투기와 사기에 악용될 뿐이므로 강력하게 규제해야 한다는 이분법적 시각이 우리 내부의 정책과 논의를 좁은 범위에 갇히게 하는 악영향을 오래 끼쳤다. 이 책에서 살피는 것처럼 블록체인기술 자체는 다양한 암호자산을 만들어내고, 여러 토큰을 이용해 금융과 다양한 산업에 활용하며, DAO 같은 새로운 형태의 조직을 구현하는 방안과 직접 연결되므로 블록체인은 장려하되 암호자산은 억제해야 한다는 의견은 논리적으로도 모순된다.

이와 같이 비트코인을 창안한 그룹이 통화주권을 가진 국가의 통화발행권 남용을 막겠다고 선언한다 하더라도 실제로 통화주권을 대체할 수 있는 것은 아니다. 그럼에도 그 당시에는 비트코인이 통화를 대체할 만한 요소를 갖추었다는 점에 기초해 비트코인도 화폐가 될 수 있다는 논거를 제시하는 의견이 많았다.

더 나아가 정부의 통화정책에 불만이 있거나 이를 불안해하는 사람들이 비트코인이 기존 통화보다 더 나은 점에 기대하면서 암호화폐가 화폐가 될 수 있는지 논란이 커졌다. 이에 대항하여 비트코인뿐 아니라 가격이 급등락하고 투기현상까지 불러일으키는 여러 암호화폐를 금지 또는 억제하려는 쪽에서 비트코인이 절대 화폐가 될 수 없다고 강조하면서 암호화폐 전반에 대한 금지론·무용론으로 확대되어 금지론과 허용론이 대립했다. 당시 일시적으로 암호화폐에 대한 주무부처가 된 법무부의 장관은 금지론에 입각해 암호화폐거래는 도박이므로 암호화폐거래소를 폐쇄해야 한다는 아주 강경한 발언을 쏟아냈다.

이런 논쟁은 암호화폐, 암호자산, 가상화폐, 가상자산 등 명칭과 관계없이 대중이 암호자산이 무엇인지 균형 있게 알기도 전에 이들이 태생적으로 나쁘다 또는 나쁠 가능성이 크다는 선입견을 사회 전반적으로 심어주었다. 블록체인기술이 통화에 던지는 의미 있는 논쟁은 주로 블록체인기술을 국가가 직접 활용해 블록체인 기반 법정통화, 즉 CBDC(Central Bank Digital Currency)를 채택할지와 구체적 발행, 유통방안에 관한 것이다. 중앙은행이 그동안 발행해 온 실물화폐나 주화를 더는 발행하지 않고 블록체인의 분산원장기록방식으로 은행들과 같이 노드가 되어 디지털 형태의 화폐를 발행하며, 신용통화의 창출과 통화의 유통내역도 모두 분산원장에 기록한다는 개념이다. 각 국가에서 법정화폐를 대체하려 비트코인이 개발되었는데, 바로 이 비트코인과 블록체인기술로 기존의 법정화폐를 토큰 형태로 만들려는 것이다. 중국, EU, 미국, 한국 등 여러 나라에서 CBDC 발행에 관심을 갖고 연구하고 있다.

엘살바도르는 새로운 CBDC를 발행하지 않고 이미 존재하는 암호화폐를 자국 법정화폐로 처음 도입한 나라다. 자국 법정화폐가 심각한 인플레이션에 빠지는 문제를 해결하고 이민 간 자국민 약 200만

명이 본국으로 송금하는 데 한 해 약 3,000억 원의 수수료를 절약하자는 명분을 내세워 비트코인을 법정화폐로 채택했는데, 2022년 주식과 암호자산가격의 급락으로 국가 디폴트 우려가 커지고 있다.

중앙아프리카공화국도 비트코인을 법정화폐로 채택하고 금융인프라가 부족한 상황에서 불가피한 선택이라고 밝히면서 비트코인으로 결제업무를 하는 규정도 구체적으로 제정했다. 비트코인은 일반 지급결제수단으로 널리 쓰기에는 느리고 불편해서 널리 법정화폐로 채택되기는 힘들다고 보는 점에 비추어 엘살바도르와 중앙아프리카의 선택이 앞으로 어떤 방향으로 향할지 운용과정이 궁금하다. 어쨌든 이른바 무정부주의자가 국가의 독점적 통화발행권을 부정하고자 비트코인을 만들어냈는데도 두 나라가 비트코인을 자국 법정화폐로 채택한 것은 아이러니한 일이다.

CBDC를 인정하는 법체계

많은 나라에서 법정화폐를 블록체인 기반으로 발행하는 데 대한 기술적·경제적·사회적 효과를 검토하고 있다. CBDC를 본격적으로 발행해 유통시키는 데는 시간이 좀 더 걸리겠지만, 디지털 전환이 가속화되고, 블록체인 기반 토큰들이 부분적으로 지급결제기능을 수행하며, 토큰 이코노미가 확대되면 각 국가의 법정화폐가 디지털화되는 것은 거의 정해진 미래라고 본다. 국제금융과 국제경제에서 영향력이 큰 국가가 먼저 채택한다면 다른 국가에 미치는 영향력이 비례적으로 커지고, 국제적으로 CBDC 채택에 따른 변화 속도도 매우 빨라질 것이다.

디지털 형태의 화폐가 발행되어 많은 경제주체 사이에 유통되는 과정이 모두 블록체인에 기록·저장되는 화폐시스템이 실제로 작동하려면 한국은행법과 관련 법령을 정비해야 한다. 더 나아가 CBDC 도입으로 우리 경제·사회적 구조의 어떤 영역이 변화될지 검토하고 그에 따른 법과 규제도 어떻게 준비할지 포괄적 연구가 필요하다.

중앙은행이 자국 통화를 CBDC로 발행하는 방안은 여러 가지다. CBDC를 발행하고 이전하는 방식은 계좌형과 토큰형으로 나뉜다. 전자는 모든 사용자의 신원확인(KYC)을 거쳐 계좌를 만들어 주고 사용내역, 거래내역과 보유잔고를 계좌에 기록하는 방식이다. 후자는 각기 일정한 금액의 가치를 가지는 CBDC 토큰, 예를 들어 원화 10,000원에 해당하는 토큰을 발행해 관리하고, 만약 CBDC 토큰이 그중 5,000원 이전되면, CBDC 데이터 자체에 그 이전내역을 기록하여 저장하는 것이다.

한국은행이 CBDC를 발행하는 상대방은 은행만으로 한정할 수도 있고, 일반 국민으로 확대할 수도 있다. 전자를 간접형, 후자를 직접형으로 부른다. 현재 법정화폐는 계좌로 발급하는 경우에는 은행만 상대로 하고, 실물화폐는 비은행금융기관과 국민에게까지 발행할 수 있다.

원장 운영방식은 단일원장형과 분산원장형(허가형 또는 비허가형)으로 나뉘는데, 전자는 중앙은행이 단독으로 관리해 효율적이고 빠르나 개인정보 노출 위험이 클 수 있다. 후자는 다른 노드들과 함께 원장을 보관하는데, 새로운 스마트 계약 기술을 접목하는 데 유리하나 처리 속도 지연과 추가비용 우려, 정보누출 우려 등을 이유로 소수의 노드만 참여시키는 허가형을 선호하는 나라가 많다.

한국은 CBDC의 기술적 실험단계를 거쳐 2021년에 실험서비스 사업자를 카카오 컨소시엄으로 선정해 모의 CBDC를 발행·유통할 준비를 마친 것으로 알려졌다. 모의실험은 CBDC를 전 국가적으로 본격적으로 도입하기 전에 일정한 수량의 모의 CBDC를 특정한 사람들에게 발행·사용하며 기술적 타당성을 검토하는 것이다.

필자는 모의 CBDC를 발행하여 지급수단으로 사용하는 것이 현행 법상 문제되지 않는지 전반적으로 검토하고 법률 의견을 정리할 기회가 있었다. 은행을 통해서 모의 CBDC를 개인에게 발행하면, 그 개인은 가맹점에 가서 물건대금으로 지급하거나 다른 개인에게 송금하고, 그를 수령한 가맹점과 수취인은 은행에 제시해 현금으로 정산받는 구조다. 다만 모의 CBDC 발행을 할 때 은행계좌와 연동해서 개인의 은행예금과 교환하여 가상예금계좌에서 발행하는 방식과 기존 은행계좌와 무관하게 별도 가상예금계좌를 만들어 교환하여 발행하는 방식 두 가지를 취할 수 있다. 모의 CBDC 발행과 유통, 정산은 분산원장에 기록한다.

그런데 정식 CBDC는 물론 모의 CBDC를 운영하기 위해서도 한국은행은 CBDC가 전자금융거래법상 선불전자지급수단에 해당하지 않는지, 만약 해당한다면 금융위에 등록해야 하는지 또는 다른 법령에 위반될 여지는 없는지 검토할 필요가 있다. 한국은행법을 제정·개정할 당시에는 한국은행이 지폐나 주화 이외 형태의 화폐를 발급할 계획이 아예 없었으므로 독점적 통화발권자인 한국은행 스스로도 CBDC 발행과 유통이 이미 촘촘히 짜여 있는 법정화폐와 그에 기초한 전자지급수단에 관한 기존의 법체계에 위반되는 일이 없도록 꼼꼼히 살펴야 한다.

한국은행은 모의 실험결과를 지켜본 후 본 CBDC를 언제 어떤 방식으로 실행할지를 판단할 것이다. 그 판단을 하려면 국내경제에 미칠 영향은 물론 기축통화와 관계, 기축통화의 CBDC 전환 여부 등 국제적 요소를 고려해야 하겠지만, CBDC 도입을 전제로 한 법체계를 어떻게 만들지도 미리 연구가 필요하다.

한국은행법을 보면 화폐발행권은 한국은행만 가지며, 화폐는 한국은행권(지폐)과 주화로 나뉘고, 한국은행권과 주화는 법화로 모든 거래에 무제한 통용된다고 한다. 한국은행의 독점적 화폐발행권과 화폐의 강제통용력은 한국은행법에 근거하여 발생한다. 만약 한국은행이 CBDC형태로 원화를 발행하려면, 화폐의 발행형태가 지폐와 주화가 아닌 전자적 분산원장에 화폐의 발행·유통을 기록하는 방식으로 할 수 있고, 그렇게 발행한 CBDC가 법화로 모든 거래에 무제한 통용된다는 내용으로 관련 조항의 개정이 필요하다.

CBDC가 도입되면 어느 나라에서나 간간이 나타나는 위조화폐가 사라질 테고, 훼손·오염되는 화폐를 신권으로 교환할 필요가 없어져 한국은행법의 관련 조항도 삭제될 운명에 처할 것이다. 디지털 전환 속에서도 오랫동안 요긴한 역할을 해왔던 현금 지급, 즉 세뱃돈, 팁, 범죄자들의 거래대금, 탈세를 위한 현금거래도 역사의 뒤안길로 사라질 터다.

CBDC 도입에서 가장 빠르고 적극적인 나라인 중국의 고민을 보자. 중국은 중앙은행인 중국인민은행이 CBDC를 발행할 법적 근거를 이미 마련했고, 파일롯(pilot) 프로젝트로 발행된 CBDC를 선전시에서 소비자들이 실제로 은행과 가게에서 사용하는 실험기간도 거쳤다. 중국의 CBDC 발행에 대해서는 중국 공산당이 국민과 경제에 대한 통제를 강화하려는 목적이 있다는 비판도 있다. 중국의 모델은 중국 글로벌 인터넷 회사들인 텐센트, 알리바바 등을 통하여 그들의 거래 네트워크에서 거래대금을 모두 위안화 CBDC로 결제하도록 하고,

디지털 기축통화를 지향하겠다는 야심 찬 계획이다.

다른 한편으로 중국은 민간의 암호화토큰 채굴, 중앙화된 거래소를 법적으로 금지함으로써 토큰 이코노미의 싹을 자르겠다는 태도를 명확히 보이고 있다. 토큰거래가 중국의 외환통제에 미치는 악영향은 물론 비트코인에 깔려 있는 탈중앙화 정신과 무정부주의적 정치적 이념성, 퍼블릭 블록체인의 탈중앙성·탈중개화와 글로벌 네트워크와 연결성 차단 필요성 등 여러 가지 고려가 작용한 것이다.

상당한 기간 비트코인 최다 채굴국가였고 비트코인 보유량도 최대에 가까웠던 중국의 암호화 토큰 보유자와 투자자 집단이 이러한 중국의 정책을 어떻게 받아들일지 매우 궁금하다. 중국인과 중국 자본이 주도하는 중국계 암호화폐거래소가 세계의 많은 나라에서 활발하게 영업하고 있고, 다른 중국계 기업들도 토큰 이코노미에 참여해 사업을 확장하고 가상자산 관련 기업을 인수하려는 움직임도 명확하므로 중국 내 금지정책이 장기적으로 실효성이 있을지 의심스럽다.

미국에서는 연방준비위원회(Fed)가 아직 CBDC를 발행할 계획을 전혀 세우지 않고 있다. 앞으로도 기축통화로서 미국 달러화의 지위를 유지하는 것이 최우선 목적이므로 이 목적 아래 CBDC를 도입할지와 도입할 경우 어떤 구조의 CBDC를 설계할지를 결정하게 될 듯하다. 그런데 미국에서는 차기 대선을 앞둔 상황에서 CBDC가 발행될 경우 개인정보를 침해하고 거래를 감시하며 국가가 개인을 통제하는 수단으로 악용될 우려에 대한 주장이 제기되어 대선의 큰 쟁점이 되었다. 공화당 예비 주자인 론 드샌티스 플로리다 주지사는 미국 정부가 가스나 무기구매를 제한하기 위해 CBDC를 사용할 수 있다는 전제하에 플로리다에서 CBDC의 사용을 금지하는 법안을 소개했고, 민주당 로버트 케네디 주니어는 CBDC가 사회적 감시와 통제를 위한 최종적 장치이기 때문에 반대해야 한다고 주장했다.

CBDC가 본격적으로 채택될 경우에 대비하여 논의와 연구가 필요한 관련 이슈들로 다음이 떠오른다. 돈을 벌고 쓰는 모든 주체, 즉 개인과 회사, DAO 등 다양한 형태의 조직이 화폐를 사용하는 중에 개인정보가 유출될 위험을 방지할 대책과 만약 유출될 경우의 대책, CBDC 채택 이전 단계에서 법정통화에 연계된 스테이블코인 발행을 허용할지, 만약 허용한다면 CBDC와 관계를 어떻게 설정할지와 외국 통화의 CBDC, 특히 기축통화인 CBDC와 관계를 어떻게 설정하느냐이다.

스테이블코인

스테이블코인은 그와 연계된 자산이나 법정화폐의 가치를 추종하는 또는 그 가치에 고정된 블록체인 기반 토큰을 의미한다. 스테이블이라는 용어는 비트코인을 비롯한 많은 블록체인에 고유한 토큰이 그에 연계된 기초자산이 없어 가격등락이 심한 것과 비교하여 가격이 안정되어 있다는 의미다. 스테이블코인의 우선적인 효용은 국제거래를 쉽고 빠르고 저렴하게 하는 지급수단이 된다는 사실이다. 특히 기축통화인 미 달러화에 페깅된 USTether, USDC 같은 스테이블코인은 미 달러화를 사용하는 다양한 국제거래를 가능케 하는 효과가 있다. 또 스테이블코인은 디파이 플랫폼의 지급결제수단으로 쓰일 수 있어 중개자 없는 탈중앙화 대출, 보험, 예금 등을 확장하는 데 큰 도움이 된다.

통화 등의 가치에 추종하는 방법은 통화 등 실물을 담보로 예치하는 담보방식과, 실물담보 예치 없이 알고리즘에 따라 스테이블코인의 가치를 안정화하는 알고리즘 방식으로 구분된다. 담보의 종류에는 미국 달러화 같은 특정 통화가 많지만 복수의 통화를 담은 바스켓이나 통화 이외에 국채나 은행예금 등도 담보할 수 있다. 알고리즘 스테이블코인은 프로토콜에 따라 그와 연계되어 발행된 다른 코인의 일정한 금액 상당액과 언제나 교환을 보장해 주는 알고리즘으로 스테이블코인의 가치를 안정화한다. 테라가 대표적인 예로 테라 프로토콜에서는 테라와 미화 1달러 상당액의 루나를 언제든 교환할 수 있어 테라가격을 1달러로 유지할 수 있다고 백서에서 밝혔다.

테라-루나는 한국인이 주도한 프로젝트로, 알고리즘에 의한 스테이블코인의 대표 격으로 많은 주목을 받았고, 앵커프로토콜에서 높은 이자를 지급하면서 루나 가격이 급등하기도 했는데, 지금으로서는 여러 나라가 알고리즘 스테이블코인을 금지하는 계기를 제공하는 역할을 한 셈이다. 앞으로 테라-루나 가격의 붕괴에 법적 책임을 묻는 과정에서 법적 논리의 공방이 이어질 테고, 한국 법원의 판단과 논거가 코인 생태계에 영향을 미칠 것이다. 한국 검찰은 테라-루나의 판매와 사업구조에 증권성을 폭넓게 인정하여 기소했다.

비트코인은 화폐기능을 대체할 거라는 기대를 받았지만 가격 등락이 극심하여 현실적으로 지급수단과 가치저장수단 역할을 담당하기가 쉽지 않다. 그럼에도 블록체인 네트워크 위에서 다양한 금융거래나 지급결제가 필요할 때마다 지급결제기능을 수행하면서도 가치는 안정화된 토큰이 계속 필요하게 되었다. 물론 오프라인 상거래에서도 지급결제거래의 편의성과 가치안정성을 가진 토큰에 대한 수요가 있었다. 즉 스테이블코인은 온체인과 오프체인 양쪽의 필요에 부응하여 태어났다.

앞으로 국가의 법정화폐 자체가 블록체인 기반 CBDC로 발행되고 그 CBDC를 모든 지급결제에 편리하게 쓸 수 있게 되면, 이를 담보로 하는 스테이블코인은 필요 없어질 수도 있다. 그러나 CBDC의 유통은 금융기관 노드만 참여하는 분산원장 위에서만 제한적으로 허용하면 CBDC를 담보로 하는 스테이블코인의 수요는 여전할 것이다. 그리고 여러 종류의 통화를 배합한 바스켓이나 통화 외의 자산을 담보로 하는 스테이블코인의 유용성도 유지될 수 있다.

스테이블코인에 대해서는 각 국가가 다른 형태의 암호자산, 암호화폐보다 더 깊은 관심과 우려를 갖고 있다. USD에 페깅한 US테더의 가치를 담보하는 USD가 실제로 보관되고 있는지에 대한 의심에 기초해 미국 검찰이 테더 발행사를 기소하여 재판이 진행 중이다. SEC는 2023년 1월 바이낸스 USD 스테이블코인의 발행사 팍소스(Paxos)를 상대로 스테이블코인 판매로 인한 증권법 위반을 문제삼고 있다.

알고리즘에 의한 스테이블코인인 테라의 붕괴를 목격하면서 스테이블코인이 가져올 위험에 대한 국가의 우려는 더 구체화되고 있으며 정부는 스테이블코인의 허용 기준과 규제 강도를 높이는 추세다. 어떤 스테이블코인이 글로벌 규모로 널리 사용될 경우, 화폐의 가치척도 기능을 일부 대체할 수 있고 은행의 예금수탁기능에도 영향을 미칠 수 있어서, 통화시스템의 안전성에 예상치 못한 영향을 줄 가능성도 있다. 특히 스테이블코인 가격이 급락하면 스테이블코인을 발행할 때 담보로 받아둔 법정통화 또는 암호통화로 일시에 교환하려는 코인런(암호화폐 대량 인출 사태)이 발생할 수 있다. 스테이블코인의 가격이 하락할 때 스테이블코인을 매수하여 가격하락을 방어하고자 확보한 별도 준비자산(예를 들어, 루나 파운데이션 가드 재단이 확보해 둔 비트코인)을 갑자기 대량 매도함으로써 금융시장 전체의 안전성을 해칠 가능성도 있다. 이러한 이유로 각국은 스테이블코인에 대한 규제를 다른 일반 암호자산보다 더 엄격하게 하려는 경향이 있다.

스테이블코인에 대해 국제증권관리위원회(IOSCO)는 전 세계적으로 이용되는 스테이블코인이 소비자와 투자자에게 편익을 가져다줄 잠재력이 크지만 금융시장의 현재 위험을 악화하고 새로운 위험, 즉 소비자 보호, 시장 건전성, 투명성, 이해상충, 금융범죄 등과 관련한 위험을 초래할 잠재성도 있다고 평가했다. 장기적으로는 새로운 지급수단 또는 시장 인프라스트럭처의 핵심요소인 스테이블코인이 기존의 금융상품과 서비스를 복제할 수도 있다는 흥미로운 분석도 내놓았다.[1] 이는 스테이블 코인이 기존 금융상품과 서비스 분야에 전반적으로 널리 활용될 가능성이 있다고 전제하는 것으로 보인다.

지급결제 토큰

앞서 살펴본 토큰의 유형구분 기준에 따르면, 토큰의 유형 중 화폐 속성의 하나인 지급결제기능을 하는 것은 암호화폐로 구분된다. 그러나 업계나 정부에서 토큰 전반을 암호화폐 또는 가상화폐라고 하는 경우가 많은 점에 유의해야 한다. 비트코인이 최초로 지급결제용으로 사용된 것은 비트코인을 처음 채굴하고 1년 후인 2010년 5월 22일에 누군가 피자 2판을 사려고 비트코인 1만 개(당시 1개 시세는 0.004달러)를 지불한 때였다. 커뮤니티는 매수자라고 밝힌 라즐로에게 최초로 지급수단으로 사용해 준 데 대한 감사 인사를 보내고 자축하는 분위기였다. 그 후 몇몇 상점에서 물건대금으로 비트코인을 받았지만 비트코인이 결제수단으로 사용되는 것에 대한 제한은 없었다.

토큰을 거래에서 지급결제수단으로 쓰면 결제의 신속함, 낮은 수수료, 국제간 결제의 편리함이라는 효용을 누릴 수 있다. 비트코인은 송금 거래 블록이 형성되는 데 10분이나 걸려서 수많은 거래를 실시간으로 기록하기 힘들므로 일상적 재화와 용역대금의 직접적 지급결제수단으로 널리 이용되지 못하고 있다.

그러나 몇 년 사이에 토큰을 다양한 형태의 지급결제수단으로 쓰는 수요가 늘어서 머지않아 토큰결제가 일상화될 가능성이 커지고 있다. 우선 카드사들이 기존 카드결제에 다양한 형태로 토큰을 결합해나갈 것이다. 결제업의 대표주자인 비자와 마스터카드사가 입맞추어 '앞으로 3~5년이면 토큰이 지배적 지급결제수단이 될 터'여서 자신들이 그 흐름에서 뒤처지고 싶지 않다고 밝혔다.[2] 흥미롭게도 카드사들이 이런 변화를 꾀하는 가장 큰 원동력은 카드사 고객들이 점점 더 토큰으로 대금지급결제를 희망한다는 사실이다. 즉 고객들은 이왕이면 믿을 만한 대형 카드사들이 토큰으로 대금지급결제를 해주기를 원한다는 분석이 나왔다. 지급결제수단인 토큰 자체는 탈중앙화된 플랫폼에서 발행되더라도, 토큰을 이용한 결제대행업은 기존 관념의 신뢰를 받는 중앙화된 회사가 담당해 주기를 일반 소비자가 원한다는 데서 대중은 상황에 따라 탈중앙화와 중앙화 구조를 교차로 원할 수도 있다는 사실을 알 수 있다.

현재 비자와 마스터카드가 토큰으로 결제하는 구조는 제3의 핀테크회사와 협업하는 방식이다. 이용자가 카드를 이용하여 크립토 토큰 단위로 결제하면, 협업하는 팍소스가 뒷단에서 크립토를 매입해 현금화한 다음 가맹점에 현금으로 대금을 정산해 주는 구조이다. 그러나 장기적으로 카드회사는 직접 카드 이용자로부터 크립토를 받아서 가맹점에 정산해 주는 구조를 꿈꾸고 있다. 현재 쓰이는 직불카드(debit card)가 은행잔고 범위 내에서 사용되는 것처럼 전자지갑 계좌에 보관 중인 토큰 범위 내에서 결제하는 방식이다. 그것이 현실화되면 수십 년간 법정화폐에 연계된 대금결제시스템에 엄청난 변혁이 발생하게 된다.

그러나 불확실성도 있다. 크립토 토큰이 해킹당하거나 크립토 토큰의 플랫폼 운영상 하자 같은 보안사고에 대한 방지책이 필요하다. 규제당국의 관점에서는 지급결제회사가 대량의 토큰으로 결제대행을 하려면 만약의 사태에 대비하여 지급된 토큰에 상응하는 준비금이나 담보금이 필요한지 검토도 해야 한다. 가맹점에서는 궁극적으로 카드사 개입을 배제하고 토큰을 바로 대금으로 받기를 희망할 수도 있는데, 카드사에 지급하는 수수료를 절약할 수는 있지만 어떤 리스크를 안게 될지에 대한 분석도 필요해진다.

페이팔도 2021년 블록체인 플랫폼인 팍소스와 협업해 토큰 지급을 허용했다. 이용자가 팍소스 플랫폼 위에 전자지갑을 개설해 토큰을 보유한 상태에서 가맹점에서 물건을 사면서 페이팔 앱에서 비트코인 등 암호자산을 지급수단으로 선택해 지급하면 된다. 그러면 팍소스 트러스트(Paxos Trust)가 그 암호자산을 받아 법정화폐로 환전해 가맹점에 정산·지급하는 결제시스템이다. 페이팔은 뉴욕주에서 가상자산 매매, 송금, 결제업을 하는 것과 관련해 비트 라이선스(Bit License)를 취득했으며, 이와 같은 결제대행을 금지하거나 제한하는 다른 규제는 없다.

비자는 스테이블코인을 이용해 결제하는 방법을 준비하고 있다. 우선 이용자가 스테이블코인으로 대금을 지급하면 비자가 법정통화로 환전해 가맹점에 정산·지급하는 구조인데, 장기적으로는 이용자, 비자, 가맹점 사이에 스테이블코인으로 지급·결제하는 구조도 고려하고 있다. 아직 대부분 미국 은행은 토큰 가격의 변동성을 이유로 자신들이 발급한 카드로 고객들이 토큰을 사는 것을 허용하지 않는다.

영국의 넥소사는 카드보유자에게서 일정 금액의 토큰을 담보로 받아두고, 카드보유자는 그 담보토큰액의 90% 한도 안에서 카드결제를 하는 서비스를 유럽에서 이미 하고 있다. 만약 토큰 가격이 하락하면 일정한 기준에 따라 담보토큰을 추가 제공하거나 카드대금 일부를 먼저 변제하도록 한다.

크립토 토큰으로 카드대금을 결제하는 기능에 토큰의 보안성을 결합한 카드서비스도 있다. 컴포시큐오가 개발한 아르쿨루스(Arculus)라는 스마트카드는 토큰을 보관해 결제할 때 필요한 전자지갑에 접근하는 개인키를 보관하는 기능이 있는데, 토큰이 해킹될지 모르는 위험 내문에 토큰으로 결제하기를 꺼리는 사업자들과 개인들에게 좋은 해결책이 될 수 있다.

상점에 설치된 키오스크에서 토큰을 결제하는 서비스 또한 나오고 있다. 홍콩 암호화폐거래소 비트파이넥스(BitFinex)에서 개발한 소프트웨어가 설치된 키오스크에 뜨는 큐알(QR)코드를 고객이 스마트폰으로 스캔해 자신의 전자지갑에 있는 암호화폐를 비트파이넥스의 전자지갑으로 전송함으로써 지급결제를 한다. 비트파이넥스는 다시 각 가맹점에 암호화폐를 전송해서 물건값을 정산해 준다.

스테이블코인과 지급결제 토큰의 제도화

미국에서는 미 달러화의 기축통화 지위를 유지하는 일환으로 달러 가치 연동 스테이블코인 도입을 주장하는 의견도 있다.

EU의 MiCA 규정(Regulation)은 스테이블코인이라는 용어는 사용하지 않지만, 복수통화에 기초한 자산준거토큰과 단일통화에 기초한 전자화폐토큰(e-Money Token)이 스테이블코인과 같은 개념이다. 또 전자화폐토큰은 전자화폐를 토큰으로 발행한 것으로 보아 기존의 전자화폐발행업에 대한 규제를 적용한다. 이런 토큰을 발행하는 주체는 은행과 전자화폐발행기관 등 일정한 요건을 갖춘 회사로 한정하고 토큰의 준비자산은 사업자의 고유재산과 구분해 보관하도록 의무화했다.

영국은 단일통화가치에 연동된 스테이블코인은 기존 전자화폐의 규제를 받으면 되는 것으로 보고 복수 통화가치에 연동된 스테이블코인을 어떻게 규제할지 검토하고 있다.

일본은 단일통화가치에 연동된 스테이블코인은 자금결제법상 송금·결제수단으로 인정·규제하여 은행, 송금업자, 신탁업자만 영위하게 하고 복수통화가치에 연동된 스테이블코인은 다른 암호자산과 동일하게 규제한다.

대부분 국가가 알고리즘에 의한 스테이블코인은 허용하지 않으며 담보로 예탁하는 자산에 대해 이자지급을 금지하려는 태도를 보인다. 국제결제은행(BIS)과 국제증권위원회(IOSCO)에서도 스테이블코인의 역할을 중시해 스테이블코인을 이용한 결제는 기존의 은행결제망을 통한 결제와 거의 같다고 보고, 스테이블코인도 금융시장인프라로 인정해야 한다고 한다. 다만 스테이블코인은 법정통화가 아니면서 추가로 금융리스크를 일으킬 수 있고 스테이블코인이 상호 영향을 미칠 수 있는 점을 같이 고려해야 한다고 한다.

앞으로 스테이블코인에 대한 적절한 규제체계를 정립할 때 참고하기 위해서라도 알고리즘에 의한 스테이블코인의 대표 격인 미 달러에 연계된 테라 USD(UST)의 미화 1달러 가격유지 메커니즘의 구조와 그것이 붕괴된 이유를 살펴볼 필요가 있다.

1UST의 시장가격이 1달러를 초과하거나 미달할 때 다시 1달러에 수렴하는 과정은 다음과 같이 설계되었다. 테라 블록체인의 스마트 컨트랙트는 언제든지 1UST와 1달러어치의 루나를 교환해 준다. 만약 시장에서 1UST가 1.1달러에 거래되면 차익거래자들은 시장에서 1달러어치의 루나를 구입해 테라 블록체인 위의 스마트 컨트랙트에 지급하고 1UST와 교환할 수 있고 다시 시장에 가서 1UST를 팔면 가격 차이(1.1 - 1.0)만큼 이익을 볼 수 있다. 시장에서 이렇게 차익을 얻으려 루나를 구입하고 UST를 판매하는 과정이 반복되면 UST는 가격이 하락하여 자연스럽게 1달러에 수렴된다.

반대로 1UST가 0.9달러에 거래된다면 차익거래자들은 시장에서 1UST를 구입해 테라 블록체인 위에서 1달러어치의 루나와 교환할 수 있고, 그 루나를 시장에서 매각하면 차액(1.0 - 0.9달러)을 얻는다. 이렇게 차익거래자들이 시장에서 UST를 구입·교환해서 얻은 루나를 매도하는 과정이 반복되면 UST는 가격이 상승하여 자연스럽게 1달러까지 수렴하는 구조이다.

이 첫 번째 시나리오에서 시장에 UST 수요가 많아 1달러보다 높은 가격에 거래되면 테라 블록체인의 프로토콜이 계속 루나를 받아 소각하고 UST를 발행하여 UST의 공급을 늘리면 UST 가격은 1달러로 돌아오고, 시장에서 수요가 증가한 루나의 가격도 오르게 된다. 실제로 2021년 앵커프로토콜과 미러프로토콜 등이 UST 사용처를 늘려주면서 UST 수요가 늘어나 루나가 지속적으로 소각되었고, 이것이 루나 가격이 상승한 이유 중 하나였다.

두 번째 시나리오에서는 시장에서 UST 공급이 수요보다 많아져 1달러보다 낮은 가격에 거래될 경우 원래 테라 블록체인이 설계한 대로 블록체인이 UST를 소각하고 루나를 공급함으로써 UST 가격이 오르는 결과를 가져오는지 살핀다. UST를 1달러와 페깅하려고 블록체인은 계속 UST와 교환해 루나를 발행하며, 이 루나는 시장에서 매도된다. 이렇게 루나가 블록체인에서 추가 발행되어 시장에서 매각됨으로써 가격이 하락하는 초기에 테라와 루나 투자자들은 루나의 가격

하락을 테라의 가격유지 메커니즘이 작동해서 발생하는 예정된 현상으로 받아들이게 된다.

그러나 추가 발행되는 루나의 양이 어떤 수준을 넘어 과도하다고 판단하면 테라 가격 유지 메커니즘을 신뢰하지 않게 되면서 불안감이 생겨 오히려 시장에서 루나 가격이 추가 하락하고 루나는 더 안 팔리게 된다. 더 나아가 UST를 플랫폼에서 루나와 교환하기(UST 소각으로 인한 UST 상승효과)보다는 시장에서 UST를 매도하도록 만들고, UST와 루나 가격이 모두 하락하는 악순환이 일어날 수 있다. 이런 악순환은 테라 알고리즘의 내재적 한계라고 볼 수 있다.

물론 테라와 루나 투자자들이 어느 정도 수량의 루나가 추가 발행될 때 신뢰를 잃고 불안감을 가지게 되는지 명확하게 판단하기는 쉽지 않아 보인다. 그러나 이번 테라 블록체인이 붕괴하는 과정에서 이러한 현상이 실제 일어났다. 이런 루나 가격의 하락을 촉진한 프로토콜 외부의 변수도 있었는데, 헤지펀드로 추정되는 세력들이 테라를 대량 공매도 • 한 것이 그것이다.

현재 스테이블코인은 여러 방식으로 논의되고 있다. JP모건은 프

• 테라 가격하락을 예측하고 테라를 타인에게서 빌려 매도한 금액을 수령한 후 그 일부 금액으로 하락한 테라를 사서 현물로 상환하고 차액을 얻는 거래.

라이빗 블록체인 기반으로 내부의 네트워크에서 지급수단으로 사용될 JPM 토큰(미화 1달러에 페깅)을 발행했는데, 다시 퍼블릭 블록체인 기반으로 토큰을 발행하는 방안도 싱가포르의 DBS은행 등과 연구를 진행 중이다. 대부분 국가에서 블록체인기술이 등장하기 이전부터 신용카드 외에 '페이'라고 하는 전자지급수단이 쓰인 데 이어 최근 몇 년 사이에 비트코인과 같은 암호화폐를 페이 시스템과 결합해 지급수단으로 활용하려는 프로젝트가 계속 등장하고 있다. 크게는 법정통화 가치에 고정하는 스테이블코인과 스테이블코인이 아니면서 지급수단으로 사용되는 암호화폐들이다.

스테이블코인의 발행과 유통 그리고 지급결제수단으로 사용되는 토큰을 법적으로 허용할지와 기존의 전자화폐(e-Money) 또는 선불전자지급수단과 지급수단토큰의 관계를 어떻게 설정할지 등은 국가마다 차이가 있다. 싱가포르에서는 기존의 전자화폐와 별도로 디지털지급토큰(Digital Payment Token)이라는 토큰 유형과 사업 라이선스 유형을 지급서비스법에 신설한 데 비하여 EU의 MiCA에서는 전자화폐의 특수한 유형의 하나로 인정한다.

테라 붕괴를 목격한 대부분 국가에서는 스테이블코인 중 알고리즘 스테이블코인은 통화가치를 유지하기 어려운 내재적 불안정성 때문에 금지한다는 태도이며, 법정통화를 담보로 하는 스테이블코인은 담보통화 보관을 제대로 확보하는지에 주로 관심을 가진다. EU의

MiCA 규제는 스테이블코인인 자산준거토큰도 허용하지만, 대부분 나라가 스테이블코인 허용에 아직 적극적이지 않다. 미국은 논의만 할 뿐 아직 법안도 나오지 않았다. 2022년 12월 싱가포르의 통화감독청 MAS가 스테이블코인에 관한 규정을 제안했는데, 그 핵심은 유통되고 있는 법정화폐 기반 스테이블코인의 수량에 부합하는 법정화폐를 반드시 보관해야 하고, 발행자는 보관한 화폐를 보전하려면 스테이킹이나 대출을 금지한다는 내용이다.

이런 상황에서 일본은 이례적으로 스테이블코인 허용에 속도를 내면서 스테이블코인을 허용하는 법이 2023년 6월 제정되었고, 1년 내에 세부규정을 도입하여 발효될 예정이다. 엔화를 포함한 모든 법정화폐를 담보로 하여 스테이블코인을 발행할 수 있으나 발행주체는 은행, 신탁회사와 등록된 송금업체에 한한다. 보유자에게 액면가액으로 언제든지 환매할 권리를 주어야 하며 화폐가 아닌 다른 자산을 담보로 하거나 알고리즘에 의한 스테이블코인은 불허한다. 일본에서 STO 플랫폼 프로그래마트(Programat)를 운영하는 미쓰비시 금융그룹이 스테이블코인을 발행할 계획으로 알려져 있다.

일본이 이렇게 적극적인 이유는 정확히 알려지지 않았지만 테라-UST의 붕괴로 위축된 스테이블코인 생태계에서 앞으로 일본 엔화 기반 스테이블코인을 만들어 글로벌 크립토 거래시스템에 활용하게 하려는 야심찬 계획의 일환으로 보기도 한다.

스위스에서 스테이블코인은 별개 법령이 아니라 개별 케이스별로 허용되는데 시그넘은행이 발행한 DCHF와 시그넘은행이 보증하여 발행한 스위스프랑 기반 스테이블코인이 있다.

지급토큰에 대해서는 기존의 법령체계 아래에서 인정되어 온 전자지급수단으로 볼지 아니면 새로운 유형의 지급수단으로 볼지 두 가지 관점으로 나뉜다. 싱가포르는 지급토큰서비스법(Payment Token Service Act)에서 지급수단으로 사용되는 토큰을 발행하는 사업자의 요건을 정해 두고 요건을 충족해 금융당국에 등록하라고 요구하고 있다. 한국에서는 법정화폐 기반의 스테이블코인 발행을 제도적으로 허용할지 아직 본격적인 논의는 하지 않고 있다. 원화기반 스테이블코인 발행을 본격적으로 준비하거나 실행하는 곳도 없다.

지급코인이나 암호화폐가 전자금융거래법상 선불전자지급수단(이른바 '페이')에 해당하는지는 논란이 있어왔다. 선불전자지급수단에 해당하면 그를 발행하거나 관리하는 업을 하려고 할 경우 금융위에 등록해야 하며, 특정금융정보법상 가상자산사업자에 해당하지 않게 된다. 그런데 금융위 법령해석위원회는 2022년 4월 선불전자지급수단 충전금은 현금과 같이 가치가 동일하게 유지되어야 하는 데 비해 가상자산은 가치가 시시각각 변하므로 선불전자지급수단이 될 수 없다고 의결했다. 따라서 가상자산이나 암호화폐를 이용한 지급결제서비스가 선불전자지급수단의 발행과 관리에 관한 전자금융거래법의 규정을 적용받지 않게 되었다. 그러나 소비자에게서 암호화폐를 물건이나 서비스의 대금으로 받아 가맹점에 암호화폐 또는 법정화폐로 정산해 주는 사업은 전자지급결제대행업에 해당할 여지가 있다.

앞으로 스테이블코인은 통화가치에 고정된 안정성과 토큰거래의 장점으로 현실의 구매와 블록체인 온체인 거래 모두에서 많이 활용될 가능성이 크다. 적어도 법정통화가 블록체인 기반으로 CBDC 형태로 발행되기 전까지는 그렇다. 그와 함께 다양한 암호화폐 토큰도 가격에 안정성이 있고 널리 이용자를 확보하면 다양한 지급결제방법으로 활용될 가능성이 커질 예정이다. 이에 대한 명확한 법규정과 제도화는 지급결제시스템의 안정성에 매우 중요한 부분이 될 것이다.

한국에서도 비트코인 같은 토큰을 결제수단으로 가게에 직접 지급하고 가게에서 그를 수령하는 데는 별다른 금지나 제한을 하지 않았다. 그러나 물건 구매자와 가게 사이에 직접 지급수단으로 사용하는 것을 넘어 제3자가 토큰을 이용해 지급결제대행업을 하거나 선불전자지급수단 발행, 관리업 등록을 한 회사가 토큰을 선불전자지급수단의 충전수단으로 활용하는 데는 제동을 걸고 있다.

다날이 스위스에 설립한 자회사 페이프로토콜은 스위스에서 페이코인을 발행해 지급수단으로 쓰려는 구조를 만들었다. 페이프로토콜은 페이코인을 한국의 몇몇 거래소에 상장하고, 페이코인으로 결제가 가능한 레스토랑, 편의점 등 수십 개의 가맹점을 모은 후 이용자들이 가맹점에서 물건이나 음식을 산 다음, 페이코인으로 다날 앱에서 지급하면 다날이 지급된 페이코인을 받는 대신 가맹점에 현금으로 대금을 정산해 주는 구조였다. 다날은 지급받은 페이코인을 일정 주기별로 다날 핀테크에 매도해 대금을 수령했다. 다날은 전자금융거래법상 선불전자지급수단 발행·관리업과 지급결제대행업 등록을 이미 한 상태였다.

이런 구조가 나오자 금융위에서는 다날이 토큰으로 선불전자지급수단을 충전하는 데 부정적인 태도를 보였고, 다날 자회사가 발행한 토큰으로 대금을 지급하는 것을 다날이 지급결제를 대행하는 데도 일반 이용자에게 위험을 줄 수 있다는 이유로 허용하지 않겠다고 했다. 계열사가 발행한 토큰을 다른 계열사가 지급결제수단으로 사용하도록 지급결제대행업을 하면 실질적으로 아무런 제한없이 화폐를 발행해 엄청난 주조차익(발행화폐의 액면가액에서 발행비용을 공제한 금액 상당의 이익을 발행자가 취함)을 차지하는 문제점이 있고, 암호자산거래소에서 발행사가 임의로 언제나 많은 수량을 매각하게 됨으로써 토큰 보유자에게 예측할 수 없는 큰 손해를 줄 수 있다는 점이 주된 이유였다.

엄격한 의미에서 토큰을 선불전자지급수단의 충전수단으로 허용할 수 없다는 것과 토큰으로 지급결제대행을 해서는 안 된다는 것도 법률에 명백하게 규정되어 있다고 보기 어려운데도 국가는 토큰을 지급결제업에 이용하는 것이 예측하지 못한 위험을 가져올 수 있다는 이유를 내세워 토큰을 지급결제수단으로 사용하지 못하도록 정책적으로 제한하고 있다.

5장

웹3.0, 분산형
신원확인과 DAO

웹3.0(Web3.0)은 인터넷 작동구조의 진화
단계를 표현한 용어로, Web3.0이 작동할 때 블록체인기술과 토큰경
제의 결합이 필수적이다. 따라서 인터넷의 발전방향이라는 관점에서
Web3.0의 개념을 정립하고 블록체인이 Web3.0, 토큰경제와 어떻게
결합되는지와 관련 이슈를 먼저 알아본다.

Web2.0에서는 플랫폼 운영기업이 이용자들을 상대로 신원확인
을 한 후 아이디(ID)를 부여받은 이용자들이 플랫폼을 이용할 수 있
고, 이용자의 ID는 플랫폼 안에서만 사용 가능하며 다른 플랫폼으로
옮겨 사용할 수 없다. 또 그 플랫폼 운영기업이 플랫폼이나 서비스를
폐쇄하면 그 ID는 그대로 사라진다. 이와 대조적으로 Web3.0에서는

신원확인정보를 정보주체인 이용자가 보관하고 정보발급 내역을 블록체인에 기록한 후 이용자가 필요할 때마다 이용하게 될 신원확인정보가 참인지 검증하는 분산신원확인을 이용한다.

인류는 여러 사람이 공동활동을 하는 구조를 창안하고 발전시켜왔다. 근대 이후 자본주의 발전에서 경제행위의 주체가 된 회사도 그런 구조 중 대표 사례이다. 한국에서는 '계'라는 민간의 조직형태가 회사제도 도입 전까지 활발하게 그 역할을 했다. 비트코인 네트워크도 여러 사람이 참가하여 협업하는, 블록체인에 기반한 새로운 형태의 구조 또는 조직을 창안한 것이고, 그 이후 이더리움, 폴리곤, 솔라나 등이 유사한 네트워크를 만들고 있다. 따라서 계, 회사에 이어 Web3.0과 블록체인이 꽃피는 시대에 사람들이 공동활동을 하는 새로운 주류적 조직형태가 될 수도 있는 DAO에 대해 구조와 법제도로 편입되는 과정은 물론 쟁점도 함께 살펴본다.

웹의 진화와 웹3.0의 개념

인터넷의 작동과 운영구조의 발전은 크게 세 단계로 구분해 볼 수 있다. 물론 Web1.0부터 Web3.0까지의 개념은 법적으로 정의되지는 않았지만 인터넷이 운영되는 기본 구조와 사용자가 주어진 정보를 이용만 하는지, 쌍방향으로 커뮤니케이션하고 정보와 콘텐츠를 제공하는지, 인터넷에서 생성되는 데이터와 콘텐츠에서 발생되는 가치를 누가 소유하는지 등을 종합적으로 고려한 발전단계 구분이다.

Web1.0은 1990년대 초 월드와이드웹 창시자 팀 버너스 리가 인터넷을 월드와이드웹(WWW, World Wide Web)이라고 공개하면서 시작되었다. 웹사이트를 통한 정보제공방식으로 기업·정부·기관 등 단독 또는 소수 제공자와 다수 이용자 간 일방향 커뮤니케이션으로 이루어졌고, 이용자는 제공된 정보를 읽기만 할 수 있었다(read only).

2006년경 나타난 Web2.0은 쌍방향 커뮤니케이션이 가능한 인터넷으로 팀 오라일리가 '플랫폼으로서 웹'으로 정의했다. 이용자가 정보를 읽을 뿐 아니라 쓰는 것도 가능해진 구조다(read&write). 거대 플랫폼이 된 아마존 전자상거래와 페이스북 SNS, 유튜브 영상공유, 카카오와 네이버의 다양한 서비스 등으로 모바일 폰을 많이 사용하면서 크게 성장했다. 이러한 서비스들이 시작되었을 때 이용자들은 무료로 이용할 수 있다는 점에 거부감 없이 접속하면서도 이들이 어떻게 수익을 얻을지 궁금해했다.

Web2.0 플랫폼 운영기업들은 사용자들에게 더 나은 콘텐츠를 제공하려고 사용자 데이터를 자신의 중앙화된 서버에 저장하기 시작했다. 이렇게 저장된 데이터와 콘텐츠는 운영회사가 각 사용자의 필요와 취향에 맞는 맞춤형 서비스를 제공하는 기반이 됨과 동시에 운영회사가 광고주에게 데이터를 높은 가격에 판매하고, 스스로 활용해 새로운 비즈니스를 만들어 나갔다. 이러한 서비스는 사용자에게 편의성을 제공했지만, 다른 한편으로 운영기업에만 수익을 가져다주었다.

시간이 흐르고 플랫폼이 거대화되면서 Web2.0의 특성들이 점점 명백해졌다. 이용자가 자신의 데이터와 정보를 제공하지만 플랫폼 운영자가 그 데이터에 대한 권리를 독점할 뿐 데이터 제공자는 전혀 권리를 갖지 못하고, 플랫폼이 사라지면 데이터도 사라지는 문제점이 드러났다. 플랫폼 운영으로 생기는 수익은 플랫폼 운영회사가 독점하고, 이용자와 콘텐츠 제공자는 수익을 전혀 보상받거나 배분받지 못하는 구조임도 드러났다. 플랫폼의 거버넌스에 대한 의사결정은 글로벌기업인 플랫폼 운영회사의 주주와 경영진이 독점했다.

Web3.0의 개념은 아직 명확하게 정립되어 있다고 하기 어려우며, 이 용어를 쓰는 사람이나 맥락에 따라 매우 다양한 의미를 나타낸다. 실리콘밸리의 벤처캐피털 앤드리슨 호로위츠의 총괄파트너 크리스

딕슨이 '사용자와 생산자가 토큰을 기반으로 공동소유하는 인터넷'이라고 한 표현에 비교적 함축된 의미가 들어 있다. 이더리움 공동 개발자 개빈 우드는 Web3.0을 '애플리케이션 제작자들이 쉽게 개발하도록 돕는 프로토콜의 묶음'으로 프로토콜은 컴퓨터 사이에 데이터를 교환하는 방식을 정의하는 표준화된 규칙과 절차를 의미한다고 한다.

여기서는 개념을 가능한 한 넓게 정의하고자 한다. 우선 웹기술 측면에서는 컴퓨터가 웹페이지에 담긴 내용을 맥락에 따라 이해하고 개인 맞춤형 정보를 제공하는 시맨틱 웹기술 또는 지능형 웹기술을 도입하여 Web3.0이 시작되었다. Web2.0에서는 플랫폼 운영자가 컴퓨팅, 저장공간, 호스팅 등 모든 웹 관련 서비스를 제공한 데 반해 Web3.0에서는 프로토콜이 그런 서비스를 대체한다.

인터넷 플랫폼과 앱의 운영권한과 생성된 데이터의 소유권을 누가 갖는지를 기준으로 보면 플랫폼 운영자가 독점하는 구조에서 벗어나 사용자들에게 권한·권리·이익을 나눠주려는 방향성과 실행방안이 Web3.0의 요소를 구성한다고 할 수 있다. 우선 Web3.0은 플랫폼의 지배구조, 수익배분, 데이터 통제권에서 Web2.0과 달리 탈중앙화와 오픈 플랫폼을 지향한다. 이용자는 읽고 써서 기여함으로써 보상을 받고 플랫폼을 일부 소유해 플랫폼 수익도 분배받는다. 플랫폼을 이용하거나 그에 기여하는 개인의 데이터는 개인이 소유하며, 개인정보는 해당 개인이 통제할 수 있다(read, write, open&own). 이 요소들이

Web3.0이 추구하는 본질적 가치이다. Web3.0은 인터넷과 모바일 시대에 큰 역할을 한 플랫폼 경제구조의 한계점을 개선하려는 큰 목표 아래 Web2.0 구조하의 이용자와 공급자의 엄격한 구분과 수익의 집중현상을 해결하고 그동안 단순히 이용자 지위에만 머물러 온 개인들에게 운영자·수익자의 지위를 겸하게 하도록 변화를 꾀하자는 사회·경제·문화적 현상이라고 할 수 있다.

웹3.0과 블록체인의 결합

Web3.0이 추구하는 가치와 방향성을 구현하려는 다양한 방법과 기술을 모색하는 과정에서 많은 사람이 블록체인기술과 블록체인 기반 서비스가 필요하다는 사실을 절감하면서 Web3.0과 블록체인은 필연적으로 그리고 전방위적으로 결합되었다. Web3.0을 블록체인과 거의 같은 개념으로 쓰는 사람들도 있으나 위에서 보았듯이 Web3.0은 인터넷의 변화에 따른 사회·경제·문화·정치적 변화를 모두 포괄하는 데 쓰이지만 블록체인과 암호자산, 토큰경제는 그 변화를 가능케 하는 필수불가결한 기술이자 체계라는 점에서 차이가 있다.[1]

사용자는 자신의 신원확인정보를 중앙화된 플랫폼 운영기업에 제공하지 않고 스스로 암호화하여 저장하는 DID를 가지게 되어 프라이버시를 보장받게 된다. 자신이 생성하거나 기여한 데이터의 소유권을 확보하며, 자신의 데이터 활용 수익은 토큰으로 보상받는다. Web3.0 구조에서는 스마트 컨트랙트 같은 프로토콜과 소프트웨어로 대체할 수 있어 Web2.0 플랫폼의 운영회사 같은 중개자가 필요 없다.

Web3.0에서는 탈중앙화를 지향하는 서비스나 제품은 무엇이든 탑재되고 결합된다. 탈중앙화거래소, 디파이, 탈중앙화 방식으로 운영되는 게임과 P2E, 더 나아가 어떤 행동이든 수익을 얻을 수 있다는 개념의 X2E와 토큰화·탈중앙화된 자율조직 DAO도 결합될 수 있고, 다양한 토큰 이코노미가 접목될 수도 있다. 물론 탈중앙화가 많은 사람들에게 실질적 가치와 이익을 가져다 주어야 정착될 것이다. 블록체인의 강점인 탈중앙은 고객만족을 위한 수단일 뿐 목표가 아니며, 탈중앙화가 생산성 제고와 분배개선을 조화롭게 이루어내야 블록체인 경제가 플랫폼 세계의 패러다임을 바꿀 수 있다는 의견[2]은 그 점을 잘 지적한다. 이용자에 대한 수익의 배분·이전을 위한 토큰경제의 인프라 기술인 전자지갑이 사용자 편의성을 충족하는 방향으로 발전되는 것도 Web3.0 성공에 중요한 요소가 된다. 메타버스 내의 경제구조와 수익배분도 토큰경제와 함께 Web3.0의 성공적 모델이 될 수 있다.

더 나아가 미래의 웹구조는 인공지능기술을 활용하고, 메타버스와 연결되며, 토큰경제를 구성하는 모든 요소들 즉, 지급결제 토큰, 디파이, NFT, 탈중앙화 게임과 P2E, DAO 등이 더 활용되고 발전할 수 있다.

　Web3.0하에서 웹 운영방식의 주류로 되려면 해결해야 할 과제가 여럿 있다. 플랫폼에 저장 중인 데이터에 주권을 행사하고 기여에 대한 보상으로 토큰을 수령하는 행위가 많이 발생할 것이므로, 그 데이터 권리자, 플랫폼 이용자와 콘텐츠 작성자의 ID 확인이 필요한데, 그들이 플랫폼에 진입할 때 이 ID 확인 정보를 어느 범위까지 어떻게 수집하고 검증할지 기준을 정립해야 한다. 트위터가 이용자들이 보유하는 NFT를 등록해 이용자들이 자신을 인증하는 수단으로 쓰도록 허용하겠다는 것이 플랫폼 내에서 신원확인을 하는 한 방법이다.

　인터넷 포털에 Web3.0 기능을 내장시키면 더 효율적일 텐데, 오페라 사가 그런 인터넷 포털의 베타버전을 실험하고 있다.

DID, 신원증명의 탈중앙화

　신분은 사회적 지위나 계층을 말하고, 신원은 신분을 포함해 행실, 주소, 직업 등 개인의 동일성을 식별하는 개인정보를 통칭하는 용어이다. 그러나 블록체인기술은 크립토사피엔스가 다양한 상황에서 자기 신원을 증명하고 신분증을 제시하는 방법도 탈중앙화시키고 있다.

현재 신분증 제도는 대표적인 중앙화된 인증시스템에 해당한다. 신분증별로 해당 정부부처와 기관에서 신분증 신청자가 본인이라는 사실과 운전자격, 국민의 지위, 유공자 같은 해당 자격을 확인하고 해당 장부에 기재한 후 종이로 된 실물 신분증을 발급해 준다. 신분증 발급기관은 발급대장을 독점적으로 관리하고 단 하나의 원본 신분증을 독점적으로 발급할 권한을 가진다. 신분증 소지자는 본인임을 확인하거나 신분증에 기재된 자격을 확인할 목적으로 신분증을 이용한다.

신분증을 잃어버리면 재발급하고 해당 자격을 상실하면 신분증을 폐기하는 절차도 관련법에 규정되어 있다. 주민등록증, 운전면허증, 여권, 외국인등록증, 국가유공자증 등 국가가 발급하는 신분증 종류는 무척 많다. 신분증별로 발급권한이 있는 정부기관도 시·군·구청장, 경찰청장, 법무부장관 등 매우 다양하다. 이런 신분증의 발급과 이용제도는 국가가 오랜 세월 유지해 왔지만 디지털 시대가 도래하면서 여러 가지 불편함을 불러오고 있다.

온라인이나 디지털 방식의 물품과 용역거래가 계속 확대됨에 따라 종이 신분증을 제시하기가 불편해지거나 불가능한 상황이 발생하고, 위변조나 분실에 따르는 신분증 소지자의 이익이 침해되는 경우가 발생하며 신분증 기재사항 변동을 실시간으로 반영하지 못하는 단점이 있다. 무엇보다 디지털 방식의 거래와 SNS 활동이 확대되면서 점점 더 많은 기업과 플랫폼에서 개인의 신원정보를 대량 수집해 활용하는 데도 실물신분증시스템에서는 개인이 자기 신원정보의 흐름을 스스로 통제하기 어렵다는 한계를 점점 느낀다. 자기 신분증에 기재된 개인정보를 사업자에게 제공한 이후에도 그 개인정보가 자기 의사에 반해 2차, 3차로 유출되는 사고도 많이 일어난다. 여러 서비스 회사별로 서로 다른 방식의 ID와 암호 체계를 갖고 있어서 개인으로서는 각각 개별적으로 관리해야 하는 어려움을 겪고 있다. 이러한 신분증에 기재된 정보를 자기 의사에 따라 원하는 범위와 상황에서만 다른 사람에게 제공하는 권한을 '신원확인에 관한 자기주권(self-sovereignty identification)'이라고 하는데, 신분증을 가진 개인은 이를 확보할 필요성이 커지고 있다. 더 나아가 타인의 신분증에 기재된 개인정보를 활용하여 수익을 얻는 사업자들이 개인정보주체에게 일절 보상을 하지 않는 것도 문제점으로 보인다.

이런 기존 ID체계의 문제점과 DID의 필요성을 인식하여 신분증체계를 블록체인 기반 DID 방식으로 바꾸려는 시도가 늘고 있다. 모든 분야의 디지털화가 폭넓게 진행되고 있는 현실에서 신분증의 발급 및 신원확인도 그에 맞추어 디지털 방식으로 변경되는 것은 자연스러운 현상인 것 같다. 민간에서 DID체계 개발과 확산을 위한 연합프로젝트들이 진행되고 있다. 블록체인 기술회사인 아이콘루프가 주도하는 마이아이디(MyID)와 SK텔레콤과 다른 통신사들이 공동으로 진행

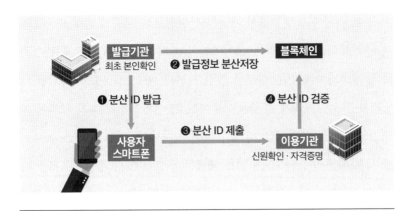

DID 기본 원리

하는 이니셜, 보안기업 라온시큐어가 주도하는 DID얼라이언스 등이 있다. DID는 발급기관(예를 들어 경찰청장)이 어느 개인이 본인인지 확인한 후 전자적 형태의 암호화된 ID(예를 들어, 운전면허상 신원정보)를 그 개인의 스마트폰으로 발급하고, 개인은 이를 스마트폰에 저장한 후 ID 발급 내역은 신원검증 블록체인에 저장해 두었다가 누가 신원확인·검증을 요청하면 블록체인을 통해 ID를 검증해 주는 시스템이다. 위 이미지가 DID 작동구조의 핵심을 잘 보여준다.

　기존의 중앙화된 신분증 발급·관리체계와 달리 발급기관이 독점적으로 관리하던 신분증 대장이나 서버 대신 다수 당사자가 노드로 참여하는 블록체인에 신분확인 관련 정보를 저장하고 이용자가 필요할 때마다 정보의 진위를 검증해 주는 시스템이다. DID체계가 작동되기 위해서는 신원확인정보 발급기관 외에 검증인과 블록체인의 노드가 필요하다. 발급기관은 해당 개인이 본인이라는 대면확인 등 엄격한 절차를 거쳐 신원확인정보, 즉 이름, 주민등록번호, 여권번호, 운전면 허증 번호 같은 신분증 발급번호와 주소 등을 확인한 후 그 정보를 암호화해서 검증가능신원확인정보(VC, Verifiable Claims)로 만들어 개인 휴대전화로 발급·전달하고, 블록체인에는 그 VC 발급사실과 내역을 기록한다.

개인은 발급받은 VC를 자기 휴대전화에 저장한 뒤 신원확인 또는 자격확인을 위해 필요하다고 판단할 때만 저장된 VC 전부 또는 일부를 개인키로 전자서명을 해서 검증가능제공정보(VP, Verifiable Presentation)로 만들어 신원확인 검증인에게 제출하고, 검증인은 블록체인에 진위검증과 신원확인 요청을 해서 확인받는다. 이를 단순화하면 DID 체계에서의 주요 당사자와 정보/데이터의 흐름은 다음 도표와 같다.[3]

DID신분증 발행인이 이용자의 스마트폰으로 암호화된 VC를 발행해 주고, 이용자는 공적 또는 사적으로 신원이나 자격확인을 해야 할 필요성이 있을 때마다 VC 중 필요한 범위 내의 VP를 검증인에 제출하여 검증받는다. 검증인은 블록체인에 저장된 이용자의 신원확인정보 및 VC 발급내역정보와 VP를 대조하여 동일인의 것인지 검증한다. 술집에서 고객을 받을 때 확인하려는 정보는 성인 여부다. 그런데도

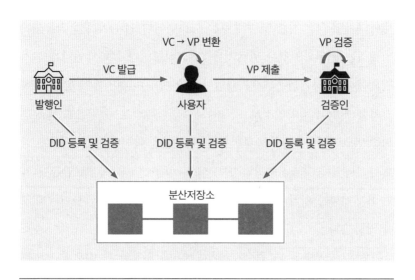

자기주권 신원증명 데이터 흐름도

실물신분증을 갖고 술집에 들어갈 때 신분증에 기재된 모든 정보를 보여주어야 하지만, DID에서는 전체 신원확인정보인 VC 중 나이 정보만 VP로 제공하면 되는 이점이 있다.

여기서도 전자지갑은 필수적이다. 이용자가 스마트폰의 전자지갑에 개인키를 보관하고 있다가 VP를 개인키로 전자서명하여 검증기관에 제공하면, 검증인은 그의 공개키를 이용하여 그 이용자의 VP임을 확인할 수 있다.

이때 신원확인정보의 저장과 확인은 개인의 스마트폰에 내려받은 앱으로 하게 되며, 이러한 앱서비스는 분산신원확인이 지향하는 탈중앙화 정신의 취지에 따라 정부뿐 아니라 민간회사도 제공할 수 있다.

위와 같이 신원확인정보를 저장하고 진위검증과 신원확인을 하는 구체적인 기술적 구조는 설계하기에 따라 다를 수 있다.

현재 행정안전부도 정부가 발행하는 주민등록증, 운전면허증, 여권, 장애인증명 등 각종 신분증을 DID 형태로 발급하고 필요할 때 ID를 검증해 주는 분산신원증명 블록체인 플랫폼을 계획하고 있다. 필자는 DID를 연구해 온 변호사 몇 분과 함께 DID 블록체인 플랫폼을 설립·운영하기 위해 필요한 법령 제정·개정사항이 무엇인지, 어떤 법적 쟁점을 해결해야 할지를 종합 검토하는 연구에 참여한 적이 있다. 현재의 ID시스템하에서 개인정보의 침해나 유출사고가 끊이지 않는 점을 고려하여 정부가 개인이 자신의 신원확인정보에 대한 주권을 가지면서 개인정보침해 가능성도 줄일 수 있는 DID방식에 관심을 가지는 것 같다.

2021년 정부는 여기서 말하는 DID에 해당하지는 않지만, 시범적으로 모바일 운전면허증 서비스를 시작했다. 스마트폰의 패스(PASS) 앱에서 본인인증이 된 사람이 실물 운전면허증의 사진을 찍어 제출하면 면허증과 같이 생긴 모바일 운전면허증이 발급되며, 필요할 때 QR코드 또는 바코드 형태로 제시할 수 있다. 그러나 이러한 모바일 운전면허증은 엄격한 의미에서 신원증명 ID의 발급에 관한 정보를 블록체인 분산원장에 저장하고 요청이 있을 때마다 ID를 검증해 주는 체계는 아니다.

PASS앱에서 보여지는 운전면허증 이미지를 보여줌으로써 운전면허증 제시와 같은 효력을 부여하는 것으로, 규제 샌드박스를 이용해 한시적으로 허용하는 서비스이다. PASS앱에서 보여지는 운전면허증이 실물운전면허증과 같은 효력을 가지는 것은 아니다.

정부가 발급하는 신분증 중에서는 역시 운전면허증을 가장 먼저 블록체인 기반으로 발행하기 시작하였다. 2022년부터 블록체인 기술에 기반한 모바일 운전면허증을 발급하였다. 이름, 주민등록번호, 주소, 사진 등 운전면허증 정보를 개인의 휴대폰에 저장한 후, 개인이 필요한 경우에 필요한 범위의 정보만 제공할 수 있는 방식으로, 실물 운전면허증과 동일한 법적 효력을 부여하고 있다. 모바일에 발급, 저장된 정보와 블록체인에 저장된 정보를 검증하는 절차와 기술적 구조에 대해서 자세하게 알려져 있지는 않다.

2023년 6월 행정안전부는 실물 주민등록증을 대체하는 모바일 주민등록증을 발급할 수 있는 법률안을 만들었다. 아직 구체적인 발급 구조와 기술적 내용은 알려지지 않았지만, 탈중앙화 정신을 반영하여 주민등록증 정보를 암호화해서 개인의 휴대폰에 저장하고, 개인이 허용할 때에만 다른 사람이 정보를 열람하거나 이용할 수 있도록 하는 구조로 보도되었다.

크립토사피엔스가 Web3.0시대에 다양한 플랫폼에서 데이터를 소유하고 토큰 이전거래를 할 경우 플랫폼에서 이용자가 데이터를 소유하고 토큰거래를 하기 위해 어떤 ID를 제시하도록 할지가 문제될 수 있다. 또한 모든 활동과 거래에서 국가가 검증하는 DID 또는 신원확인정보 전부를 사용하게 할지 아니면 위 DID에 기초한 또 다른 ID를 만들어 사용하게 할지 등에 대한 논의와 공감대가 필요하다. 파라메타사가 구축 중이라고 발표한 '퍼미(Perme)'라는 Web3.0 기반 데이터 프로토콜은 DID로 인증된 개인이 개인 데이터저장소에 저장한 데이터에 대한 소유권을 갖고 행사할 수 있도록 도와준다고 한다. DID가 어떤 방식으로 설계되고, 어느 범위의 정보를 신원확인정보로 요구할지 궁금하다. 개인의 신원확인정보를 모든 플랫폼에 제공하면 개인정보 유출이나 해킹이 있을 때 피해가 너무 클 수 있기 때문이다.

DID, 분산신원확인의 근거법

EU는 회원국가별로 전자서명체계를 갖추고 있었으나 각 국가 간의 차이점으로 EU 역내의 단일 거래시장 형성에 지장이 있었다. 2016년 eIDAS규정(Regulation on Electronic Identification, and

Trust Services for Electronic Transactions in the Internal Market)[•]의 제정으로 EU 국가 내에서 다 같이 적용되는 신원확인과 전자서명체계를 갖추면서 전자신원확인, 전자신원확인데이터, 전자신원확인수단의 개념을 정립했다.

한국 정부도 지능형 디지털 정부를 지향하면서 위에서 살펴본 종이 신분증의 여러 가지 문제점을 해결해 디지털 시대에 걸맞은 지갑 없는 사회를 지향하고자 디지털 신분증, 모바일 신분증 또는 전자신분증 등으로 지칭되는 블록체인 분산원장기반 신원증명시스템을 지향하고 있다. 현재 블록체인 기반의 모바일 운전면허증을 발급하지만 다양한 신분증을 모두 블록체인 기반 분산신원인증체계로 바꾸려면 각종 신분증의 근거법과 전자정부법 등 관련 법령을 정비해야 한다.

개인의 자기주권보호, 효율성, 보안성 등 중요한 가치가 잘 작동하도록 정리해야 한다. 블록체인 기반으로 신원확인정보를 어떻게 저장하고 신원확인이 필요한 이들에게 어떻게 신원확인 또는 정보의 진위 검증을 해줄지에 대한 기술적 구조도 정해야 하고, 블록체인의 노드를 어떻게 구성할지와 DID검증서비스 제공자의 자격을 어떻게 정할지 등에 대한 정립도 필요할 것이다. 이런 구조에서는 종이형태로 된

• 역내 전자거래를 위한 전자신원확인 및 신탁서비스 규정.

단 하나의 원본만 존재한다는 의미의 신분증이라는 말을 더는 쓰지 않을 수도 있다.

국가가 DID 체계를 완성하면 그것이 다른 블록체인 기반 거래들에 어떻게 연결되고 확대 사용될지 논의가 많아질 것이다. 국가가 검증하는 신원확인정보를 그대로 연결해서 활용하겠다는 네트워크도 있겠지만, 실명의 개인정보가 필요하지 않은 네트워크에서도 신원확인을 하지 않거나 하더라도 별도 절차에 따라 할 수도 있고, 국가가 발급한 DID에 기초한 2차적 DID체계를 취할 수도 있다. 특히 메타버스에서 정체성이 다양한 다수 아바타의 삶을 펼쳐 보려는 욕구를 지닌 개인들에게 국가 발급 DID에 기초한 신원확인을 항상 요구한다는 것은 메타버스에서 기대하는 바와 부딪치는 부분이 있을 수 있다.

동인도회사와 비트코인 네트워크

서로 무관해 보이는 동인도회사와 비트코인 네트워크 두 조직의 공통점은 무엇일까? 『비트코인 백서』에 따르면 누구든 익명으로 비트코인 네트워크에 참가해 돈을 벌 수 있다. 누구든 자신의 개인용 컴퓨터, 서버, 스마트폰 등 다양한 컴퓨팅 디바이스에 설치한 비트코인 코어 프로그램으로 노드가 될 수 있다. 매 10분간 비트코인의 채굴이나 이전 거래가 네트워크에 전파될 때마다 각 노드는 그 거래를 블록에 수집해서 가장 먼저 작업증명을 하려고 한다. 작업증명은 블록마다 요구되는 논스값을 반복적인 연산작업으로 먼저 찾는 것이다. 한 노드가 가장 먼저 작업증명을 마치면 자기 블록을 다른 모든 노드에게 전파하고 다른 노드들이 그 거래가 유효하다고 검증하면 다음 블록이 생성된다. 최초 작업증명을 한 노드는 보상으로 채굴된 비트코인을 갖는다.

다만 참여노드가 보상을 얻으려면 지출해야 하는 비용이 있는데, 컴퓨터 대금을 지불하고 연산하는 데 소요되는 전기요금을 부담하는 것이다. 컴퓨터 전기요금과 컴퓨터의 감가상각비를 부담하고도 남을 정도의 기대 보상값이 주어지면, 노드들은 보상을 얻으려 작업증명에 참여할 터이다.

비트코인은 2009년 처음 구축된 넓은 의미의 DAO의 최초 형태라 할 수 있다. 영국에서 1600년 설립된 동인도회사는 인류가 창안한 최초의 회사라는 조직형태이다. 유럽 각 국가는 제국주의의 깃발 아래 식민지를 확장할 때 식민지에 투자해 식민지 지배권을 갖고 후추, 커피, 사탕, 무명 등 동양의 특산품 무역으로 돈을 벌려고 동인도회사를 만들었다. 당시 동인도회사는 국왕의 허가를 받아야 했으며 각국 동인도회사들 간에 무역독점권을 둘러싼 경쟁이 치열했다. 투자자들이 식민지 무역사업을 하려고 자본금을 출연해 회사라는 가상의 조직을 만들어 회사 이름으로 사업을 하고 사업활동으로 창출한 수익을 투자자, 즉 주주들에게 배분했다. 사람들이 자금을 출연하거나 비용을 들여 수익활동을 하고자 새로운 조직형태를 처음 만들었다는 점에서 동인도회사와 비트코인 네트워크는 공통점이 있다고 할 수 있다.

비트코인 네트워크에서는 비트코인 블록체인을 통해 컴퓨터 네트워크에서 다른 컴퓨터와 한편으로는 최초 블록을 생성하려 경쟁하고, 다른 한편으로는 최초로 생성된 블록을 검증해 주는 협조를 하면서 컴퓨터로 비트코인 코어가 요구하는 연산을 하면, 결과적으로 비트코인이라는 경제적 가치를 보상받는 것이다.

비트코인 네트워크는 비트코인 코어 프로그램만 설치하면 누구든 참여할 수 있으므로 누구나 보상으로 비트코인을 채굴하는 경제활동을 할 수 있으며, 이러한 노드들이 참여하는 네트워크는 느슨한 형태의 온라인 집단이라고 할 수 있다. 노드들은 최초 블록생성에 필요한 해시값을 계산하는 방법과 작업증명 합의 알고리즘에 따라야 하므로, 그것들을 네트워크 집단의 운영규약이라고 할 수 있다. 물론 대표조합원 같은 집단을 대표하는 지위는 없다. 기존의 법인은 ID를 통해 신원이 확인된 사람만 주주가 되고 경영진에 참여한다. 하지만 비트코인 네트워크 내의 코인 채굴행위나 거래 검증행위는 누구든 익명으로 참여해 네트워크에서 요청하는 연산작업만 하면 된다. 익명의 주체가 신원을 밝힐 필요 없이, 상대방이 신뢰할 만한지, 상대방 신용도가 어느 정도인지 전혀 알지 못하는 상태에서도 인터넷에서 지갑주소만 알리고 비트코인이라는 자산을 채굴하거나 거래하게 된 것이다.

우리는 오랫동안 자산을 거래하려면 오프라인이든 온라인이든 거래 당사자가 모두 신뢰하는 공적 또는 사적 중개기관을 이용해야 했다. 중앙화된 거래기록시스템에는 노드 개념도 노드에 대한 인센티브도 당연히 없었다. 중앙화된 시스템인 은행을 보면, 거래내역은 은행원들이 실명확인된 고객에게 직접 확인하거나 실명확인된 고객이 은행 전산시스템에 직접 접속해 입력한 기록을 은행 서버관리 전산부서의 관리·감독 아래 오직 은행장부인 서버(전산화 이전에는 수기로 기록한 실물장부)에만 기록한다. 은행 전체는 이러한 거래내역 기록 행위 전반에 대해 고객에게서 일정한 수수료를 받는다.

하지만 우리가 아는 누군가 비트코인을 채굴해서 또는 비트코인을 팔아서 큰돈을 벌었다고 해도 비트코인 네트워크에 들어가 그 사람 실명을 확인할 수 없을 뿐 아니라 기록의 보관·저장에 책임 있는 주체가 그런 사람이 있는지 확인해 주지도 않는다. 물론 중앙화된 암호화폐거래소에 특정인이 자기 실명으로 계좌를 개설하고 자기 이름으로 비트코인 거래를 할 수 있지만, 그 거래소 자체는 비트코인 네트워크가 아니다. 또 거래소가 여러 고객의 자산을 풀(pool)에 모아 보관하려고 비트코인 네트워크에 노드로 참여하지만 그 거래소 역시 실명으로 노드가 되지는 않는다.

계, 회사 그리고 DAO

DAO는 한국 법령에서 아직 정의된 바가 없지만, 컴퓨터 네트워크에서 온라인으로 연결된 사람들이 공동의 목적으로 규약을 만들고 그 규약에 따라 자금을 출연해 의사결정을 한 뒤 공동활동을 하고 수익을 배분하는 조직이라 정의할 수 있다. DAO는 조직의 자금을 모아 예치하고 지출하는 일을 기업처럼 재무팀이나 은행계좌를 이용해서 하지 않고 스마트 컨트랙트로 운영되는 전자지갑으로 수행한다. DAO의 의사는 온라인으로 하는 멤버총회에서 투표로 결정하지만 이사회나 대표이사 같은 대의기구나 대표자는 없다.

DAO가 주로 만들어지는 분야는 예술작품의 공동창작과 거래, 공동투자, 사회적 활동, 봉사활동과 기부 등 개인이 관심을 두고 자금을 출연할 수 있으면 어떤 목적과 활동도 가능하다. 현재로서는 대부분 국가에서 법적으로 확립된 DAO의 지위가 없고 대외적으로 DAO가 경제적 거래를 하는 방식은 물론 상대방에게 부담하는 책임의 내용도 불명확하다. 그럼에도 새로운 DAO 설립이 많이 시도되고 실행되는 것을 보면, 지금까지 문명사회가 정립해 온 회사와 다양한 형태의 조직구성과 의사결정 구조, 수익배분 방식에서 벗어나 자유롭게 모색하려는 수요가 많은 듯하다.

그렇다면 DAO가 일반 회사나 법인과 어떻게 다르고 무엇이 같은지 살펴보자.

첫째, 인터넷 위에서 블록체인기술 기반 위에 존재하는 조직으로 법인과 같이 현실세계에서 설립절차가 필요 없다.

둘째, 법인과 같이 운영의 기본을 정하는 정관과 주요 의사결정을 하는 총회가 필요하나 집행을 위한 이사회 같은 대의기구는 없다. DAO를 만들려면 초기 멤버들이 만나 멤버 선정기준과 역할 분담, 의결권 부여방법과 의결권 행사, 공동활동의 내용과 방법, 수익배분 등에 대한 규약을 정해야 한다. 이 규약은 프로토콜화해 온라인상에서 실행되도록 해야 한다. 프로토콜로 이루어지는 공동활동에서는 기존의 공식적·비공식적 조직에 반드시 필요한 오프체인의 대표, 회장, 리더가 논리적으로 필요 없다. 실질적으로 초기 멤버들이 DAO의 중요한 사항의 방향을 정립하고 프로토콜 개발을 주도하는 등의 역할을 하는 것이 사실이므로, DAO의 운영과정에서 초기 멤버들의 기여를 어떻게 인정하고 반영할지가 큰 이슈가 될 수 있다.

셋째, 구성원의 조직에 대한 권리와 의무를 포괄적으로 표시하는 지분 개념은 DAO에도 있고, 구성원은 보통 출자금액에 비례하는 크기의 지분을 취득하는데, 그 지분은 NFT로 발행하는 경우가 많다.

넷째, 인터넷상에 존재할 뿐 특정 국가에 속하지 않아서 사람들의 필요에 부응하면 조직의 잠재적 확장성이 크다고 할 수 있다.

이렇듯 사람들이 DAO에 기대하고 많이 참여하는 이유는 무엇일까? 각 멤버가 직접 조직을 설립하고 운영하는 동등한 주체가 된다는 데서 의미를 찾고 만족을 느끼는 게 인간 본성에 부합하기 때문일 것이다. DAO에 참여하면 공동행위로 얻게 되는 공동수익을 나누어 가질 수 있는 점도 매력포인트다. 회사는 오랜 세월 공동의 경제활동을 하고 부를 생산해 내는 대표적 조직형태로 자리 잡았다.

우리 사회의 생산 대부분을 촘촘히 담당하는 회사는 사람들이 공동사업이나 협업을 하려면 거의 당연히 취하는 조직형태로 되어 있지만, 개인이 인생 대부분을 회사 조직의 일원으로 살아야 하는 데 따르는 어려움과 아쉬움도 적지 않다. 따라서 회사 형태를 취하지 않는 또 다른 협업과 공동행위를 할 방안이 있다면 찾아보고 싶은 집단의 심리도 작용한다. 현행법에서 엄격하게 규정한 주식회사, 유한회사, 유한책임회사 등의 조직구성과 운영방법보다 더 융통성 있는 조직을 원하는 수요도 당연히 작용한다.

앞에서 보았듯이 최초의 회사는 영국과 네덜란드에서 식민지에 투자해 식민지로부터 후추, 커피, 무명 등을 들여와 수익을 배분한 동인도회사였다. 지금은 회사가 자연인과 같이 하나의 법인격을 갖추고 사업하는 게 너무 당연하게 되었지만, 회사가 최초로 출현하기 전에는 자연인이 혼자 또는 다수가 모여 사업을 하는 게 당연했다. 그러니 회사 이름으로 재산을 소유하고 회사가 대외적으로 거래행위를 하는 주체가 된다는 생각은 회사제도가 도입될 당시 사람들의 상식적 관점에서 받아들이기 어려웠을 터다. 그럼에도 회사라는 조직형태는 200여 년이 지난 후 가장 강력하고 성공적인 제도로 자리 잡았다. 동인도회사가 등장한 이후 회사라는 조직형태가 많은 우여곡절과 도전을 겪으면서 영리를 추구하는 사업활동에 채택되어 자본주의 경제발전에 큰 역할을 해왔고, 현대사회에서 개인들은 인생에서 왕성한 시기를 거의 대부분 회사에 근로자로 고용되거나 임원이 되어 직업활동을 하고 회사의 주주가 되어 주주총회에서의 의결권을 행사하면서 보낸다.

국가는 경제발전과 국부 창출을 위해 회사의 기업활동을 장려하고 뒷받침하는 한편, 각종 산업 분야에서 기업이 영업활동을 위해 다양한 라이선스를 얻도록 규정하고 다양한 행정목적을 위해 기업활동을 금지하거나 제한하는 규제를 해왔다. 정치경제적 논란이 법제도적으로 회사법 개정에 반영되기도 하고, 그때그때 정치·경제 상황에 따라 기업의 지배구조와 법인세 부과를 놓고 더 통제하거나 더 완화하는 복잡한 규제체계를 정립해 왔다. 한국에서도 여러 정권에서 기업활동을 장려한다며 규제개혁을 내세웠지만 큰 개선효과를 보지 못했다. 이런 기업에 대한 규제도 젊은 세대가 DAO에 관심을 두게 하는 한 요소로 작용한다.

그런데 예술의 창작과 예술품 거래, 투자, 자선과 기부, 학술연구 등 매우 다양한 분야에서 각각 특색 있는 목적과 규약을 갖춘 DAO들이 짧은 기간에 등장하는 모습을 보면, 기존의 기업활동과 별 상관이 없는 분야에서도 조직 운영과 협업의 다양성을 DAO로 담아내고 싶어 하는 욕구가 많은 듯하다.

필자는 DAO가 미래 조직의 한 형태로 될 가능성을 크게 기대하는 이들을 여럿 만났는데, DAO에 대한 엄격한 정의가 없다 보니 같은 용어를 쓰면서 서로 다른 조직을 생각하는 경우도 많았다. 그럼에도 DAO를 열렬하게 지향하는 그룹들의 공통점이 몇 가지 있다. 그들은 크립토 투자, NFT, 디파이 같은 분야에서 일해 보고 암호자산 투자를 통한 자산형성을 경험하면서 탈중앙화의 이점을 깊이 인식했다. 또한 온체인 활동이 성질상 글로벌하다는 점도 잘 알아서, 국경에 제약을 받지 않고 국제적으로 공동활동을 확대하고 싶어 하는 욕구도 있었다.

예를 들어, 전자지갑 서비스 회사인 바라고의 장중혁 대표는 동남아시아 국가의 게이머들이 게임하면서 토큰을 벌 수 있는 P2E 활동을 조직화한 크립토 워커스 DAO를 만들어 소득이 낮은 그들이 근로의 정당한 대가를 지급받는 새로운 조직을 계획하고 있다. 아직 외국환거래규제, 저개발국가에 토큰을 현금화할 거래소가 드문 점, 근로에 관한 규제 등 해결해야 할 일이 많지만, DAO로 가난한 국가에서 일자리 부족에 시달리는 계층에게 그동안 시도하기 힘들었던 가난 해소 방안을 제시하는 의미가 있다. 크립토와 DAO의 초국가성 구현과 경제적 자유 제고라는 명분이 좋아서 필자도 열심히 도와주고 있다.

한국에서 DAO가 확산되는 모습을 보면 우리의 전통적인 경제적 공동활동 방식인 '계(契)'가 연상된다. 계는 조선시대에는 물론 민법이 제정된 후에도 경제적 부조활동뿐 아니라 제사, 재산관리, 연구 등 다양한 목적으로 활용되었고, 우리 사회에 금융회사가 발전하기 이전 단계인 1980년대까지 일종의 사적 자금융통 방법으로 많이 활용되었다. 금융 계는 일정한 규약에 따라 계주가 있고, 모든 계원이 계불입금을 납입하면 자기 순서에 따라 목돈인 계금을 타는 형태의 조직이다. 법적으로 계는 구체적 운영형태에 따라 조합 또는 금전소비대차계약으로 본다. 계원들 사이에 계금을 타는 순위, 계불입금액과 곗날에 관한 합의로 계 계약은 성립한다.[4] 회사라는 조직형태가 없던 조선시대에 계는 사람들이 공동의 목적으로 자금을 모아 공동활동을 하는 나름의 대안적 방법이었고, 사회경제적으로 오늘날 영리 또는 비영리법인이 수행하는 역할 일부를 대신한 것으로 볼 수 있다.

다만 이런 계는 반드시 계주가 있고, 이 계주가 주도해 규약을 만들며, 계불입금을 수령하여 계금을 지급하고, 계원들의 약속 불이행 등에 따른 계금지급 불이행 위험을 계주가 부담하는 등 매우 중앙화된 조직이라는 점에서 DAO와 차이가 있다. 그렇다 하더라도 계와 DAO는 법률로 명문화된 방식이 아니라 시장과 사람들의 필요와 선호에 따라 다양한 방식의 사회적 활동과 경제적 공동행위, 사적 금융기능을 수행한다는 점에서 유사하다.

한국에서 회사제도가 도입되기 이전에 여러 집단에서 다양한 목적의 경제활동과 공동활동을 하는 계라는 형태가 활성화된 것을 보면, 조직형태는 인간이 필요에 따라 만들었지 원래부터 존재하지 않았음을 다시 한번 새길 수 있다. 인간이 상호 필요하다고 합의하고 그 시대의 기술이 뒷받침되는 범위에서 다양한 형태의 조직을 구성해 보려는 욕구를 지닌 것이 자연스럽다. 한국 사람들의 사회경제적 공동활동에 대한 욕구는 산업화 이전의 계를 거쳐 자본주의 경제에서 회사형태로 꽃피웠는데, 앞으로 크립토사피엔스들이 DAO를 회사의 대안으로 발전시킬 수도 있다.

그러나 DAO는 한국의 현행법상 하나의 법적 주체로 인정받지 못한다. DAO 자체가 독립된 인격체로 법률행위를 하고 그 행위에 따른 법률효과가 귀속되는 주체가 될 수 없고, 은행예금이나 부동산 같은 재산을 소유하는 주체도 되지 못한다. 앞으로 DAO의 법적 주체성을 인정할지와 인정한다면 어떤 설립요건이 필요할지에 대해서는 많은 논의가 예상되고 그 과정을 거쳐 법률안이 나올 수 있을 것으로 본다.

DAO는 과연 어떤 역사적·사회적·정치적 맥락이 있으며 어떤 명분을 기반으로 해야 바람직할지 몇 달간 열린 진지한 토론회에 참가한 적이 있다. 토론회 중 미국 독립 이후 각 주 대표들이 미국 헌법 제정에 찬성하게 하려고 작성한 「더 페더럴리스트(the Federalists)」에 대한 토론은 DAO가 가지는 이슈를 미국이 독립할 당시에 고민했던 연방국가 거버넌스를 채택할지와 연관할 만한 점을 모색했다는 면에서 가장 흥미진진했다. DAO의 가능성을 믿는 사람들은 DAO가 사적 영역의 회사와 영리조직뿐 아니라 공적 조직의 거버넌스의 대안이 될 가능성도 고민하고 있음을 지켜보았다. 그런 고민의 결과 여러 형태의 DAO에 투자할 수 있는 DAO, 즉 DAO의 DAO라는 구조를 시범적으로 설정하려는 프로젝트를 2022년에 진행했는데, 필자는 팀 변호사들과 그 DAO의 지분출자와 수익배분구조, 장기적 계획에 걸맞은 DAO를 법적으로 설계하면서 의미 있는 시간을 보냈다. 다양한 구조와 목적을 지닌 DAO는 토큰경제와 Web3.0이 발전함에 비례하여 지속적으로 시도되고, 그와 더불어 DAO가 어떻게 제도화될지 논의도 많아질 것이다.

DAO의 법적 주체성 인정

2021년 미국 와이오밍주, 테네시주는 유한책임회사법을 개정해 일정한 요건을 갖춘 DAO를 유한책임회사로 인정했다. 따라서 이 주들에서 DAO는 법률행위의 주체가 될 수 있다. DAO 명의로 재산을 소유할 수 있고 대외적으로 거래 상대방, 즉 은행, 가상자산거래소, 마케팅 용역을 제공할 수급인 등과 계약하여 거래할 수 있다.

그러나 미국도 연방차원에서 DAO를 법제화하지는 않았으며 대부분 국가가 아직 근거법령조차 없으므로 DAO가 앞으로 어떤 식으로 지향하는 다양한 조직의 구성과 운영형태를 실험하면서 법적 주체로 인정받느냐가 DAO 발전의 주요 관건이다.

그밖에 DAO가 사람들이 공동활동을 할 수 있는 형태로 자리를 잡아나가려면 해결해야 할 과제가 매우 많다. 보통의 멤버들이 의결권 행사에 무관심하거나 소홀할 수 있다. 그 멤버들이 의결권을 위임함으로써 특정 멤버에게 의결권이 집중되면 남용 우려도 있다. DAO도 초기 멤비들이 주도해 스마트 컨트랙트와 프로토콜을 개발하고 구조를 설계했는데, 이들이 온라인에서 투표권 행사와 별개로 실질적으로 지배하게 될 우려도 있다.

DAO와 거래하는 제3자는 DAO 자체를 독립된 주체로 인정하는 법률이 없는 국가에서는 직접거래 상대방으로 DAO에 책임을 물을 수 없어 DAO의 모든 또는 핵심 구성원을 상대로 책임을 물을 수 있는지가 논란이 된다. DAO 자금이 스마트 컨트랙트에 따라 집행되는데 스마트 컨트랙트 소프트웨어의 하자로 혼란과 손해가 발생하면 그 책임을 누가 부담할지에 대한 논란도 일어날 것이다.

그러나 제대로 운영되고 발전한다면 DAO는 온라인과 메타버스 공간에서 공동의 경제활동을 하는 방식과 의사결정구조, 수익배분 방법의 창의적 다양성을 무한히 펼치길 원하는 미래 세대의 욕구에 부합해 현재 회사의 역할과 기능을 보완하고 대체해 나갈 가능성이 있다. Web3.0에서 DAO는 기여에 비례하는 보상을 효율적으로 해주는 조직 형태가 될 가능성도 많다.

1872년에 영국에서 회사법이 제정되었을 때 자연인이 아닌 회사에도 독립적 법인격을 인정하고 회사 주주는 출자한 투자금액 범위에서만 책임을 진다는 점에 대해 반대와 논란이 엄청났을 것이다. 그럼에도 오랜 시간이 지나지 않아 대부분 국가에서 이는 당연하게 받아들여졌고, 회사 출자금 내에서만 회사의 채권자들에게 유한책임을 부담하는 회사의 구조는 엄청난 혁신이 된 것이다. DAO도 실제 효용을 인정받고 작동하는 데 문제가 없음이 검증되면 앞으로 새로운 형태의 법적 주체성이 인정될 가능성이 있다. 2023년 1월에 열린 다보스 포럼에서 공개된 「DAO Toolkit」보고서에서는 'DAO의 코드 중심적, 커뮤니티 지향적 특성이 기존 기업의 단점을 해결하고 공정한 거버넌스와 운영을 가능하게 할 잠재력을 가진다'고 하면서, DAO를 위한 법과 규제의 필요성도 강조했다.

6장

크립토사피엔스의
과제와 크립토 혁명

역사를 돌이켜보면 새로운 시대는 그냥
오지 않는다. 혁신은 기존 것을 파괴하고 새로운 것을 받아들여 정착
시키는 데 따른 고통, 혼란을 내포하고 있다. 블록체인과 토큰화가 우
리에게 줄 선물을 받으려면 어떤 문제를 더 해결해야 하는지와, 현재
도 부딪치고 있는 어려움과 문제는 무엇인지 개괄한다. 탈중앙화의
장점을 사회 전체가 누리고자 할 때, 만약 사고가 나면 현행 법체계로
는 책임질 사람이 없는 문제는 어떻게 대응할지, 블록체인이 투명하
여 믿을 수 있지만 그에 따른 개인정보와 프라이버시 침해 가능성은
어떻게 관리할지 고민을 곱씹어 본다.
　　또한 블록체인 생태계가 확장될 규모를 고려할 때 현재 법체계는

공백과 보완할 사항이 많은데, 어떤 정신과 기준으로 법체계를 정비할지 방향성도 제안한다. 국가를 넘어 초국가적 경제질서가 확대될 거라고 예측되는데, 개별국가의 법은 어떻게 대응할지, 국가 간 공조는 필요한지, 초국가적 규범이 탄생해 크립토사피엔스를 규율하는 새로운 질서를 만들어 갈지에 대한 예상도 해본다.

마지막으로 어떤 나라가 크립토사피엔스의 욕구를 받아들여 선도 국가가 될 수 있는지와 그렇게 되려면 어떤 자세와 방향성을 가져야 하는지도 고민해 본다.

탈중앙화의 한계와 극복

글로벌 자산운용사 프랭클린 템플턴은 2023년 3월 발간한 리포트에서, 기술이 주도하는 메가트렌드 중에서도 탈중앙화가 사회를 전환하는 효과가 가장 크다고 분석했다. 탈중앙화기술은 Web3.0과 크립토 생태계의 발전을 가져왔고, 개인들은 디지털 자산 플랫폼을 이용하여 이전보다 더 많은 권한을 가지게 되었는데, 특히 토큰화된 자산(크립토 고유한 토큰과 실물자산에 연계한 토큰 포함)과 디파이가 더 그렇다고 강조했다. 그러나 탈중앙화를 구현하는 데는 한계와 해결과제들이 있다.

탈중앙화 프로토콜의 책임 주체는 없는가?

탈중앙화 네트워크는 많은 제도의 중개자 역할을 하는 은행, 증권회사, 증권거래소, 기업과 같은 기존의 중앙화된 기관 없이 디파이나 자산거래를 가능하게 하지만 새로운 종류의 관여자, 기여자나 새로운 중개자를 출현시키고 있다. 블록체인기술의 코드개발자, 채굴자, 검증자, 스테이킹하는 자가 그들이다. 채굴자는 작업증명방식에서 거래기록 블록을 최초로 생성하고 다수 노드의 검증을 거쳐 블록을 확정하는 일을 하며 그 대가로 채굴되는 토큰을 받는다. 검증자(validator)는 지분증명방식의 네트워크에서 소유한 토큰을 스테이킹한 후 블록 생성, 검증, 확정을 하고 그 대가로 토큰 형태의 수수료를 받는다. 이런 새로운 기여자들에 대하여 국가와 법체계는 가능한 한 법적 책임을 물어 탈중앙화 네트워크에서 발생하는 사고나 피해를 해결하려고 할 수 있다. 특히 그러한 기여자가 네트워크 이용자들이 지불하는 보수 일부를 배분받아 큰 이익을 취한 경우에는 더 책임을 부담시키려고 할 것이다.

규제당국이나 수사기관은 수익을 얻은 자에게 더 큰 행정제재와 벌을 부과하려는 경향이 있다. 그러나 기존의 법령체계나 법이론으로는 그러한 기여자들에게 의무나 책임을 부담시킬 논거를 구성하지 못할 수 있다. 왜냐하면 가상자산의 이전계약 자체가 스마트 컨트랙트로 일어나는 경우, 프로그램 개발자를 거래의 직접 관여자로 볼 수는 없어서 새로운 법률제정 없이 법적 책임을 지우기가 어렵기 때문이다.

탈중앙화를 이끄는 주체를 노드라고 지칭하지만, 조금만 생각해 보면 이 노드가 우리에게 오랫동안 익숙한 개념인, 어떤 행위를 할 권한이 있고 그에 따르는 책임을 지는 법적 주체는 아니라는 점을 쉽게 알 수 있다. 법적 주체는 크게 자연인인 개인과 특정 국가의 법에 따라 설립되는 법인으로 나뉜다. 노드는 블록체인 네트워크에 참여하는 특정된 컴퓨터로, 컴퓨터가 인터넷으로 다른 컴퓨터들과 통신할 때 할

당받은 IP 주소를 의미한다. 노드 자체는 자연인도 법인도 아니며, 다만 노드를 통제하는 주체가 자연인이나 법인이 될 수 있다.

많은 탈중앙화 프로토콜은 인적 개입을 전혀 하지 않고 토큰의 보관, 이전, 스테이킹과 보상지급, 이자지급 등은 모두 프로토콜 자체에서 자동으로 이루어진다고 설명한다. 프로토콜에 따라 자동으로 이루어진다는 개념은 법적으로 보면 두 가지로 나뉜다. 첫째, 프로토콜의 작동으로 인한 자산의 보관이나 이전에 인간의 개입, 즉 인간의 행위는 전혀 없다. 둘째, 그 결과 프로토콜 작동의 오류나 잘못으로 누군가가 손해를 입었을 때 그 당사자에게 아무도 배상책임을 지지 않는다.

그러나 여러 구체적 프로토콜의 구조와 관련 당사자의 책임에 관한 법률 자문을 하면서 현실에서 프로토콜의 작동 오류나 잘못이 일어날 가능성이 있고, 그 경우에 프로토콜 오류로 누군가가 부당하게 손해를 본 경우 모든 기여자나 관여자가 손해배상책임을 지지 않는다는 논리가 그대로 다 인정될까 하는 의문이 들었다. 앞으로 이에 대한 논쟁이 많이 나올 테고 스마트 컨트랙트를 둘러싼 관여자 또는 기여자들의 법적 지위나 법적 책임을 입법적으로 해결하려고 할 수도 있다.

그럼 비트코인이나 이더리움, 테라 같은 탈중앙화 프로토콜의 운영자는 과연 존재하는가?

비트코인은 앞에서도 설명했듯이 거의 완전한 탈중앙화에 해당해서 운영행위자나 책임 주체가 있다고 볼 수 없다. 비탈릭 부테린을 포함한 최초 개발자와 이더리움 재단이 이더리움 메인넷에 관여하였으나, 합의 알고리즘의 작동 자체에 관해 토큰 보유자로서 블록검증자가 되는 것 외에 메인넷 운용에 공식적으로 별도 지위나 권한을 가지지 않으므로 이더리움의 탈중앙화는 잘 달성되고 있다고 본다.

2022년 5월 테라-루나 네트워크가 붕괴되면서 투자자들이 테라-루나의 가치가 급락해 큰 손실을 보았는데, 그전까지 테라는 탈중앙화 프로토콜로 운영된다고 밝혔고, 많은 참여자가 그렇게 믿었음에도 갑작스럽게 무너질 수 있다는 경험을 했다. 법적으로 네트워크를 운영하는 행위를 한 자가 있다고 볼 수 있는지, 만약 있다면 그 운영행위자에게 어떤 법적 책임을 물을지에 의문이 제기되기 시작했다. 답을 찾으려면 미화 테라를 미화 1달러에 근접시키는 테라-루나 프로토콜, 테라 예치에 높은 비율의 보상을 지급한 앵커프로토콜의 설계와 프로그램 개발, 중요한 사항의 의결권 행사과정과 관여자의 의도·의사 등에 대해 사실관계를 먼저 파악해야 한다.

테라를 예치하면 18~20%의 이율을 지급하여 폭발적인 예치량 증가와 테라-루나 생태계 확대를 가져온 앵커프로토콜은 프로토콜에 관한 중요한 사항에 대해 DPOS 방식의 합의 알고리즘을 채택했다. 토큰 홀더들 중 누군가가 앞으로 적용할 이자율을 제안할 수 있고 그 제안에 대하여 전체 토큰 홀더들이 의결권을 행사해 정하는 것이다. 그러니 실제로는 이자율 제안은 프로토콜 개발회사이자 테라의 대량

보유자인 테라폼랩스가 거의 다 했고 나머지 토큰 홀더들은 별도 제
안을 하지 않아 테라폼랩스가 제안한 이자율이 반대 없이 통과되었
다고 한다. 이런 이자율 결정에 대한 의결권 행사와 의결내용 등은 다
공개되어 테라폼랩스에 높은 이자율 지급 자체에 대해 책임을 물을
수는 없다.

다만, 만약 20% 정도 이자율을 지급하는 것이 지속가능하지 않음
을 알고도 의도적으로 계속 지급할 수 있는 것처럼 속였다는 사실이
확인된다면 그에 따른 법적 책임은 문제될 여지가 있다.

블록체인 네트워크에서 어떤 거래가 일어날 경우, 그 거래를 하는
주체는 현실세계에서 실명이 확인된 개인이나 법인이라는 법적 주체
가 아니라 블록체인 프로그램상으로 확인된 IP주소이거나 전자지갑
주소이다. 은행계좌를 개설하거나 부동산등기에 소유자로 등재할 경
우, 반드시 실명확인을 거치고 인감증명을 제출하는 개인 또는 법인
명의로만 개설하거나 등재할 수 있고, 은행의 서버와 등기소의 서버
에는 그 명의자가 실명으로 기재되는 점과 확연히 비교된다. 그런 점
에서 탈중앙화된 분산원장에 참여하는 주체는 노드 뒤에 있는 익명의
주체일 수 있다.

물론 전자지갑주소는 다른 어떤 정보와 결합되어 그 전자지갑을 통
제하는 개인이나 법인이 누구인지 밝혀지는 경우가 있어서 언제나 익
명이라 할 수는 없다. 다른 정보와 결합되어 개인을 특정할 수 있는

대표적 예가 최초 채굴된 50개의 비트코인이 보관된 지갑주소인데, 누군가가 그 지갑에서 출금하는 순간 비트코인 창시자임을 확인하는 정보가 된다.

만약 블록체인의 노드가 되거나 지갑을 개설하려면 실명의 개인이라는 신원증명을 거쳐야 하고, 그 신원증명을 온라인에서 저장된 DID 방식으로 반드시 하도록 강제한다면, 탈중앙화 토큰 생태계에 참여하는 주체는 모두 실명의 개인이나 법인이 될 수도 있다. 물론 국가는 이러한 기술에 많은 관심을 갖고 준비하지만, 지금은 모든 블록체인에서 신원증명을 기술적으로 구현하는 것도, 그것을 제도적으로 강제하는 것도 어려워 보인다.

누구든 탈중앙화 프로토콜의 노드가 될 수 있고, 그런 노드들이 거래기록과 프로토콜의 주요한 의사결정, 예를 들어 스테이킹 토큰의 수익률을 결정하는 구조에서 프로토콜 운영자를 쉽게 특정하기가 어렵다. 최초로 프로토콜을 개발해 공개한 회사도 그것만으로는 운영자라고 보기 어렵다.

이러한 탈중앙화 블록체인 네트워크에서 운영·관리 행위자가 있는지 더 나아가 네트워크와 관련한 문제가 생겼을 때 책임지는 주체가 있다고 볼 수 있는지에 대해서는 아직 법적으로 정립되지 못하고 있다. 그런 자는 존재하지 않는다는 주장부터 네트워크 위에서 일정한 지간접 관여 행위를 한 자를 폭넓게 책임주체로 인정해야 한다는 주장까지 다양한 견해로 나뉜다. 그런 행위자가 있다 하더라도 그 행위자의 실명을 다 확인하기가 현실적으로 어렵거나 불가능할 수도 있다.

탈중앙화된 블록체인 구조에서 사람들은 노드와 토큰 보유자의 익명성을 인정하지만, 어떤 문제가 발생하면 오랫동안 익숙해져 온 중앙화방식에 따라 토큰보유량이 많거나 영향력이 큰 사람에 대한 기대와 함께 책임부담도 요구하고 싶은 욕구를 쉽게 누그러뜨리지 못하는 면도 있다.

가명 또는 익명화된 주체들 중 탈중앙화 네트워크를 설계하고 만들고 확장하는 데 핵심적으로 기여한 사람들이 결국 네트워크의 운영과 미래에 영향을 미치고 장악하는 방향으로 가게 되고 다만 탈중앙화는 외부에 내세우는 명분이나 사람들을 유인하는 구호에 그치게 될 거라는 전망도 나온다.

앞으로 탈중앙화를 내세운 토큰 프로젝트에서 사고나 문제가 생길 경우 형사책임 외에 민사법적 관점과 행정규제 관점에서 행위자가 누구인지, 플랫폼 하자나 잘못으로 인한 책임을 누가 지는지에 대한 법리 연구가 필요하다. 규제의 실효성 측면에서도 탈중앙화는 규제 상대방을 특정하기 어려운 점을 던져준다. 토큰거래 당사자가 익명이나 가명으로 거래하고 있고, 디파이 플랫폼에서 플랫폼 개발·운영·관리자를 특정하기가 실질적으로 어려울 수도 있기 때문이다. 국제기구와 국가에서는 이러한 상황을 고려해 해결 방향을 제시하기도 한다.

IMF가 2022년 5월 발간한 「자본흐름관리조치(Capital Flow Management Measure in the Digatal Age: Challenges of Crypto Assets)」 보고서에서는 규제기관에 권유하는 하나의 포인트로, 탈중앙화 프로젝트와 관련해 규제기관이 식별할 수 있는 중앙화된 거래소와 정부로부터 규제받는 기관들을 규제 지렛대로 활용해야 한다고 지적했다. 디파이는 가능한 한 플랫폼을 만들거나 그에 기여한 사람들을 규제 접촉점으로 삼아야 한다고도 강조했다.

미국 SEC의 게리 겐슬러 위원장은 2022년 8월 유니스왑의 개발사인 유스스왑랩스를 조사하는 것과 관련해 "디파이에는 소프트웨어를 작성할 뿐만 아니라 거버넌스를 정하고 수수료를 수취하는 핵심그룹이 있고, 그 중간에 유통업자(promoters)와 스폰서를 위한 인센티브 구조가 있다"라고 했다. 이에 기초하면, 디파이에서 프로토콜 개발자, 유통업자, 스폰서 등이 새로운 기여자로 인정될 가능성이 있다. 물론 아직 기여자로 인정할 논리적 구조와 디파이 운영과 관련하여 어느 정도 책임을 부담시킬지 등에 대하여 구체적으로 정해진 것은 없다. 탈중앙화 플랫폼의 행위자와 책임귀속 주체를 누구로 할지에 대해 법리가 정립되지 않은 상태이지만, 규제기관은 규제 상대방을 정할 때 가능한 한 누군가를 중앙화된 주체 또는 주도자로 내세우려고 하는 의도임은 분명하다.

불완전한 또는 위장된 탈중앙화

　탈중앙화는 블록체인기술의 핵심이지만 실제로 블록체인 합의 알고리즘을 운영할 때 탈중앙화가 제대로 구현되지 못하는 경우가 있다. 탈중앙화를 구현할 의사 없이 탈중앙화의 외관만 가지는 가장된 탈중앙화나 탈중앙화를 의도했으나 기술적·운영적 이유로 제대로 구현하지 못하는 불완전한 탈중앙화가 나오는 이유는 블록체인을 운영하는 인간의 양면성 때문이라고 본다.

　탈중앙화를 내세우는 블록체인 프로젝트가 얼마나 명실상부하게 탈중앙화를 구현하는가? 사실 탈중앙화금융 플랫폼도 완벽하게 모든 과정을 탈중앙화하지 못하고 있다. 예를 들어 이더리움 기반의 합성자산●을 발행하고 거래하는 탈중앙화 합성자산 신세틱스 플랫폼에서는 시스템의 기능 일부분, 즉 다른 서버에 있는 파일, 데이터 등의 데이터를 찾아 가져오는 프록시(proxy)기능은 중앙화된 주체가 담당한다고 공개했다. DAO도 초기 코어팀이 프로토콜을 개발하고 거버넌스 구조를 정할 때 초기 코어팀에게 투표권이나 의안 제안권을 더 비중 있게 부여하거나 실질적인 혜택을 제공하는 구조가 될 수도 있다.

●　신세틱스 토큰을 담보로 통화, 이더리움 등 자산가격을 추종하는 파생상품.

각종 블록체인 플랫폼에 외부 정보를 취합하여 제공해 주는 오라클도 현재 주로 중앙화된 주체가 수행하는 모델인데, 더 높은 신뢰를 얻기 위하여 점진적으로 탈중앙화 방식으로 전환하려고 한다.

필자는 2017~2018년에 여러 ICO 프로젝트를 자문하면서 탈중앙화에 관해 양면성이 있는 프로젝트를 많이 보았다. 로펌에 법률자문을 의뢰하러 찾아온 회사들이 가장 먼저 프로젝트의 개요를 설명한다. 그다음은 자신들의 블록체인기술이 다른 프로젝트보다 얼마나 탈중앙화 정신에 투철한지는 물론 다른 프로젝트는 자신들보다 수준이 낮은 탈중앙화를 하고 있다고 자랑삼아 강조하면, 우리는 공감하면서 감탄도 한다.

그러나 막상 프로젝트를 깊이 파악하고 의뢰인들에게 다양한 각도에서 백서에 포함되지 않은 의도나 기술 내용, 토큰의 유동성 확보, 의사결정 거버넌스 등을 꼬치꼬치 질문하고 답변을 듣다 보면, 합의 알고리즘의 의결권을 행사할 노드들의 구성이 분산되어 있지 않거나 토큰 홀더들의 의결권 분산 정도가 모호하거나 발행토큰의 과반을 발행회사가 보유하는 등의 문제점이 보이는 경우가 많다. 그 점을 지적하면 마지못해 인정하면서도 그것은 일시적으로 어쩔 수 없는 사정 때문이라고 한다. 아직 기술개발이 미진하다거나 탈중앙화를 잘 이해하지 못하는 다른 노드나 토큰 보유자들에게 의결권을 인정해 주기는 이르다는 등의 설명도 잇따른다. 신세틱스 플랫폼에서 공개적으로 탈중앙화되지 못한 점을 미리 밝힌 점과 대조적이다.

그러나 내가 불완전한 탈중앙화를 하면 불가피한 이유 때문이고 상대방이 하면 탈중앙화의 취지를 이해하지 못하거나 취지대로 실행할 수 없기 때문이라고 하는 것은 탈중앙화 정신에 완전히 반하는 일이다. 프로젝트를 홍보하려고 내세우는 목적으로만 탈중앙화를 말하고 실제로는 제대로 구현하지 못하는 프로젝트들이 있다는 사실은 탈중앙화가 선언만으로 이루어질 수 없음을 보여준다. 그런 프로젝트들이 많아지면 탈중앙화에 대해 시장과 정책입안자들이 신뢰를 쌓기가 어려워지고, 오히려 그들의 부정적 선입견을 강화하는 방향으로 작용할 수 있다.

실제 ICO나 토큰판매계약(token sale agreement), 장래토큰판매계약(simple agreement of future token)의 실태를 보면, 발행자 이익에 너무 치중하며 토큰 구매자나 투자자 입장은 거의 보호하지 않는 구조가 많다. 지금까지 본 여러 분야의 다양한 계약 유형 중 당사자 간의 이해관계조정에서 가장 편향적인 계약이었고, 한쪽 당사자인 매도인에게 일방적으로 유리한 계약이었다. 예를 들면 토큰 개발이 실패로 끝나도, 토큰 개발기간이 아무리 늦추어져도, 토큰에 기술적 하자가 있어도 매수인은 매도인에게 일절 책임을 물을 수 없게 되어 있다.

이같이 계약 당사자 사이에서 협상력이 현격하게 기울어진 이유는 어떻게 하든 토큰을 매수하겠다는 열기가 뜨겁고 묻지 마 투자가 확산되다 보니 매매계약에서 일반적·통상적으로 매수인이 자신의 정당한 이익을 보호받고자 규정을 넣어달라고 요청하지 않았거나 요청할 수 없는 상황이 되었기 때문이다. 또 자유경제시장에서 자산매매에 대한 오랜 거래에서 관행으로 확립되어 온 정형적으로 채택하는 계약서의 구조와 조항도 거의 무시당했다.

토큰이 여러 노드의 동등한 의결권과 지위를 근간으로 하는 탈중앙화 구조에서 생성되었지만 막상 토큰 판매계약의 구조는 지극히 불공평하거나 불공정하다는 현실이 아이러니하게 느껴졌다. 탈중앙화를 남들에게 명분과 구호로 내세우기는 쉽지만 이를 제대로 이해하고 실용화하는 데는 많은 연구와 시행착오를 거쳐야 한다. 어쨌든 2018년을 지나면서 ICO의 열기는 가라앉았고, 따라서 판매자 이익만 주로 고려한 계약서 양식도 쓰이는 일이 급격히 줄어들었다.

앞으로 토큰 이코노미가 뿌리를 내리려면 백서에서 공개한 내용의 탈중앙화를 최대한 그대로 구현하는 프로젝트, 합리적 수수료로 기술적으로 오류 없이 작동하여 많은 사람이 쉽고 안전하게 참여해 실질적인 탈중앙화 혜택을 누리는 프로젝트가 많아져야 한다.

비탈릭 부테린은 자신이 쓴 여러 글에서 이더리움이 탈중앙화 방식으로 운영되어야 한다는 데 신념이 있음을 보여준다. 특히 '블록체인 기술의 진짜 가치'에서 언급한 '블록체인으로 얻을 수 있는 최고 진보는 오직 탈중앙화기술과 결합했을 때만 가능하다'는 데서 신념의 핵심을 보여준다. 이더리움 위에서 어떤 탈중앙화 앱을 개발해 이용하는지도 이더리움재단이 미리 기준을 제시하는 일 등은 일절 하지 않겠다고 강조함으로써 탈중앙화 정신에 대한 신봉을 드러낸다. 자기 목표는 '이더리움을 궁극적으로 모든 인류가 소유하는 분산형 프로젝트로 만드는 것'이라고 남다른 바람도 표현했다.

2009년에 페이스북이 추진한 스테이블코인 리브라(Libra) 프로젝트는 우선 100인의 노드로 구성된 카운실(Council)이 의사결정을 하되 점차 카운실 구성원을 확대하고, 장기적으로는 모든 사람에게 카운실의 자격을 개방하겠다고 했다.[1] 리브라는 새로 시작한 블록체인 메인넷을 처음부터 완전히 탈중앙화 방식으로 운영하기가 어렵다는 점을 솔직하게 인정하고 불완전한 탈중앙화로 출발하겠다고 공개적으로 선언한 것이다. 밖으로 탈중앙화 명분만 강조하고 내부적으로는 실질적으로 메인넷을 통제하려는 의도를 지닌 다른 프로젝트에 비하여 상당한 진척이라고 평가했다.

그러나 많은 프로젝트는 외부적으로 퍼블릭 블록체인이라고 공표한 것과 달리 실제 내용으로는 프라이빗 블록체인으로 설계하고 운용하는 경우가 흔하다. 블록체인 기반 P2E 게임의 성공으로 급성장한 위메이드 블록체인을 보자. 미르4 게임에서 취득한 '드레이크' 게임 아이템으로 '위믹스 토큰'을 교환할 수 있는데, 위믹스의 거래기록에 대한 블록을 생성할 때 합의하는 노드 수는 당분간 제한한다고 백서에서 밝혔다. 거래기록을 모든 사람에게 공개하지만 노드 수를 제한한 상태에서는 완전한 탈중앙화 네트워크라 하기 어렵다. 이 점은 투자자나 이용자, 참여자가 제대로 잘 살펴야 한다.

미국의 증권거래위원회(SEC)에서도 블록체인 네트워크가 실질적으로 탈중앙화되었는지를 중요하게 생각한다. 헤스터 피어스 SEC 위원은 어떤 블록체인 토큰이 증권의 성격을 띠더라도 탈중앙화 블록체인 네트워크에서 발행했으면 증권신고서 제출 등의 규제를 면제해 주는 안전항(Safe Harbour)제도를 도입하려는 법안을 제출한 적이 있다.

탈중앙화 네트워크 위에서 프로토콜에 따라 발생한 결과에 다시 토큰 보유자들이 그 결과를 취소할지를 의결한 사례도 나왔다. 주노(JUNO) 블록체인에서는 아톰(ATOM) 토큰 1개를 스테이킹하면 주노 토큰 1개를 교부하되, 1개 지갑당 최대 5만 개 주노 토큰만 교부할 수 있는 것으로 제한했다. 그런데도 어떤 고래●가 여러 지갑을 이용해 전체 주노 토큰 발행량의 7%에 해당하는 수량의 주노 토큰을 받아가는 일이 일어났다. 그러자 5만 개를 초과하는 주노 토큰을 그 고래에게서 몰수할지를 의결하자는 거버넌스 의결이 제안되어 투표한 결과 몰수 결의를 한 사례다.

● 대량의 토큰 보유자 또는 투자자를 일컫는 말.

그런데 몰수가 정당한지를 두고 치열한 논란이 있었다. 한 사람이 7%나 의결권을 가지는 것은 탈중앙화를 해치므로 몰수해야 한다는 찬성론과 지갑당 5만 개라는 주어진 규칙은 준수했으므로 그 범위에서 자기이익을 극대화한 행동에 대하여 몰수하는 것은 블록체인의 취지에 어긋난다는 반대론이 팽팽하게 맞선 가운데 근소한 차이로 의결되었다. 반대론은 비록 프로토콜 설계 시에 동일한 당사자가 여러 지갑으로 에어드롭을 받아서는 안 된다는 점을 빠트리고 반영하지 못한 문제가 있다 하더라도 이를 이유로 몰수하는 것은 부당하다는 논리였다.

이 의결과정과 결과에는 블록체인의 거버넌스와 블록체인으로 추구하는 가치에 관한 논쟁이 녹아 있어 주목할 만하다. 블록체인 위에서 작동하는 프로토콜과 스마트 컨트랙트는 어떤 알고리즘을 채택하면 그 알고리즘대로만 조건입력과 결과생성이 되는 것이 장점이지만, 어떤 이유로 그 알고리즘에 하자가 있거나 중요한 요소를 고려하지 못한 점이 사후에 드러나더라도 그 알고리즘에 따른 결괏값을 무효화하거나 취소할 수 없는 단점이 있다. 이 건의 몰수와 같은 사후의 별개조치로 바람직하다고 생각하는 결과를 얻는 방법밖에 없는 것이다.

그러나 바람직하다고 생각하는 바가 무엇인지 사람들 사이에 의견이 갈리는 경우가 문제이다. 블록체인 네트워크상의 거버넌스 의사결정을 거치고자 거버넌스 토큰 보유자들 사이에 투표해서 다수결로 몰수 같은 결정을 내리고 온체인에서 그것이 집행된다 해도 승복하지 못하는 사람이 나올 수 있다. 이 경우 의결에 불복하는 피몰수자가 현실의 법원에 몰수의결이 최초 에어드랍에 따른 토큰이전의 효력을 위반했으므로 무효라는 소송을 제기할 수도 있다. 탈중앙화를 지향하는 거버넌스에서는 앞으로 이러한 유형의 분쟁이 생길 가능성이 크다.

탈중앙화에 대한 구체적 기준을 한 국가에서 최초로 법제도화하면 어떤 토큰과 블록체인이 위장된 탈중앙화나 불완전한 탈중앙화에 해당하는지에 대한 기준으로 작동해 다른 국가에서도 유용한 참고기준으로 통용될 가능성이 있다. 더 나아가 국가로서는 블록체인 플랫폼이나 그 위의 서비스들이 겉으로 탈중앙성을 내세우면서 실제로는 누군가의 통제 아래 있음으로써 발생하는 남용과 악용의 문제점을 해결하고자 블록체인 플랫폼의 탈중앙성을 유지시키는 규제가 나올지도 모른다는 예측도 나온다. 예를 들어, 블록체인 플랫폼의 채굴자 등에게 주는 인센티브의 최소한 규모를 정하거나 특정 토큰 보유자에게 일정 한도 이상의 거버넌스 의사결정권을 갖지 못하게 할지도 모른다.

그런데 여기서 블록체인 플랫폼 자체가 탈중앙화를 제대로 구현하는가 하는 문제와 블록체인 토큰을 활용한 서비스나 사업구조가 탈중앙화를 취하는가는 별개 문제임을 유념해야 한다. 널리 알려진 암호화폐거래소가 많은데, 이 거래소들에 상장된 여러 토큰이 비트코인, 이더리움, 솔라나, 아발란체 같은 탈중앙화 블록체인 플랫폼에서 발행되고 거래되지만 거래소 자체의 운영은 중앙화된 서버를 기반으로 한다. 그 점에서 거래소는 금융기관과 같은 중앙화 기관들과 유사한 점이 많다. 거래주문은 스마트 컨트랙트가 아니라 거래소 서버에 올린다. 거래소업이 활성화되는 이유는 토큰을 거래하려는 많은 사람이 탈중앙화된 P2P 거래소에서 거래하기보다는 중앙화된 거래소에서 거래하기를 원하기 때문이다. 더 나아가 어떤 거래소들은 기존의 중앙화 금융기관보다 훨씬 비공개적이고 불투명한 방식으로 운영해 온 사실이 드러나 블록체인의 탈중앙화 정신은 증발하고 없음을 목격하기도 한다.

2022년 11월 미국 법원에 회생을 신청한 FTX 거래소와 관계사인 알라메다 리서치가 오프라인에서 부정한 공모를 하여 코인 가격을 인위적으로 올리는 행위를 함으로써 알라메다 리서치가 보유한 FTT 토큰 평가액을 회계장부상 부풀린 사건은 탈중앙화 정신과 멀어도 너무 먼 것이었다. 물론 FTX가 자신이 발행한 토큰인 FTT를 알라메다 리서치에 빌려주고 FTT를 극소량만 시장에 매도하고 상장함으로써 알라메다 리서치가 보유토큰 가격을 조작하는 과정에서 탈중앙화 플랫폼을 지향하지 않았고, 중앙화된 기업의 일탈·범법행위에 불과하다 해도 그중에서 아주 극단적이고 과감한 위법사례라고 할 수 있다.

NFT 거래플랫폼의 대표 격인 오픈시의 경우 누구나 메타버스 지갑만 개설하면 NFT를 민팅 또는 제작하고 스마트 컨트랙트로 매매 거래를 할 수 있어 기술적 구조는 탈중앙화되어 있다. 그러나 매매 수수료는 플랫폼 운영회사인 오픈시에 지급한다. 이는 거래기록 자체는 탈중앙화된 스마트 컨트랙트로 하지만 오픈시의 중앙화된 서비스를 결합한 모델이다. 테라 블록체인 플랫폼은 탈중앙화를 지향했으나 의도와 달리 불완전한 형태로 실패했는지 아니면 탈중앙화를 내세운 악용사례인지 살펴볼 필요가 있다.

　테라는 앵커프로토콜에서 테라 예금자에게 20% 가까운 이자를 지급한 후 테라 수요가 급격히 증가하고 그에 따라 루나 수요도 증가하면서 가격이 올랐다. 여기서 문제는 20% 가까운 이자율이 지속가능했느냐 또는 지속가능하지 않음을 충분히 알면서도 의도적으로 플랫폼 이용자들을 속이려 했다고 볼 수 있느냐다. 테라 프로토콜이 언제든 1달러 상당의 루나와 테라를 교환해 줌으로써 테라 가격을 1달러에 수렴하는 알고리즘을 만들었지만, 테라폼랩스는 알고리즘만으로는 테라 가격이 유지되지 못하고 테라 가격과 루나 가격이 동시에 떨어질 상황에 대비해 테라를 매입할 자금을 확보했다. 루나 파운데이션 가드(Lunar Foundation Guard)라는 비영리재단을 설립하고 10억 달러의 재원을 확보해 비트코인을 매입한 것이다.

　그러나 결과적으로 테라 가격 붕괴 시 급락을 막으려 비트코인을 팔아 테라를 매입하는 과정에서 오히려 비트코인 가격까지 급락하는 충격을 가져왔을 뿐 테라 가격 방어에는 성공하지 못했다. 그럼에도 위와 같이 상당한 양의 비트코인을 확보했다가 실제로 테라 가격을 방어하고자 비트코인을 매각해 테라를 매입한 사실은 테라 가격을 1달러에 유지하려 한 데 진정성이 있었음을 뒷받침한다. 다만, 그런 조치만으로는 실제로 테라 가격을 유지하기에 불충분했다. 이런 점들을 종합적으로 보면, 테라의 탈중앙화 구조는 설계자가 1달러 연동이 불가능한 점을 알고도 악의로 투자자들에게 연동이 가능하다고 거짓말한 것이 아니라 불완전한 설계와 작동에 가깝다고 판단된다.

유발 하라리는 『호모 데우스』에서, 인간의 도덕적 통제 없이 블록체인기술이 발전하면 많은 사회적 기능이 블록체인 코드로 대체되고, 결과적으로 소수가 코드를 통제하거나 지배할 위험성이 있다고 지적했다. 블록체인이 확산된 결과가 탈중앙화 정신을 제대로 살리지 못하는 정도가 아니라 탈중앙화를 추구한 블록체인이 많은 것을 코드화·프로토콜화하는 과정에서 오히려 누군가가 코드와 프로토콜의 개발과 운영을 장악하고 통제할 우려까지 있다는 의미로, 탈중앙화 논쟁에서 새겨볼 만한 대목이다.

불완전한 탈중앙화 블록체인 플랫폼에서 실제로 통제권이나 영향력이 있는 사람들이 프로토콜의 구조와 작동의 오류에 책임을 부담해 프로토콜 붕괴, 비정상적 작동, 백서 기재와는 다른 오작동 등으로 손해를 입은 자들에게 배상책임을 져야 한다는 법적 주장이 대두되고 있다. 이런 논의는 나라별로 전개과정이 다르고 법제화 여부와 정도도 다를 수 있지만, 탈중앙화 블록체인을 정확히 인식하고 신뢰를 제

308

크립토사피엔스와 변화하는 세상의 질서

고하려면 불완전하거나 무늬만 탈중앙화된 플랫폼에서 발생하는 사고와 문제점에 누군가는 책임지는 방향으로 정립되어야 한다.

탈중앙화와 중앙화의 공존

탈중앙화를 지향하는 토큰 이코노미와 기존 조직에 대한 DAO의 대안적 역할 수행, 여러 사회경제적 제도의 탈중앙화는 현재의 중앙화시스템과 충돌하지만 점진적으로 타협하는 과정이 계속될 것이다. 국가, 지방자치단체, 공기업, 공적 역할을 담당하는 공조직, 금융기관, 다양한 기업 등 중앙화된 주체는 오랜 역사 동안 사회의 질서를 형성하고 유지하는 데 큰 역할을 해왔다. 탈중앙화가 진행되면서 블록체인 플랫폼 외부에서 중앙화 조직이 기존의 역할과 권한이 축소되는 데 거부감을 갖고 저항할 것임은 예측할 수 있다. 금융기관들도 앞으로 토큰 생태계에 참여하더라도 중앙화된 라이선스 비즈니스 구조의 근간을 유지하려 할 것이다. JP모건이 고객들을 위해 토큰자산을 투자 포트폴리오에 포함하거나 KKR이 사모(Private Equity) 펀드의 일부 지분을 퍼블릭 블록체인인 아발란체 위에서 증권형 토큰을 발행해 판매하더라도 중앙화된 사업모델을 유지하는 것이다. 이 경우 전통적인 금융시스템과 탈중앙화금융시스템이 서로 기술적으로는 물론 운영방식 등에서 조화롭게 공존하는 방안도 필요하다.

대부분 국가는 블록체인과 암호자산의 확대가 가져온 경제, 사회, 정치제도의 변화의 일부는 수용하지만 나머지는 억제하거나 제한하고 있다. 국가가 독점적으로 발급해 온 신분증을 분산원장에 저장하는 방식에 일부 국가가 이미 필요성을 공감하고 인정한다. 물론 우선은 소수 노드가 참여하는 방식으로 제한하는 구조다. 금융업의 일정 부분이 디파이로 대체되고, 디파이와 관련해 규제 상대방을 특정할 수 없는 부분에 대해서는 아직 국가 대응이 본격화되지 않았지만, 앞으로 법과 규제 논의가 확대될 것이다. 성질상 국경을 넘나들면서 특정 국가의 규제 범위로 들어오지 않는 암호자산거래도 국가와 국제기구가 어떻게 대응할지 중요한 논의사항이다.

개인들도 오랜 시간 중앙화된 주체들이 주도적으로 형성해 온 질서 속에서 안정감을 갖고 살아오면서 익숙해졌으므로 기존 제도가 탈중앙화되는 것을 한꺼번에 받아들이는 데 심리적 저항이 있고 검증되지 않은 탈중앙화된 제도운영이 가져올 예상 못한 위험에 불안과 걱정을 상당히 느낄 터이다. 블록체인의 분산원장에서 만들어낸 토큰들이 비트코인 등장 이후 14년이 지난 현재까지도 개인들의 지갑 대 지갑(P2P) 방식으로 거래되거나 알고리즘만으로 운영되는 탈중앙화거래소(DEX)에서 거래되기보다는 거의 대부분 특정회사가 운영하는 중앙화된 거래소(CEX)에서 거래되는 점은 아이러니하다. 하지만 이론적으로 탈중앙화의 장점이 많다 해도 개인들이 당장 선택하기는 어렵다는 점을 웅변해 준다.

　탈중앙화 암호자산거래소의 대표 격인 유니스왑도 사실은 중앙화된 암호자산거래소의 중요한 역할에 기대고 있다. 유니스왑의 유동성 제공방식이 두 가지 토큰의 쌍을 제공하면서 두 가지 토큰 개수의 곱을 고정숫자로 정한 것($x \times y = k$) 때문에 각 토큰의 가격은 중앙화거래소의 시세와 차이가 날 수 있다. 유니스왑 이용자는 어떤 토큰을 유니스왑에서 더 싸게 스왑방식으로 취득한 후 중앙화거래소에서 더 비싸게 매도하는 차익거래를 하기 때문이다.

　루나 붕괴와 FTX 사태에 연관되어 있는 셀시우스와 블록파이도 기관투자자자들의 자금을 위탁받아 대출업무에 운용하는 사업을 했는데, 탈중앙화 플랫폼이 아니라 각자 기업의 책임과 계산으로 사업을 한 모델이다. 게다가 탈중앙화에 믿음을 갖기 어렵게 방해하는 적들도 다양하다. 중앙화거래소인 FTX가 고객이 투자하려고 맡긴 토큰을 무단 인출하여 토큰 가격 조작에 사용해도 상당 기간 발각되지 않은 사실이 토큰 생태계 전반에 불신을 가져왔다. 그럼에도 FTX 사태는 장기적으로 중앙화된 거래소보다 탈중앙화거래소를 선호하게 만들 수 있다.

　탈중앙화된 합의 알고리즘에서 합의권한을 독점하는 방식으로 실질적으로 소수 노드가 가버넌스의 의사결정권을 독과점하는 행위도 탈중앙하 확산의 적이다. 작업증명 방식에서 소수 노드가 해시함수

연산능력을 독점하거나 지분증명 방식에서 전체 토큰 발행량의 상당 부분을 보유한 소수 노드가 의사결정을 좌지우지하는 경우가 그 예다. 고의나 악의를 가지고 토큰 프로젝트 백서에서 밝힌 토큰의 용도나 처분시기와 다르게 발행자 이익을 위하여 토큰을 처분하는 일도 벌어진다. 법정통화를 기반으로 하는 스테이블코인의 담보인 법정통화를 스테이블코인 발행량에 상응하는 만큼 보관하지 않는 이들이나 해킹으로 디파이 프로토콜의 지갑에서 불법으로 토큰을 유출하는 해커들도 탈중앙화의 구현에 방해가 된다. 진정한 의미의 탈중앙화를 구현하고 확산하여 많은 사람이 믿고 이용하도록 하려면 이러한 문제들을 해결할 필요가 있다.

블록체인의 투명성과 개인정보보호의 충돌

블록체인 분산원장의 블록에 기재된 내용은 투명해서 누구나 언제든 거래과정과 거래결과에 대한 데이터를 열람할 수 있다. 이런 상황에서는 누구도 그 기록을 조작하거나 변조·변경할 수 없고 하려고도 하지 않는다. 이러한 투명성은 블록체인방식의 거래기록이나 상태기록이 실제 거래내역이나 현재의 특정상태와 동일하다는 신뢰를 확보하는 데 큰 도움이 된다. 이는 중앙화된 거대 주체들이 어떤 악의나 부주의로 거래기록을 왜곡할 가능성을 원천적으로 차단하는 긍정적 효과가 있다.

그러나 분산원장이 이러한 투명성을 확보하는 것은 개인정보의 침해에 해당할 여지가 있다. 물론 지갑주소 자체는 영문 알파벳과 숫자의 무작위 조합이어서 그 자체만 보면 그 지갑 소유자나 통제권자를 특정하지 않지만, 그들이 누구인지는 개인이나 기업을 특정할 수 있는 다른 관련 정보와 결합되어 쉽게 알려질 수도 있다.

예를 들어 서로 실명을 아는 지인들이 암호자산을 주고받으면서 지갑주소를 알게 된 이후에는 그 지갑주소로 거래되는 다른 거래내역까지 모두 공개되는 셈이다. 또한 일명 사토시 나카모토가 비트코인의 제네시스 블록에 대한 보상으로 비트코인을 받은 사실과 그 지갑주소는 다 공개되어 있다. 그 상황에서 그 비트코인을 출금한 사람이 나오면 그 개인에 관한 정보와 지갑주소 정보가 결합되어 그 사람이 바로 사토시임을 알 수 있게 해준다.

글로벌 대형 플랫폼 사업자들부터 각종 기업, 쇼핑몰, 음식점 등에 이르기까지 다양한 사업자가 다양한 개인정보를 직접 수집·이용할 뿐만 아니라 제3자에게 이전한다. 그러나 개인정보를 수집·이용하고 제3자에게 이전하려면 해당 국가의 개인정보보호 법령에 정한 절차와 요건을 모두 충족해 정보주체인 개인의 동의를 제대로 받아야 한다. 그런데 동의를 받지 않은 채 무단으로 수집·이용·제3자에게 제공하는 위법행위가 계속 발생하고 있다. 어느 국가나 국내외 기업과 각 단체로부터 시민들의 개인정보를 보호하는데, 보호체계 내용은 대개 비슷하다. 이 중 한국 법령을 기준으로 개인정보호체계의 뼈대를 보면 다음과 같다.

먼저 보호하는 개인정보에는 두 종류가 있다. 첫째, 이름, 주민등록번호, 여권번호같이 그 자체로 어떤 개인을 식별할 수 있는 식별정보다. 둘째, 그 자체만으로는 어떤 개인을 특정할 수 없지만, 다른 정보와 결합하면 개인을 식별할 수 있는 정보다. 예를 들어 서울시에 거주하는 키 185센티미터의 남자라는 정보는 비식별정보이나 S대학교 컴퓨터공학과 전체에 키가 185센티미터인 학생이 한 명뿐인 경우 S대 컴퓨터공학과 학생이라는 정보가 키가 185센티미터라는 정보와 결합하면 쉽게 개인을 식별하는 정보가 된다. 가명정보는 보호대상이 아닌데, 추가 정보 없이 그 자체만으로는 특정 개인을 알 수 없는 정보이기 때문이다.

블록체인 분산원장의 거래내역이 투명하게 공개되어야 한다는 가치와 거래 당사자의 프라이버시를 보호해야 한다는 가치는 어쩔 수 없이 충돌하는 부분이 있고, 양쪽 가치를 균형 있게 조화시키는 것은 블록체인과 토큰경제가 발전하는 데 매우 중요한 요소가 된다.

더 나아가 CBDC와 관련해서도 이 논쟁은 뜨겁다. 어떤 개인이

CBDC를 지출하는 모든 내역이 중앙은행과 정부에 공개된다면 그것이 개인의 프라이버시 침해가 될 수 있기 때문이다. CBDC를 사용할 때 개인의 실명을 어느 정도까지 밝혀야 하는지의 문제와도 밀접한 관련이 있다. CBDC의 지출과 송금, 수취 내역이 퍼블릭 블록체인에 기록될 경우 지갑주소 자체만으로는 해당 개인을 특정하지 않겠지만, 다른 특정가능한 요소와 결합되어 다른 사람들에게 지출과 송금, 수취 내역이 노출될 우려도 있다.

이러한 개인정보 침해 우려를 해소하려는 노력은 여러 가지로 진행되고 있는데, 구체적으로 다음과 같은 예가 있다.

지캐시(Zcash)라는 코인은 프라이버시 보호를 장점으로 내세운다. 한국의 A가상자산거래소 계좌를 가진 사람이 미국의 코인베이스 계좌를 가진 다른 사람에게 지캐시 코인 10개를 송금하더라도 송금인이 누구인지 다른 사람들은 확인할 수 없도록 해서 송금인의 프라이버시를 보호하려고 개발한 프로젝트이다. 그러나 가상자산에 대한 자금세탁방지 목적상 의심스러운 자금거래의 확인을 어렵게 만든다는 이유로 한국의 자금세탁방지에 관한 법에서는 이런 토큰을 가상자산거래소에 상장시키는 것을 금지하고 있다. "전송기록이 식별될 수 없도록 하는 기술이 내재되어 가상자산사업자가 전송기록을 확인할 수 없는 가상자산"을 취급할 수 없다고 명시한다. 업계에서 이런 토큰을 '다크코인'이라고도 하고 '보안코인'이라고도 한다. 실제로 지캐시는 한국의 거래소에 상장되었다가 위 법의 취지에 따라 상장폐지된 적이 있다. 투명성이라는 가치를 위해 프라이버시 보호를 양보시킨 예이다.

2021년 말경 이더리움의 트랜잭션이 급증하고 가스비가 가파르게 상승할 때, 이더리움 재단으로부터 계획하고 있는 레이어2 구조가 어떤 법적 이슈를 가지는지 의뢰받아 검토한 적이 있다. 이더리움 메인넷(레이어1) 외에 레이어2를 별도로 만들어 레이어2에서 싼 수수료로 더 빠르게 거래내역을 저장한 블록을 형성·저장하여 레이어1에 보내 결국 레이어1의 블록에도 기록을 저장하는 구조였다. 레이어2에서 생성된 블록의 내용은 열람키를 가진 사람만 열람하도록 하는 구조였다. 열람키를 가진 사람에게는 거래내역이 공개되나 그렇지 않은 사람은 거래내역을 볼 수 없다는 점에서 투명성과 프라이버시 보호를 나름대로 절충한 방식이다.

그리고 개인정보보호법상 수집한 개인정보는 용도에 따른 사용을 마치면 폐기하게 되어 있다. 그러나 블록체인의 분산원장에 저장한 암호화한 개인정보는 블록체인의 특성상 폐기할 수 없다. 2020년에 부동산 펀드의 수익증권을 토큰으로 발행해 유통하는 샌드박스로 인정한 프로젝트에 법률자문을 했는데, 폐기의무 논란을 피하고자 토큰 거래 당사자의 정보를 블록체인에 기록한 후 삭제하지 않더라도 개인정보 폐기의무를 면제한다는 특례까지 받은 적이 있다. 분산원장에 저장한 개인정보가 식별 가능한 개인정보에 해당하는지는 찬반 양론이 갈리고 아직 심각하게 분쟁으로 치달은 경우가 거의 없다. 하지만 법적 논의를 거쳐 개인정보에 해당하는지 명백히 하고 만약 해당한다면 블록체인상 기록을 유지하는 것이 또 다른 위법이 되지 않도록 하는 입법 또는 유권해석이 필요하다.

국가의 법과 초국가적 규범

새 질서와 법의 정신

새로이 형성되고 있는 블록체인 기반 질서가 뿌리내리려면 토큰 자체와 토큰의 사회경제적 활용방안이 법체계에 편입되어야 한다. 여러 국가에서는 각자 나름의 상황과 이유에 따라 법과 규제를 만들고 있다. 새 질서의 가치를 이해하고 확장할 수 있는 훌륭한 법체계는 다시 새 질서가 넓고 깊게 확산되는 데 기여한다. 그러나 새 질서가 확립되기 전까지는 어떤 구체적 법률이 새 질서에 부합하고 그를 발전시킬지 판단하기가 쉽지 않다. 더구나 토큰 생태계의 확대와 위축이 반복되고 여러 가지 위험에 노출되어 사고가 발생하는 현실에서 어떤 법체계가 바람직한지를 냉철하게 논의하고 찾아내기는 간단하지 않다.

새 질서를 주도하는 훌륭한 법체계를 수립하려면 현상의 근저에 깔린 시대 흐름을 읽는 통찰과, 반대하거나 방관하는 동시대인을 설득하는 용기, 그리고 법제도의 제정·개정을 이끌어내는 실행력이 필요하다. 최근에 FTX거래소와 테라 플랫폼이 파산하고 붕괴된 사고로 국제적으로 경각심이 커지고 법과 규제의 정립에 대한 관심도 높아졌다. 또 투자자의 이익을 해치는 행위와 각종 불법행위를 강하게 규제해야 한다는 목소리도 높다. FTX는 중앙화 거래소로서 단기간에 급성장했을 뿐 아니라 글로벌 크립토업계 대표주자의 하나로 인식되는 대표 샘 뱅크만 프리드가 암호자산업 관련 제도화를 위해 미국 의회에 로비와 설득을 했다고도 알려졌다. 그런데 회사 운영의 기본도 지키지 않고 고객 자산 횡령과 자사가 발행한 FTT 토큰의 시세조작 등 불법행위를 일삼은 일이 드러나 큰 충격을 주었다. FTX가 탈중앙화 정신을 실행하려는 노력을 전혀 하지 않았음은 물론 이전까지 회계분식의 대표 사례로 꼽히는 엔론보다 기업지배구조를 더 훼손한 것으로 평가되는 데 이견이 없다.

그에 비해 법정화폐를 담보로 하지 않으면서도 알고리즘에 따라 화폐 가치를 추종하는 스테이블코인인 테라 플랫폼, 테라를 예치하면 높은 이자를 지급한 탈중앙화금융 프로토콜인 앵커프로토콜, 미국 나스닥의 가격을 추종한 미러프로토콜의 붕괴 원인은 깊이 있고 면밀한 분석이 필요하다. 테라 가격이 일정 금액 이하로 떨어지는 데 더해 대규모 테라 공매도가 겹쳐 갑자기 테라와 루나의 가격이 붕괴되었다. 그로써 수많은 투자자에게 피해를 준 원인 파악과 법적 평가는 미국, 한국 등에서의 조사, 수사, 소송으로 진행되고 있지만, 일이 그렇게 단순하지만은 않다. 크게 보면, 처음부터 일반 이용자들을 기망하거나 부정한 이익을 취하겠다는 의도나 목적이 있었는지, 아니면 테라 백서에 밝힌 대로 테라와 루나의 수요·공급에 따라 테라 가격의 페깅이 가능하다고 믿고 테라의 사용확산과 탈중앙화금융으로 금융포용성을 진정성 있게 지향했으나 예상 못한 원인과 운영미숙으로 실패했는지는 앞으로 진행될 한국과 미국의 관련소송에서 엄정하게 판단해야 한다. 이 과정에서 파악한 문제점과 교훈은 앞으로 탈중앙화금융제도를 연구하고 서비스 모델을 만드는 데 참고해야 한다.

새로운 질서와 관련된 법과 규제를 정립하면서 이런 사고가 발생했다는 이유만으로 너무 규제 일변도로 흘러서도 안 되고, 사고들에서 실증적으로 파악한 가상자산 서비스의 구조적 허점이 있다면 그 허점과 사고 발생 여지를 차단하는 장치를 소홀히 해서도 안 된다. 그런데 법과 규제를 정비하는 기본 방향에 대해서는 국가와 개인의 상황이 좀 다른 듯하다.

먼저 국가에서는 탈중앙화가 가져올 기존 질서의 혼란을 매우 우려한다. 탈중앙화 플랫폼에 대한 개입과 통제 욕구도 있고, 사고 발생을 녹색하면시 개인외 경제, 사회, 정치 활동을 통제하고자 프로토콜의 조건설정에 개입하거나 개인정보의 흐름에 대한 통제와 감독도 희망할 수 있다.

이용자나 투자자 지위를 가지는 개인은 블록체인이 주는 새로운 기회를 포착하려는 경우가 많다. 익명이나 가명으로 블록체인 합의 알고리즘의 검증자로 참여하고, 자산거래를 하여 돈을 벌고, 암호화폐로 대금결제를 하고, 암호자산에 투자하고, 암호화폐 사업에 직접 투자하는 행위를 하는 데 법과 규제가 큰 걸림돌이 되지 않기를 희망한다. 새로운 블록체인 메인넷과 토큰 이코노미를 설계·개발하고 관련 서비스를 제공하는 사람들의 사정도 있다. 이윤동기와 함께 새로운 변화를 먼저 주도하고 새 시대에 맞는 서비스를 제공해서 새로운 표준을 제시하겠다는 욕구도 섞여 있을 터이다.

한편 코드, 프로토콜 자체가 누군가 미리 설계하고 프로토콜이 한 번 작동하면 그에 따라 자동으로 거래가 일어나므로, 누군가 프로토콜의 자동성을 이용하여 인간의 행동과 공동체의 작동방식을 지배할 가능성도 우려된다. 세대 간 관점 차이도 고려해야 한다. 2021년 여름 은성수 전 금융위원장이 가상자산 생태계가 확장되는 현상과 젊은 세대의 토큰투자 현상에 대하여 "어른들이 젊은 세대가 나쁜 길로 빠지지 않도록 인도해야 한다"라고 한 발언은 세대 간 관점 차이와 규제기관 시각의 극단적 예로 들 수 있다. 기성세대가 가상자산 생태계에 가지는 의구심과 기존 질서 혼란에 대한 우려도 고려해야 하겠지만,

이미 탈중앙화가 주는 이점을 받아들이고 인공지능, 사물인터넷과 블록체인이 만들어갈 미래에 긍정적 시각을 갖고 그런 미래를 살아가야 할 MZ세대인 크립토사피엔스의 관점도 존중하는 자세가 필요하다. 직접 블록체인 메인넷과 탈중앙화 앱 그리고 그 위에서 거래되는 암호자산과 토큰을 개발하고 가상자산 서비스를 만들어내는 세대의 기대와 희망, 고민은 물론 그들의 실패에서 얻는 교훈까지 유심히 봐야 한다.

현 상황에서 블록체인과 다른 디지털 기술로 우리가 맞이하고 있는 변화는 혁명적으로 느껴져 법을 어떻게 정립할지 고민되지만 이런 고민은 지금 시대만 한 것은 아니다. 서구에서는 중세가 끝난 뒤 과학기술의 발달로 대항해시대와 식민지 개척을 통한 제국주의가 시작되었다. 산업혁명으로 생산성이 높아지면서 절대왕정을 비판하고 자유시민계급을 형성하기 위한 계몽사상이 형성되자 다가올 시대에 대한 정치·사회적 연구와 고민이 깊어졌다. 프랑스의 계몽주의자 몽테스키외는 민주공화정이 정립되기 전 혼란과 변화의 시대에 사회적 관점에서 법의 올바른 모습이 무엇인지를 다룬 위대한 저술을 남겼다. 프랑스에서 법학을 공부하고 고등법원 평의관으로 일한 경험에 기초해 『법의 정신』을 저술했는데, 법률은 주민의 종교, 부, 상업, 풍습, 습관과 걸맞아야 할 뿐 아니라 법률 자체의 기원, 입법자의 의도, 그것이 만들어진 기초가 되는 사물의 질서 등과 관계된다고 역설했다. 이러

한 관계들이 다 모여 법의 정신을 이룬다는 그의 통찰이 돋보인다.[2]

그는 그리스·로마 이래의 유럽국가들은 물론 아시아 국가들의 다양한 법이나 풍습을 실증적으로 연구하는 경험주의적 방법으로 올바른 법은 세 가지 조건을 충족해야 한다고 설파했다. 법은 그 목적과 효과가 서로 합치해야 하고, 법이 그 지역의 자연·풍토와 상관성이 있어야 하며, 그 지역에 사는 사람들의 생활과 상관성이 있어야 한다는 것이다. 몽테스키외는 프랑스 절대왕정이 쇠퇴하는 시대에 살면서 공화정 체제로 변화하기를 바라는 희망을 바탕으로 권력자의 남용을 막으려면 삼권분립이 필요하다는 획기적인 주장을 했다. 이 삼권분립의 원리는 프랑스 인권선언과 미국 헌법에 영향을 미쳤다.

그는 '법을 만드는 방법'도 구체적으로 언급했는데, 입법자가 잘 이해하지 못하는 상태에서 법을 만들면 입법의 목적에 반대되는 결과가 발생할 우려가 있다고 했다. 그 예로 프랑스에서 녹봉을 받는 성직 자리를 두고 경쟁하는 두 사람 가운데 한 사람이 죽으면 나머지가 성직을 차지하는 법을 만들었다. 입법의 원래 취지는 경쟁 후보 간 과열된 싸움을 없애자는 아이디어였지만, 실제로는 서로 공격하고 싸움을 조장하는 결과로 흐른 경우가 있었다. 또 겉으로는 내용이 같은 법이라도 입법자의 의도와 배경에 따라 서로 다른 효과를 발생할 수 있음도 지적했다.

또 한 예로 로마 카이사르 시대와 절대왕정의 프랑스에서는 똑같이 일정 금액 이상의 현금을 자기 집에 간직하는 것을 금지하는 법을 만든 경우를 들었다. 전자는 부자에게 돈이 생기면 그 돈을 빈자에게 빌려주게 하고 빈자에게 돈이 생기면 부자에게 돈을 갚게 하려는 의도였던 데 반해, 후자는 개인들이 투자를 못하게 하려는 의도여서 같은 내용이라도 서로 다른 효과를 가져온다는 것이다. 입법자가 법을 만들 때 신중하게 법의 정신을 반영해야 하되, 순수한 입법의도가 적용 과정에서 왜곡될 수도 있고, 겉으로는 문제없는 법조항도 악의적인 입법의도가 깔려 있으면 나쁜 방향으로 이끌 위험을 아주 구체적·실증적으로 제시했다.

몽테스키외는 일반적으로 법이란 인간 이성의 결과물인데, 개개 국민의 정법(권력자와 피통치자의 관계 규율)과 시민법(시민들 사이의 관계 규율)은 해당 민족에게 아주 적합해야 한다고 지적했다. '법의 정신'을 찾으려고 민족의 생활양식, 정치체제가 허용할 수 있는 자유의 정도, 주민의 성향, 부, 상업, 풍습, 습관의 기원, 입법자의 의도는 물론 그 기초가 되는 사물의 질서 등을 모든 관점에서 생각하고 연구했다고 밝혔다.

결국 그는 법이 만들어지는 시대와 법이 필요한 사물이나 경제현상의 질서를 종합적·포괄적으로 고려해서 법을 만들어야 한다고 강조했는데, 이는 블록체인과 암호자산 현상이 국제적으로 확산되고 있는 현재 토큰, 고인과 토큰경제라는 새로운 현상이 대두되고 발전해 나

가지만 법적으로 정립되지 않은 영역에 대해 법을 제정할 때도 여전히 유효하게 적용될 수 있다.

독일의 법학자 미하엘 슈톨라이스가 역사와 법이라는 주제로 저술한『독일 공법의 역사』에서 법은 시대정신의 증표여서 문명사적 흐름에서 일과 삶의 방식이 달라지면 규범적 질서도 재설계되어야 한다고 역설하고,[3] '역사 앞에 눈감은 법률가는 위험하다'는 메시지를 법률가들에게 던진 일도 같은 맥락이다. 사회적인 삶의 양식들, 경제 그리고 일반적 권력관계들이 끊임없이 변화하기 때문에 우리가 구축해 온 법도 끊임없이 적응하고 변화하는 과정에 놓여 있어 역사를 외면하는 법률가들이 실정법에만 의존해서는 위험해진다고 한다.

이미 각 국가들은 블록체인과 암호자산으로 새로운 질서 또는 큰 변혁이 시작되고 있음을 공통적으로 많이 느낄 테지만, 법과 규제를 어떻게 만들지에 대한 대응은 각양각색이다. 이들 국가들의 태도는 크게 두 가지로 구분할 수 있다.

먼저 새로운 크립토 현상의 문제점과 위험을 없애고 관리하는 데 초점을 맞추는 태도가 있다. 특히 자유민주체제와 시장경제체제가 아닌 국가에서는 극단적으로 금지와 제한정책을 취하기도 한다. 크립토가 가져다줄 혁신효과를 알아볼 통찰과 실행력을 갖추기는 어렵고 우선 드러난 혼란에 대한 대증요법은 취하기 쉽다. 몇몇 나라에서 ICO를 금지하고 중국에서 암호화폐거래소를 금지한 것이 그 예이다. 역사적으로도 새로운 기술이나 조직형태가 등장했을 때 비슷한 예가 있다. 영국이 회사 설립을 금지하는 버블법(the Bubble Act)을 1720년 제정한 것, 영국에서 자동차를 가장 먼저 발명한 후 보행자와 마차를 보호하고자 1865년 붉은 깃발법(Red Flag Act)을 제정하여 차량은 도시에서 최고 시속 3.2킬로미터까지만 주행하고, 마차가 붉은 깃발을 꽂고 달리면 자동차는 그 뒤를 따라가도록 한 것이다.

그러나 현재 질서 유지, 크립토 억제와 제한에만 초점을 맞추는 규제는 크립토 생태계가 계속 확장될 경우에는 한계에 부딪히게 된다. 버블법이나 붉은 깃발법이 얼마 안 가 폐지된 것처럼 말이다. 블록체인에 기반한 여러 서비스를 제공하는 플랫폼에는 기존 질서하의 중개자와 같은 역할을 하는 사람이 없어서 현행 규제방식으로는 규제하지 못하고, 새로운 개념의 규제를 정립하지 않으면 국가가 아예 관리·감독권을 행사조차 못하는 상황이 발생할 수도 있다.

또 다른 태도는 새로운 크립토 현상이 당장의 혼란과 위험을 초래하기도 하지만, 새로운 미래 질서로 수렴될 가능성을 예의주시하면서 그 가능성에 초점을 맞추는 관점이다. 프리마베라 드 필리피(Primavera De Filippi) 교수와 아론 라이트(Aaron Wright) 교수도 『블록체인과 법(Blockchain and the Law)』에서 블록체인의 탈중앙화 현상으로 정부기관이 은행, 상거래, 법률 등에 관하여 감독할 능력을 잃을 위험이 있음을 먼저 지적했다 그들은 블록체인에 잠재된 가능성을 믿지만, 블록체인기술을 생산적으로 활용하려면 새로운 규칙과 법적 사고에 대한 새로운 접근방식이 필요하다고 특히 강조했다.[4] 새로운 접근방식은 기존의 법적 사고의 틀로는 찾아낼 수 없음을 지적하며 스마트 컨트랙트, DAO 등 다양한 조직의 거버넌스에 대하여 남다르면서 깊이 있는 분석을 제시했다.

이러한 점은 지금의 크립토 상황에도 유추해 볼 수 있다. 새롭게 등장한 여러 암호자산은 아직 대부분 국가에서 법적 지위가 모호한데, 국가의 법이 암호자산에 명확한 법적 지위를 부여하고 암호자산거래를 합법적 거래체계로 편입해 주면 크립토에 고유한 암호자산과 그동안 유동화되지 못했던 기존 자산에 연계된 토큰자산들을 모두 자본으로 전환하여 자본시장이 한 단계 더 크게 도약하는 데 도움이 될 수도 있다. 저개발국가로서는 아직 도입하지 못한 자산의 합법화·명시화 체계를 블록체인 이전 종이기반 또는 중앙화된 디지털 형태의 증서나 증명서 기반으로 갖출 필요 없이 블록체인 기반 토큰 시스템으로 한꺼번에 해결하는 방안을 도모해 볼 수도 있다.

새로운 질서를 정착시키고 발전시키려면 새로운 법과 규제를 정립해야 하며, 그를 위해서는 새로운 관점의 법적 사고와 통찰력, 제도적 상상력의 발휘가 반드시 필요하다. 그때 고려할 기준들은 다음과 같이 생각해 볼 수 있다.

첫째, 새로운 질서에 참여할 이해관계자들인 국가, 개인, 기업은 물론 새로 대두하는 DAO의 사정을 조화롭게 모두 고려해야 한다.

둘째, 각 국가의 법적 강제력을 유지하되 글로벌 차원에서 한 국가의 가상자산 법체계가 다른 국가의 법체계와 상호 연결성을 가지고 국제기구와 국제적 협력을 통한 공조도 고려해야 한다. 만약 토큰 생태계의 글로벌 동조화로 크립토사피엔스가 된 개인, 그들이 주도하는 기업과 DAO의 다양한 이익과 사정이 어떤 국가에서 무시되면, 그들이 그 국가를 떠나려고 할 수 있다. 미국에서도 가상자산의 제도화와 관련해 이러한 문제점을 지적하는 의견들이 있다. 〈코인데스크〉 이사에밀리 파커는 미국인의 약 20%(규제당국이 무시할 수 없는 수치임)가 가상자산을 보유하고 있고, 관련 비즈니스를 하려는 미국 자본과 기업가들이 있는데, 미국 내에서 가상자산에 대해 불투명한 법과 규제를 유지하고 제재만 할 경우, 결국 미국 투자자와 미국 기업가들은 투자나 사업을 중단하는 것이 아니라 비교적 명확한 규제가 있는 유럽, 싱가포르, 홍콩, 일본 같은 국외로 빠져나갈 것이라고 지적했다.[5] 미국이 진정으로 미국 투자자 보호를 원한다면 불명확한 규제를 방치하여 미국 내에 회색지대를 키우거나 해외로 몰아낸 사업자가 역으로 미국 내에 악영향을 끼치는(바하마에 설립된 FTX의 예) 현상을 막기 위해서라도 적절한 규제를 정립해야 한다고 강조한다. 필자가 보기에, 암호자산의 제도화에서 유럽 국가들이 더 열린 태도를 보이는 경향이 있다. 기존의 모든 제도, 즉 지배권력, 종교, 산업구조가 통째로 바뀐

근대에 시민사회와 자본주의를 탄생시킨 경험을 한 국가들인 만큼 기득권과 기존 투자자를 보호하는 수세적 입장에만 머물지 않고 변화의 시대를 보는 눈이 있다고 할까? 한편, 토큰은 성질상 컴퓨터 네트워크에 접속하면 어느 나라에서나 접근하고 처분할 수 있는 만큼 장기적으로 어느 나라에서 만들어진 것이든 동일한 법적 지위를 부여하여 표준화할 필요도 있다.

셋째, 블록체인, 인공지능, 메타버스 등으로 인한 사회·경제·정치 구조의 디지털 전환 현상을 수용하여 더 많은 사람에게 디지털 기술에 대한 접근권을 부여하고, 디지털 기술로 창출되는 경제적·사회적·정치적 가치의 공정한 배분을 장려하는 기준이 되어야 한다. 물론 디지털 전환으로 인한 문제점과 혼란, 즉 개인정보 침해, 프로토콜의 예상치 못한 하자로 생기는 피해, 새로운 거버넌스 구조가 정립되는 과정에서 발생하는 남용과 악의적 행위는 통제할 필요가 있다. 인류사가 축적해 온 국가의 기본적 법체계가 보호하는 가치와 법익도 계속 존중해야 함은 물론이다. 예를 들면 시세조종 같은 불공정행위나 사기, 횡령 같은 범죄행위를 처벌하고 제재하는 것이다.

크립토 생태계와 토큰경제의 등장으로 여러 분야의 법과 규제가 전체적으로 수정되고 발전될 텐데, 앞으로 전체 법체계가 어떤 모습을 띠게 될지 궁금하다. 서구의 산업혁명으로 자본주의가 발전하게 된 변혁의 시대에 법체계와 자본주의 발전의 관계에 대해서는 통찰력을 갖춘 분석이 있었다. 사회학의 선구인 독일의 막스 베버는 자본주의가 발전한 핵심요소로 서구의 '합리적 법체계'를 꼽으면서 청교도들의 근검·절약하는 생활, 영리활동과 부 축적을 권장하는 태도도 자본주의 발전에 크게 기여했다고 주장했다.[6] 그에 따르면 법체계에는 네 종류가 있는데, 관습과 전통에 기초하여 도덕적 기준과 공동체의 믿음, 선례에 따라 결정하는 전통적 법체계, 법과 규정에 의거하여 적정절차에 따라 독립된 사법부가 판단하는 합리적 법체계, 법보다는 카리스마 있는 지도자의 지도력에 의존하고 그 의견에 구속되는 카리스마 법체계, 관료제도에 기반하고 복잡한 법령들에 기초하여 행정이 이루어지며 관료들이 법을 집행하는 관료 법체계로 나뉜다. 이들 법체계 중 자본주의를 발전시킨 국가들이 취한 법체계에는 대부분 합리적 법체계와 관료 법체계가 섞여 있다. 앞으로 토큰 생태계가 글로벌하게 확산되는 사회를 규율하는 바람직한 법체계는 합리적 법체계, 관료법 체계에 더하여 토큰경제의 글로벌 성격을 수용하는 법체계를 포괄해야 한다.

법의 코드화와 코드의 지배 확대

법규와 행정행위 자체가 코드화될 수 있다. 법은 누구에게나 예측가능하고 공정해야 히며, 코드와 스마트 컨트랙트는 특정주체에 통제되지 않고 정해진 프로토콜에 따라 자율적·자동적으로 작동되므로 법과 규제 자체가 코드화·스마트 컨트랙트화되면 법의 예측 가능성과 공정성을 확보하는 이점이 생길 수 있다.

드 필리피 교수가 『블록체인과 법』에서 역설했듯이, 국가와 중앙화된 기관들이 권한과 책임을 지는 '법의 지배'에서 '코드의 지배'로 변경되면 예상하지 못한 혼란이 초래될 수 있다. 코드에 의한 스마트 컨트랙트는 특정 조건이 주어지면 예외없이 자동으로 그에 따른 자산이 거래되고 가치가 이전되는 점에서 불명확성과 모호한 해석의 여지를 없애지만, 예상 못한 오류가 발생하면 원상회복이 매우 어려워진다. 반면 법은 코드에 비하여 불명확하고 모호할 수 있지만, 개별 거래의 특수성과 이해관계인의 사정을 고려한 융통성 있는 적용을 추구하는 차이점이 있다.[7]

지금까지 몇백 년 동안 구축해 온 계약법 체계가 스마트 컨트랙트로 계약체결과 의무이행이 구분되지 않고 하나로 통합되는 것으로 대체될 수 있다. 이런 시스템에서는 계약을 체결한 후 이행하지 않는 등 법적 분쟁이 일어나는 일이 대폭 줄 수 있다. 더 나아가 국민과 국가, 지방자치단체 간의 행정적 법률관계를 규율하는 많은 행정법 체계도 국가가 제공하는 블록체인 알고리즘으로 대체될 가능성이 있다. 예를 들어, 자동차 운전 중 신호를 위반할 경우 벌금으로 0.01이더를 부과하고 신호위반일부터 30일 되는 날 위반자의 전자지갑에서 해당 수량의 이더를 출금해 갈 수 있다. 또 아파트 소유자에게 국가는 매년 고시하는 아파트의 시세 평가액을 기준으로 산정한 재산세액을 부과하고 정해진 납기일에 소유자의 전자지갑에서 해당 재산세액을 출금할 수도 있다.

지금까지 서로 다른 국가에 거주하는 개인이나 기업들이 서로 거래할 경우 어느 국가의 법을 준거법으로 적용할지와 분쟁이 발생하면 어느 국가의 법원이나 중재원에서 분쟁을 해결할지 거래별로 합의하여 계약서에 명시해 왔다. 앞으로 서로 다른 국가에 거주하는 개인이나 기업 간의 거래가 더 확대될 테지만 토큰 이전방식으로 대부분 물품과 서비스를 제공하고 그 대가를 지급할 수 있으며, 스마트 컨트랙트 방식으로 계약의 체결과 이행이 하나로 통합됨으로써 많은 거래방식이 통일되리라 예상한다. 거래를 하는 법적 방식이 스마트 컨트랙트 방식으로 표준화·간이화·신속화될 테고, 그에 따라 국가 간에 계약법이 통일되어 분쟁 가능성이 줄어들 수 있다.

블록체인 코드는 다양한 법적 분쟁의 해결방안으로도 활용되기 시작했다. 법적 분쟁을 법원에서 재판으로 해결하지 않고 중재나 조정 등 대체적 분쟁해결방법(ADR)을 활용하는 비중이 지속적으로 늘고 있으나 블록체인 기반 분쟁은 오프라인의 중재소 등의 개입 없이 네트워크로 연결된 소프트웨어만으로 해결하는 점에서 다른 대체 분쟁 해결방법과도 구별된다. 비탈릭 부테린은 법원의 판사 역할도 스마트 컨트랙트 기능으로 대체하는 아이디어를 제시했다.

예를 들어 고용주 A가 근로자 B를 고용하면서 근로제공의 대가를 200개 암호화폐로 정하되, 에스크로 스마트 컨트랙트에 그 토큰을 예치해 두는 상황을 전제한다. B가 근로제공을 마친 후 A가 그 사실을 확인해 주면, 스마트 컨트랙트는 그 암호화폐를 B에게 지급하고, 만약 B가 근로를 제공하지 않았다고 서명하면 컨트랙트는 A에게 그 암호화폐를 돌려주기로 한다. 그러나 A와 B 사이에 근로 제공 여부에 다툼이 생기면, 판사의 역할은 그 여부를 판단하는 데 국한되고, 법에 능통하지 않더라도 B가 근로를 제공했는지 알게 되면 스마트 컨트랙트에 그 사실을 입력해 판사 역할을 하게 된다는 것이다.[8] 지나치게 단순화한 면이 있지만, 판사의 사실관계 판단 역할과 판결 집행을 블록체인 기반으로 수행할 가능성을 모색한 의미는 있다.

분쟁해결 중재 프로토콜에 어떤 법적 분쟁에 대한 중재를 신청하면 그 사건에 배심원(juror)이 배정되고, 그 배심원들이 분쟁해결에 관한 중재안에 투표권을 행사하며, 투표 결과 다수결로 중재판정을 선고하게 된다. 대표적인 프로토콜이 클레로스(Kleros)이다. 클레로스 토큰 보유자는 자기가 관심 있는 분쟁사건에 대해 배심원이 되기를 신청할 수 있으나, 배심원은 프로토콜에 따라 자동으로 배정되어 사람이 따로 개입할 여지는 없다. 다만, 클레로스 토큰을 프로토콜에 예치한 수량에 비례해 배심원으로 선정될 가능성이 높아진다.

그런데 이 절차는 중재의 속성과 다른 부분이 많아서 중재라고 하기가 적절하지 않다는 반론도 있다. 중재는 분쟁 당사자들이 판단권자인 중재인을 선정하는 권한을 갖고 중재언어와 중재절차에 적용할 어느 국가의 법을 선택할 수 있지만, 클레로스 중재에서는 분쟁 당사자에게 그런 권한과 선택권이 인정되지 않기 때문이다. 이로써 중재의 법적 개념을 다시 고민하고 검토할 필요가 생겼다.

블록체인 기반 중재가 확대되어 나가는 상황에서 각 국가는 블록체인 기반 중재판정이 어떤 효력이 있는지 중재판정을 강제집행할 법적 근거를 마련할 필요가 커진다. 블록체인 기반 분쟁해결제도를 수립할 때 전통적인 분쟁해결 방법 중 채택할 만한 요소가 없는지도 검토해야 한다. 특히 뉴욕협약은 협약을 체결한 당사자 국가들 사이에서는 다른 국가의 중재판정문을 자기 국가에서 강제집행하도록 허용하는데, 뉴욕협약이 블록체인 중재에도 적용되게 할 법적 방안도 모색할 필요가 있다. 무작위로 선정된 배심원의 다수결로 분쟁을 종결하는 방법은 정형화된 상거래 분야에서 먼저 활용될 가능성이 높다.

국가 간 공조와 경쟁

미국 〈코인데스크〉의 에밀리 파커는 많은 나라의 크립토 규제에 대해 폭넓게 파악하고 심도 있게 분석한 기사를 써왔다. 〈코인데스크〉

의 뉴스와 에밀리의 기사는 전 세계의 규제동향을 파악하는 데 많은 도움이 된다. 필자와 인연이 있어 미국, 일본, 한국의 규제 전반에 대해 서로 질문을 던지면서 재미있고 심도 있는 토론을 몇 차례 하는 동안 에밀리는 이런 분석을 내놓았다. 일본은 새로 등장하는 암호자산, 스테이블코인, DAO 등에 긍정적인 방향성을 갖고 명확한 입법을 하고 있다고 평가했다. 미국은 정책의 불명확성과 SEC의 과도한 단속이 전 국민의 10%에 해당하는 투자자와 크립토 비즈니스를 하려는 미국 기업들을 내몰고 있다고 비판했다. 한국에 대해서는 투자자 보호와 시장건전성 보호라는 목적에 치우진 나머지 추가 입법과 혁신의 효과 장려 조치에 취약하다고 평가했다.

블록체인 생태계와 크립토사피엔스 관점에서는 국가 규제를 바라보는 태도가 둘로 나뉜다. 국가 규제가 지나치게 금지적이거나 억제적이면 적극적으로 우호적인 국가로 옮기겠다는 쪽과 국가가 최소한의 규제를 만들고 우호적인 규제를 만들도록 해서 가능한 한 국가의 규제 틀 안에서 생태계를 구축하겠다는 쪽이다. 크립토사피엔스들은 대부분 후자를 택해 소속된 국가의 법과 규제의 프레임에 맞추어 행동하지만, 소수 크립토사피엔스와 투자자금은 더 우호적이거나 덜 금지적인 규제를 하는 국가로 이전하기도 한다. 큰 규모는 아니지만 풍선효과는 이미 일어나고 있다. 한국에서도 2017년 ICO를 정책적으로 금지하자 싱가포르나 스위스 등에 가서 ICO 법인을 설립하는 사례가 많았다. 당시 상당히 많은 토큰이 국내의 자금이 출자한 해외법인에서 발행되었는데, 금융감독원도 그런 풍선효과를 의식해 2019년 해당 기업들에 ICO 여부와 자금조달규모, 자금용도 등에 대해 임의적인 설문조사까지 한 적이 있다.

　미국, 캐나다 등에서 암호자산에 투자하는 펀드를 설정하고 기관투자자가 그에 투자하도록 허용하기 시작한 이후에도 한국에서 암호자산에 투자하는 펀드를 설정하거나 그런 펀드에 대한 투자를 금지하거나 억제하는 상황이 계속되자 크립토 펀드를 허용하는 국가를 찾아가 펀드운용사와 펀드의 업무집행 법인을 새로 설립해 펀드를 설정하려는 경향이 생겨나고 있다. 현재 한국은행은 해외 크립토 펀드 투자를 위한 송금신고를 매우 까다롭게 수리하지만 해외로 투자하려는 수요는 계속되고 있다. 국가마다 외환거래에 대한 규제 존재 여부와 규제정도가 다 다르므로 토큰과 크립토 자금은 앞으로도 물이 더 낮은 곳으로 흘러가듯이, 규제 강도가 약한 곳으로 조금씩 흘러가려 할 것이다.

　미국 내에서도 규제를 이유로 한 미국 탈출에 대한 우려가 제기되고 있다. 디파이도 거래소에 포함시켜 규제하겠다는 SEC의 규제 제안에 대한 크립토업계의 반발이 큰데, 크립토에 매우 우호적이어서 '크립토 맘'으로 불리는 공화계 헤스터 피어스 SEC 위원은 특히 이 규제가 중앙화를 강요해 채굴자, 검증자가 이행할 수 없는 일을 이행하라고 히는 것이며, 결국 새로운 블록체인기술을 소멸시키게 될 거라고 강도 높게 비판했다. 또한 이 규제가 투자와 사업을 미국 밖으로 내몰 거라고도 했다.

그런데 암호자산의 규모가 다시 전 세계 자산의 1%를 넘어 그 몇 배로 확대되면 이동되는 자산규모에 큰 변화가 오지 있을까? 만약 토큰 이코노미가 글로벌 대세가 될 경우 가져올 성장과 혁신의 효과를 국가가 무시할 수는 없다. 많은 나라의 크립토 관련 정책과 제도화 논의에서 빠지지 않고 등장하는 문구는 '토큰 생태계가 가져올 혁신의 효과를 존중한다'는 말인데, 이는 그 의중을 드러낸 것으로 볼 수 있다. '나만 소외될 거라는 두려움(FOMO, Fear of Missing Out)'은 투자자들의 정서에만 영향을 미치는 것이 아니라 국가에도 미칠 수 있다.

다른 한편 토큰과 관련해 한 국가의 영역에서 자본시장질서 교란, 불법거래와 자금세탁, 사기나 시세조작, 해커 공격, 실크로드 같은 사이트에서 마약거래나 불법무기 거래대금으로 비트코인 지급, 러시아가 경제봉쇄 제재 회피 수단으로 자국민과 암호화폐 거래 등 갖가지 법령과 규제를 위반하는 일이 벌어지고 있다. 토큰 이코노미의 탈중앙성, 익명성, 자율성의 속성이 이런 현상을 키우기도 한다. 불법무기 거래나 자금세탁을 하려는 사람들에게 실명을 밝힐 필요 없이 특정한 주체가 통제하지 않는 블록체인은 거래하기에 너무 편리한 수단이다.

더 나아가 오랫동안 지속적으로 불법적인 토큰 이전이 일어나도록 조건을 설정할 수도 있다. 예를 들면, 누군가를 살인하는 증거를 제출하면 보상금으로 토큰을 자동으로 지급하도록 설정하는 것이다. 또 악의적인 주체들은 특정 국가의 규범이나 도덕과 무관하게 자신들이 원하는 대로 자동으로 실행해 주는 프로토콜을 이용하려고 할지 모른다. 이 경우 그 국가가 자신의 국경 안에서는 강력한 금지나 억제정책으로 효과를 거둘 수 있지만, 다른 국가로 넘어가 버리면 국제사회 전체적으로는 그 효과를 제대로 거두기 어려운 일이 일어날 수도 있다. 따라서 불법과 질서교란 금지행위에는 국가 간 공조와 협조를 해야할 필요성이 대두된다.

국가는 다른 국가들과 협력·공조하면서 크립토가 주는 부정적인 면과 위험요소는 배제해야 하지만 혁신과 성장 가능성을 적극 받아들여야 하는 역할을 할 때는 다른 국가들과 경쟁하지 않을 수 없다. 국가는 국가의 강제력 안에 있는 개인들과 기업들에 너무 강한 규제로 혁신의 싹을 다 잘라서도 안 되고, 불법과 범죄를 일삼는 세력까지 포용해서도 안 되는 두 역할을 균형 있게 수행해야 한다.

초국가적 규범의 태동

Web3.0시대에 개인의 지위가 높아지고 개인의 신원증명부터 자산 소유, 거래는 물론 DAO로 타인과 공동활동을 하는 방식도 영리와 비영리, 공적·사적 목적을 불문하고 블록체인 플랫폼 위에서 프로토콜 기반으로 조금씩 넘어갈 것이다. 프로토콜에 의한 자산이전과 경제구조는 계약의 체결과 이행이 동시에 이루어지고 국가와 관계없이 통일화하는 경향을 보일 수 있으므로 특정 국가의 법과 제도의 영향력에서 벗어나려는 원심력을 가질 것이다. 따라서 블록체인 프로토콜이 확산되는 상황에서 특정 국가 법체계의 중요도는 이전보다 떨어질 가능성이 있다. 그리고 블록체인 기반 사회, 경제, 정치, 법제도가 확산될수록 크립토사피엔스 삶의 전반적 영역에서 개별국가의 영향에서 벗어난 프로토콜 의존성이 강화될 것이다.

한편 만약 프로토콜에 예상하지 못한 하자가 생겨 순식간에 의도하지 않은 자산거래가 대량으로 일어나거나 여론조사나 투표 결과가 왜곡되는 사고가 발생한다면 큰 혼란이 생길 수 있다. 더 나아가 단순한 하자가 아니라 누군가 프로토콜 작동을 기술적으로 다른 이용자들이 알지 못하게 악의로 조작한다면, 개인의 자유는 오히려 침해될 수 있다.

현재 국제질서 속에서 세계의 금융질서와 기준을 연구한 결과물을 각 국가가 채택하고 참고하도록 하는 중요한 국제기구와 국제조직이 많다. 먼저 국제결제은행(BIS)은 중앙은행들의 중앙은행으로 각국의 통화안정과 금융안정을 위해 각국의 협력을 이끌어낸다. 국제증권관리위원회(IOSCO)는 증권규제에 관한 국제기준을 정립한다. 금융안정위원회(FSB, Financial Stability Board)는 글로벌 금융의 안정을 위한 정책과 기준을 제시하고 글로벌로 확대되는 금융시스템의 리스크를 파악해 관리한다. 세계은행그룹(Worldbank Group)은 가난퇴치와 번영의 공유, 개발도상국 발전을 목표로 폭넓게 대출과 투자 등 다양한 활동을 한다.

이들은 새롭게 대두하는 블록체인과 암호자산에 대해서도 많은 통계와 조사결과에 기초한 보고서에서 암호자산 생태계가 확대되어 온 원인을 분석하고, 국가와 국제사회가 어떤 식으로 제도화해야 할지 방안을 제시한다. 이들 내용은 개별 국가 사정에 비해 좀 더 객관적이고 중립적인 면이 있으므로 사피엔스의 미래 질서를 그리는 데 좋은 참고가 된다.

BIS는 암호자산이 화폐로 인정되는 데 단호히 반대하며 다른 성격과 용도를 주로 연구하는데, 퍼블릭 블록체인의 보상이 어느 정도 수준 이하로 떨어지면 작동하지 않아 51% 공격이 현실이 될 수 있으니 규제가 필요하다는 의견을 제시했다. 또한 자동 규제를 위해 규제기관이 퍼블릭 블록체인의 노드로 들어가 거래기록을 검증하고 저장하는 일을 직접 수행하면서 감독하는 탑재된 규제(embedded regulation)도 제안했다.[9]

2022년 1월 IOSCO에서 발간한 「탈중앙화금융리포트(IOSCO Decentralized Finance report)」에서는 디파이의 기술적 작동구조와 디파이가 제공하는 상품과 서비스, 주요 참여자들, 위험과 고려할 사항을 선반직으로 살폈다. 보고서에서는 서두에서 디파이가 전통적 금융과 매우 비슷한 위험을 투자자, 시장건전성과 안정성에 가져다줌과 동시에 규제당국이 고려해야 할 독특한 위험과 과제도 드러낸다고 강조했다. 디파이의 주요한 특성은 P2P 성격을 갖고 전통적인 중앙화 금융에 대안을 제시하는 것으로, 발행자, 모집, 중개인, 거래시장 등 현재의 금융구조에 대한 규제환경을 디파이에 그대로 적용하면 여러 복잡한 문제가 발생할 수 있음도 지적했다. 또한 전 세계적으로 이용되는 스테이블코인은 소비자와 투자자에게 편익을 가져다줄 잠재력이 크지만 금융시장의 현재 위험을 악화하고 새로운 위험, 즉 소비자 보호, 시장건전성, 투명성, 이해상충, 금융범죄 등과 관련한 위험을 초래할 잠재성도 가지고 있다고 평가했다.[10]

금융안정위원회(FSB)가 2022년 2월 발표한 「암호자산이 금융안정에 미치는 위험 평가(Assessment of Risks to Financial Stability from Crypto-assets)」 보고서에서는 암호자산시장의 세 가지 큰 축을 기초자산이 없는 토큰(예를 들어 비트코인), 스테이블코인, 디파이와 중앙화된 거래소로 보고 그와 관련한 위험을 분석했다. 암호자산시장은 빠르게 성장할 뿐 아니라 그 규모의 크기, 구조적 취약성, 전통금융시스템과 상호관계의 증진 때문에 글로벌 금융안정성에 위협이 되는 지점에 도달할 수 있음을 지적했다. 규제에 부합하지 않는 암호자산을 대차대조표에 반영할 때, 은행권의 관여가 늘어날 때, 기관투자자가 전체 자산규모에 비해 암호자산을 과다하게 보유할 때, 암호자산을 지급수단으로 많이 사용할 때, 암호자산거래소와 관련된 성장·역할 위험이 증가할 때 암호자산의 손해가 레버리지, 유동성 미스매치와 전통금융과 상호 관련이 있으면 시스템 리스크를 키울 수 있다고 경고했다. 스테이블코인에 대한 신뢰 상실도 코인가치에 연동된 예치자산의 매각을 가져와 단기적으로 자금시장을 교란할 수 있다고 지적했다. 디파이 거버넌스에 책임을 질 명확한 중개자나 당사자가 확정되지 않는 디파이가 급격히 성장할 때, 국가 간 상이한 규제방식이 있을 때도 잠재적인 시스템 리스크를 키울 수 있다고 분석했다.[11]

이와 함께 암호자산시장이 국제적이고 다양한 성격을 기본적으로 가지고 있어서 여러 국가 감독당국은 국경을 넘어 글로벌 협력을 우선시하고, 암호자산시장이 발전하는 데 비례하여 모니터링을 강화하며, 국가들 간 규제 차이를 최소화하는 노력을 해야 한다고 강조했다. 규제 정도에 국가들 사이에 차이가 현격하면 암호자산이 규제가 낮은 국가로 쏠릴 수 있고, 시스템 리스크를 불러올 수 있으니 국가들 간에도 협력해 규제 간 차이를 최소화하라는 조언은 암호자산시장 발전을 당연히 받아들이고 개별 국가들이 적절한 규제를 정립할 뿐 아니라 다른 국가들과 균형도 맞추기를 권고한 것이다.

세계은행이 2022년 3월에 발표한 「세계의 암호자산 활동, 진화와 거시적 금융 추동력(Crypto-assets Activity around the World, Evolution and Macro-Financial Drivers)」 보고서에서는 암호자산의 거래

량이 국내적 요소에 덜 영향을 받는 점과 크립토 자산에 대해 더 많은 사람이 효용을 인정하는 사실에 주목했다. 각국의 암호자산거래량 변화는 주로 미국 장기 인플레이션 예상, 미국 국채수익률, 금과 암호자산 가격에 따라 결정되며 최근 각국의 거시경제적 발전에는 영향을 받지 않는다고 분석했다. 암호자산 활동은 정보, 기술수준과 송금의 존도가 높은 나라일수록 더 활발하며, 암호자산은 위험자산이지만 잠재적인 거시적 헤지(자산가격변동위험관리)와 국경 간 거래를 지원하는 잠재적 수단으로 점점 더 선호된다고도 했다.[12]

세계은행은 직접 블록체인기술을 이용해 채권(bond-i)을 발행하기도 했다. 2018년에 호주달러 1.1억 달러, 2년 만기 회사채를 발행해서 여러 글로벌 기관투자자가 인수하는 거래를 종결했는데, 채권의 발행·할당·이전·상환까지 모두 분산원장을 기반으로 했다. 2019년에는 두 번째로 5,000만 호주달러의 회사채를 성공적으로 발행해 토큰 형태에 의한 회사채 발행을 이어가고 있다. 2019년에도 분산원장을 기반으로 했는데, 마이크로소프트가 블록체인 코드작업을 진행했다. 회사채를 블록체인에서 발행한 경험은 자본시장에서 일반적으로 자금을 조달하고 증권을 거래하는 데 블록체인을 확대 활용할 커다란 잠재력으로 이어지고 있다.

국제통화기금(IMF)이 2022년 6월에 발표한 「디지털 통화와 에너지 소비(Digital Currencies and Energy Consumption)」라는 보고서에

크립토사피엔스와 변화하는 세상의 질서

서는 암호자산이나 CBDC를 디자인할 때 블록체인의 합의 알고리즘과 참여자를 통제할 수 있느냐에 따라 에너지 소모량에 너무 큰 차이를 가져올 수 있음을 환기하며, 비트코인과 같은 작업증명방식은 전기 낭비가 심할 수 있다고 지적했다.

IMF는 암호자산이 가져다줄 새로운 혁신의 핵심을 더 빠르고 쉬운 지급수단, 금융상품과 서비스 혁신, 지금까지 은행을 이용하지 못한 사람들에게 금융서비스를 제공하는 점으로 보았다. 이와 더불어 암호자산의 확산으로 우려되는 위험요소를 일곱 가지 들었다.

① 암호자산을 통화 대신 지급수단으로 널리 쓸 경우 중앙은행의 화폐정책 효과가 제한되는 점
② 화폐발행량이 줄어들 경우 중앙은행의 주조차익이 감소되는 점
③ 유동성위기 등으로 인한 금융안정성이 저해될 가능성
④ 소비자 보호와 투자자 보호가 미약한 점
⑤ 토큰의 발행·유통을 위해 해외법인을 활용함으로써 조세회피가 일어나는 점
⑥ 해외에서 암호자산을 거래하려는 자금의 해외이탈이 외국환 보유고에 문제를 가져올 위험
⑦ 중국의 채굴금지 이후 다른 국가로 채굴자들이 몰릴 경우 분산원장 합의 알고리즘을 운영하려고 에너지, 특히 이산화탄소

를 발산하는 에너지 소모량이 늘어 그 국가의 전력수급에 악
영향을 끼칠 위험[13]

암호자산의 이용과 활용이 확대되면서 이러한 위험요소들은 더 가
시화될 수 있으므로 국가의 걱정거리가 될 요소들을 종합적으로 잘
지적했다.

IMF는 2022년 5월에 발간한 「디지털 시대의 자본흐름 관리조치:
암호자산의 도전(Capital Flow Management Measures in the Digital
Age; challenges of crypto assets)」 보고서에서 암호자산의 국제성, 분
산원장, 가명성으로 기존 금융에 적용해 온 관리방법으로는 자본흐름
을 관리하기가 어려워 국제적으로 포괄적이고 일관된 정책이 필요하
다고 주장했다. 또한 암호자산의 유형구분을 분명히 해야 하고 역외
에 설립된 회사도 규제해야 하며, 전통금융과 새로운 금융 사이의 모
호한 영역은 이미 규제되고 있는 중개기관이나 가상자산업자를 지렛
대로 잘 활용하라고 조언했다. 기존 금융과 달리 디파이나 P2P 거래
에서는 인가받은 중개업자가 존재하지 않으므로 플랫폼의 의사결정
권자를 규제 대상으로 할 필요가 있다고 했다.[14]

이 보고서에서는 크립토 생태계와 국가가 맞닥뜨린 현실적인 문제
점들을 잘 파악하고 앞으로 관련 법제도를 수립할 때 방향을 핵심적
으로 날카롭게 제시했다. 한국의 STO 가이드라인이나 거래소에 디파

이도 포함하는 미국 SEC의 제안과 같이, 기존의 금융규제를 암호자산거래에도 그대로 확대 적용하려는 국가도 많은데, IMF는 그런 태도가 암호자산의 글로벌 성격, 즉 국가 간 국경을 넘나드는 속성, 거래 당사자의 실명확인이 없어도 거래되는 점, 분산원장에 거래가 기록되는 특징 등으로 실효성이 없음을 정확하게 지적했다. 따라서 국가별 규제와 정책만으로는 효과를 거둘 수 없으므로 국제적으로 국가들 간에 협력과 공조를 긴밀히 해야 함은 당연한 결론이다.

국가들에서 현실적으로 규제를 집행할 때 매우 중요한 점도 제시했다. 디파이에는 전통적 의미의 사업자가 없으니 플랫폼의 주요 의사결정권자를 규제의 수범자로 보라며, 지금까지 없던 사업모델과 서비스 구조에 대해서는 이미 규제할 수 있는 가상자산사업자에 대한 규제를 최소한의 지렛대로 활용하라는 점도 강조했다.

주요 국가의 법체계

다양한 토큰 이코노미를 설계하고 가상자산을 발행해 매매 등 거래, 이전하는 현상이 특정 국가의 법규제와 무관하게 또는 법규제가 개입하기 전 글로벌하게 발생하면서 ICO, 스테이블코인, 디파이, NFT가 등장해 단기간에 폭발적으로 성장했다. 가상자산은 컴퓨터 네트워크에만 연결되면 기술적으로 아무런 제한이나 국경 구분 없이 다른 주체가 통제하는 지갑으로 전송하고 수령한다. 모든 국가는 자국민과 자국 영토에 강제력을 행사할 수 있는 헌법상 힘인 대인고권[•]과 영토고권^{••}을 갖고 있는데, 각 국가는 이런 헌법상 권한으로 암호자산과 토큰 생태계에도 나름의 정책을 바탕으로 법과 규제체계를 만들어 집행하고 있다. 이에 세계 주요 국가에서 크립토나 토큰경제와 관련한 입법과 제도화에 어떤 태도를 보이는지 개관해 본다.

각 국가에서는 이런 사안에 2~3년 전보다 더 구체적으로 대응하고 있고 국내에서 논란도 많아지고 있다. 이들 가운데 관심 있게 볼 만한 나라는 크게 EU 회원국가와 리히텐슈타인, 영국, 스위스, 미국, 아시아의 중국·일본·한국, 금융·국제비즈니스의 중심지인 싱가포르와 홍콩, 인도, 아랍에미리트 그리고 암호화폐에 우호적이고 엄격한 규제가 없는 소국가로 나눌 수 있다.

먼저 리히텐슈타인은 크립토 생태계와 산업을 육성하는 데 매우 적극적이어서 경제와 금융 전반을 토큰 이코노미로 전환하려는 명확한 목표 아래 2020년에 토큰과 토큰거래에 관한 기본 사항과 사업자등록을 규정한 법률을 제정했다. 토큰과 신뢰기술서비스제공자법(TVTG, Token and Trustworthy Technology Service Provider Act)이

•　자국민이 어디에 있든 지배하는 권리.
••　영토, 영해, 영공에 있는 사람과 물건을 지배하는 권리.

그것인데 통상 '블록체인법'이라 하며, 민사법률관계와 행정규제를 같이 포함하고 있다.

미국은 2022년에 조 바이든 대통령이 암호자산의 활용 대책을 마련하라는 포괄적 긴급명령을 모든 관련 정부부처에 내렸고, 각 부처가 보고서를 제출한 상태다. 미국은 세계의 정치·경제 질서를 주도하는 국가로 글로벌 현상인 크립토와 토큰경제에서도 주도권을 유지하겠다는 견해를 여러 번 명백히 밝혔다. 토큰경제가 가져다줄 새로운 혁신의 효과를 다른 국가보다 앞서서 얻고자 모든 부처가 정책방향과 제도화 방안을 고민하면서 현재의 법질서에 위반되거나 그에 위해를 가하는 요소는 철저히 제재하겠다는 기본 태도를 취하고 있다.

그러나 내부적으로는 연방국가여서 연방정부와 각 주정부를 아우르는 포괄적이고 일관된 법과 제도를 아직 수립하지 못한데다 연방정부 사이의 의견 차이, 행정부와 의회 사이의 견해 차이, 민주당과 공화당의 사정과 전략 차이 등으로 새로운 법과 규제체계를 뚜렷하게 만들지 못하고 있다. 특히 SEC는 증권에 관한 규제를 하고, CFTC는 상품의 현물과 선물거래에 관한 규제를 하는데, 증권인지에 대한 기준이 명확하지 않은 경우도 있어 두 기관이 중복 규제하는 일도 있다. 상품선물거래위원회(CFTC)는 비증권 성격의 가상자산 전반에 대해 사기적인 행위나 불공정거래가 일어나지 않게 하고 있다.

SEC는 토큰이 증권에 해당하는지와 해당할 경우 증권 공모를 위한 신고서 제출과 공시의무 등 엄격한 증권규제를 지켰는지를 조사한다. 가상자산거래소, 가상자산 대출과 스테이킹, 디파이, 스테이블코인, NFT를 대상으로 증권법 저촉 여부를 조사·관리·감독한다. 현재 위원장인 게리 겐슬러는 CFTC 위원장을 거쳐 취임했는데 토큰의 증권성, 즉 투자계약증권 해당성을 매우 넓게 인정하려는 태도를 취하고 있다.

게리 겐슬러가 위원장으로 취임한 이후 스테이블코인 바이낸스 USD(BUSD)를 발행한 팍소스, 암호자산거래소 쿠코인(KuCoin), 크라켄거래소, 코인베이스거래소의 스테이킹 서비스뿐 아니라 바이낸스와 코인베이스에 상장된 19개 코인이 증권에 해당한다는 혐의로 폭넓게 증권법 위반 혐의로 조사하고 제소했다. 2022년 1월에는 탈중앙화거래소 같은 디파이 일반거래소도 '거래소(exchange)'에 포함해 동일한 기준으로 규제해야 한다는 규제 제안을 한 데 이어 2023년 4월 초 현재 여론을 수렴하고 있다.

특히 미국 거래소 중 1위인 코인베이스에 상장된 폴리곤, 솔라나, 카르다노 같은 코인들이 증권에 해당한다는 이유로 코인베이스를 증권법 위반으로 제소한 일에 대해 큰 논란이 있고, SEC의 강경 입장과 그에 반대하는 입장 사이에 긴장감이 넘친다. 코인베이스는 SEC가 증권으로 지목한 토큰들을 상장 폐지하지 않고 스테이킹도 계속하겠다고 밝혔을 뿐 아니라, SEC가 명확한 규제는 안 만들면서 집행만 하는 것은 기업경쟁력을 해치고 기술직 100만 개를 해외로 몰아낸다고 비난했다. SEC가 증권으로 지목한 토큰의 발행사인 카르다노, 폴리곤과 솔라나 등 재단도 SEC의 판단에 반박하는 견해를 공개했다. 이에 대해 SEC 위원장은 다시 기존의 증권규제를 암호화폐거래소에 적용하는 데 문제가 없다고 강조했다.

공화당 워런 데이비슨 하원의원은 수위를 더 높여 "미국 자본시장은 폭압적인 위원장으로부터 보호되어야 한다"라면서 게리 겐슬러 해임안까지 제출했다. 컬럼비아경영대학원 오미드 말레칸 교수는 SEC가 보호하는 월가를 위하여 "현대사에서 가장 혁신적인 자본형성 방안의 하나인 암호화폐를 거부함으로써 경제성장과 금융포용을 막고 있다"라고 질타했다. 이러한 미국 내의 SEC와 암호자산업계의 규제 갈등으로 미국 기업이 유럽과 홍콩 등으로 이전할 가능성도 여러 전문가가 예측하고 있다. 또 다른 눈에 띄는 현상은 규제가 미치기 어려운 진정한 의미의 탈중앙화 플랫폼, 예를 들어 유니스왑으로 거래량이 몰리고 있다는 점이다.

영국은 자금세탁을 방지하는 금융감독청(FCA)에 암호자산업자를 등록하는 제도 외에 법제화한 내용이 없다. 암호자산을 법적 자산으로 인정할 수 있는지 스마트 컨트랙트의 법적 효력에 대해서는 이미 많은 연구와 의견수렴을 거쳤다. 2023년 4월 재무성장관은 영국이 크립토산업의 허브가 된다는 비전을 내세우면서 스테이블코인을 지급수단으로 인정하고 금융시장 인프라에서 토큰화와 분산원장기술을 적극 도입한다는 방향을 발표했다. 또 토큰화 관련 샌드박스도 적극 활용하겠다고 했다.

2023년 2월에 재무성장관은 「암호 자산에 대한 미래 금융서비스 규제체제(Future Financial services regulatory regime for crypto-assets)」에서 중요한 규제방향을 발표했다. 이 발표에서 크립토의 중요한 위험을 약화시킴과 동시에 크립토 기술의 이점을 활용하는 것을 목적으로 거래소, 보관업, 대출업에 중점을 두었다. 거래중개업과 보관업의 규정을 강화하고 이어 소비자보호와 세계 최초로 암호자산 대출 관련 규정을 강화하는 강력한 체계를 만들 것(차입하는 소비자를 위한 위험 경고, 적절한 재정자원 보유, 파산 시 차입자의 담보 등 보호)이라고 명시했다. 또 디파이 프로토콜의 구축·운영을 규제대상 활동으로 포함하고 그런 활동 주체는 인가받도록 했으며, 규제의무를 피하고자 자신을 디파이 브랜드화하고 마케팅하는 중앙집중식 비즈니스 모델은 중앙집중식 조직과 동일한 규제를 받아야 한다는 사실을 강조했다. 이번 발표 내용에 대해 4월 말까지 의견을 수렴해 법안을 만든다고 한다.

스위스와 싱가포르는 국가들 중 처음으로 2017년 토큰 ICO에 대한 가이드라인(그 자체로는 법적 효력이 없음)을 공표했다. 싱가포르는 유틸리티, 지급수단, 증권의 성격 세 가지로 구분된다는 가이드라인을, 스위스는 유틸리티, 지급수단, 자산형으로 구분된다는 가이드라인을 각각 발표했다. 또한 증권형이나 자산형에는 기존의 증권 관련 규제가 적용되고, 증권 관련 규제당국인 FINMA 또는 MAS가 규제한다는 원칙도 공표했다. 이 가이드라인의 토큰 구분기준은 그 이후 많은 국가에서 실무적으로나 법적 논의에서나 좋은 참고가 되었다. 싱가포르에서 유틸리티토큰의 ICO에 대한 규제는 없으나 상장회사가 ICO를 하면 관련 위험과 조달된 자금의 용도 등 중요한 사항을 공시해야 한다.

싱가포르는 2020년 증권선물법에 따른 주식, 회사채, 집합투자증권 등 증권에 해당하는 디지털토큰에 대해서도 가이드라인을 발표했다. 이에 따르면 증권의 성격이 있는 토큰에는 증권선물법이 적용되며 전문투자자들에게만 발행하는 등 면제사유에 해당하지 않는 한 발행할 때 증권신고서를 제출해야 한다. 증권형 토큰 사업을 하려면 자본시장 서비스 라이선스를 받아야 하고 자금세탁방지 의무규정도 준수해야 한다. 2020년 1월에는 지급서비스법(PSA, Payment Service Act)에 따라 공중이 교환의 매개 역할을 한다고 인정하는 모든 토큰 중 법정화폐에 페깅된 것을 제외한 토큰을 디지털 지급토큰(Digital Payment Token)으로 정의하고, 이를 서비스하는 사업자들이 받아야 할 라이선스의 요건을 정했다. 이는 토큰을 지급수단으로 사용하도록 법률로 인정한 의미가 있는데, 라이선스 요건은 매우 까다로운 편이다.

전자화폐(e-money)에 대해서는 기존의 라이선스 규정이 있지만 스테이블코인을 규정한 법률은 아직 없다. 다만 2022년 10월 통화감독청은 다양한 형태의 스테이블코인을 수용하고 관련 규제를 도입하겠다는 취지의 의견 조회 보고서를 발표했다. 여기서는 스테이블코인이 법정화폐의 가치와 연동되어 있는 점 때문에 스테이블코인과 전자화폐, 지급수단토큰의 경계가 모호해질 수 있다고 했다.

스위스는 ICO 가이드라인 발표 이후 2018년 12월에 연방의회가 발표한 「분산원장 기술과 블록체인에 대한 법적 프레임워크(Legal Framework for Distributed Ledger Technology and Blockchain in Switzerland)」에서 분산원장기술의 도입으로 제정·개정이 필요한 모든 법률 분야에 대한 방향을 제시했다. 2020년 10월에는 토큰화된 증권을 인정하고 DLT 거래소(DLT Trading Facilities)를 새로운 인가 대상으로 인정했으며, 파산 시 크립토 자산의 분리 등에 관한 법률 등 10개 법을 개정했다. 토큰화된 증권은 '증서 없는 등록증권(Uncertificated Register Securities)'으로 부르는데, 이를 발행하려면 분산원장을 통해서만 권리의 주장·이전을 한다는 등록계약(registration agreement)을 하고 이전할 때도 양도서면계약이 필요 없으며 분산원장에 권리자로 기재된 자가 정당한 권리자라는 사실을 인정해야 한다. 증권형 토큰과 유틸리티토큰을 포함해 기존에 증권화될 수 있는 모든 권리(단 비트코인 같은 지급토큰은 제외)는 증서 없는 등록증권의 기초자산이 될 수 있다. DLT 거래소는 토큰형 증권(DLT Securities)의 거래소인데, 거래·결제·보관업무를 다 할 수 있는 라이선스를 받아야 한다. 유틸리티토큰과 지급토큰은 증권형 토큰은 아니지만 DLT 거래소에서 거래가 가능하다. 고객의 암호자산을 보관·관리하는 수탁업자가 파산하면 보관 중인 고객의 암호자산은 수탁업자의 파산재산에서 분리된다.

이렇듯 싱가포르와 스위스 모두 토큰의 ICO에 대해 일찍이 명확한 지침을 시장에 공표했으며, 전반적 법체계가 암호자산업계에 비교적 우호적이고 명백한 편이다.

2023년 4월 EU의회에서 의결된 EU의 미카(MiCA)는 증권형 토큰을 제외한 다른 모든 토큰을 상당히 체계적·포괄적으로 다루었다. 2022년 8월 '코리아 블록체인 주간(KBW)' 행사의 하나로 해시드 라운지에서 열린 국제블록체인규제포럼(Global Blockchain Regulation Forum)에서 MiCA법안 작성에 참가했고 EU 집행위원회의 고문을 맡고 있는 피터 컬스튼스가 MiCA법안의 주요 내용, 제정 배경을 발표하는 것을 들었다. 발표를 끝낸 그에게 유럽은 토큰투자 시장이 그렇게 활발하지 않은데 이렇게 체계적인 법을 만든 이유가 무엇인지 물어보았다. 그는 유럽에서는 토큰과 토큰경제를 매우 큰 혁신을 가져올 새로운 현상으로 받아들이며, 특히 사회의 엘리트들이 고민을 많이 하는데, MiCA는 그 결과물이라고 답변했다.

앞서 언급했듯이, 독일의 지멘스가 회사채를 토큰으로 발행한 일과 결합해서 생각해 보면, EU 국가들이 토큰화의 실제 적용사례와 법제도 양쪽에서 선도하려는 방향성이 어느 정도 컨센서스를 이루지 않았을까 짐작한다. 특히 증권을 토큰을 제외한 암호자산으로 통칭하고, 분산원장기술 또는 유사한 기술로 전자적으로 이전할 수 있는 전자적 가치의 증표라고 정의한다. 암호자산도 유틸리티토큰과 전자화폐토큰, 자산준거토큰으로 구분한다. 또한 전자화폐를 토큰으로 발행하도록 허용하고 스테이블코인을 의미하는 자산준거토큰은 법정화폐나 다른 자산을 담보로 예치하고 발행할 수 있다.

암호자산 중 일반토큰(전자화폐토큰, 자산준거토큰 제외)을 공중에게 매도하려면 발행자와 프로젝트의 중요한 내용에 대한 설명을 포함한 백서를 작성해 감독당국에 통지하고(당국은 유럽증권시장감독청에 전달) 공표해야 하는 등의 요건을 충족해야 한다. 전자화폐토큰은 신용회사나 전자화폐회사만 발행할 수 있으나 일평균 발행금액이 500만 유로 이하로 소규모이면 예외다. 다만, 가상자산이 무상으로 제공되거나 마이닝으로 생성되는 경우, NFT 등에는 이 요건이 적용되지 않는다. 가상자산의 보관과 거래소 등 서비스를 제공하려면 인가가 필요한데, 내부자정보 공개 금지, 내부자거래 금지, 시장조작 금지 등의 의무를 부담한다.

일본은 비교적 빠른 2016년 암호자산에 대한 규제를 정립하기 시작했는데, 2014년 2월에 당시로는 세계 최대 암호자산거래소인 도쿄 소재 마운트 곡스가 해킹으로 파산한 사건의 충격과 투기적 거래가 많다는 현실인식 등이 영향을 미친 결과다. 암호자산을 증권형과 비증권형으로 구분해 전자는 금융상품거래법(한국의 금융소비자보호법과 유사)이, 후자는 자금결제에 관한 법이 각각 규율한다. 비증권형 암호자산의 매매나 교환, 중개나 주선, 암호자산의 관리업무를 암호자산교환업으로 규정했는데, 이를 영위하려면 내각총리대신에게 등록해야 한다.

이렇게 등록한 암호자산교환업자는 여러 가지 이용자 보호조치를 해야 하는데, 암호자산 성질 설명의무, 이용자의 자산과 업자 자산의 분리 보관의무, 광고규제 등이 그것이다. 증권형 암호자산은 '전자기록이전권리'라는 다소 낯선 이름으로 '제1종 유가증권'의 하나로 인정하여 규제한다. 비증권형 암호자산을 기초자산으로 하는 파생상품도 증권으로 본다. 비증권형 암호자산도 그 자체로 거래하지 않고 그를 기초자산으로 하는 파생상품을 거래하면 증권이 된다. STO가 허용되는데, 몇 개 프로젝트가 증권을 토큰으로 발행해 유통하고 있다.

아랍에미리트의 두바이는 가상자산 관련 사업을 자신들의 미래 성장동력의 하나로 주목해 오다 2022년 3월에 두바이 내에서의 가상자산사업에 관한 사업허가 및 감독기관으로 VARA를 설치하고 가상자산규제법(Regulating Virtual Assets in the Emirate of Dubai)을 공표했다. 2023년 1월 VARA는 이 법의 위임에 따라 가상자산사업체 설립 및 운영에 관한 전반적인 규제내용을 담은 시행규정인 FMP 규제(Full Market Product Regulations)를 발표했다.

VARA는 원칙적으로 일곱 가지 가상자산 활동, 즉 자문, 중개·매매, 보관, 교환, 대출·차입, 지급·송금, 운용·투자 서비스에 사업허가를 부여한다. 여기서 특기할 만한 점은 가상자산 발행은 허가가 필요 없다는 사실이다. 허가를 받은 가상자산사업자는 설립과 운영, 컴플라이언스, 개인정보보호, 투자자와 소비자 보호에 관한 규정들을 준수해야 한다. VARA는 허가를 내줄 때 ① 조건부 허용(Provisional Permit), ② 예비 잠정허가(Preparatory Minimum Viable Product License), ③ 운영 잠정허가(Operating Minimum Viable Product License), ④ 완전한 허가(Full Market Product License)의 네 단계를 거치는데 완전한 허가를 받은 사업체는 아직 없다. 사업자가 허가를 받은 이후 준수해야 할 의무도 적지 않다. 매월 사업상 수익, 대차대조표, 현금흐름도, 지갑주소, 각 사업활동에 따른 투자자 리스트, 포트폴리오 등을, 분기별로는 사업계획과 재무전망, 유보금 현황 보고서 등을 VARA에 제출해야 하고, 가상자산 행위에서 내용상 사업자가 고객에게 지급 또는 부담해야 하는 금액이 있으면 그 100%를 회사에 유보해야 한다. VARA는 두바이국제금융센터(DIFC)를 제외한 두바이 전역(메인랜드와 프리존)의 가상자산사업을 규제하는 권한을 가지고 있다.

인도는 암호화폐산업에 관한 정책적 태도를 최근 들어 우호적으로 바꾸었다. 원래 인도의 중앙은행은 암호자산거래와 암호자산거래소를 허용하지 않았다. 그러나 2022년에 인도 대법원이 인도중앙은행의 암호화폐거래 금지가 위헌이라고 선고해 합법화했다. 그러자 정부는 암호자산거래수익의 30%를 과세하기로 하고 인도 법정화폐인 루피를 블록체인 기반으로 발행하겠다고 발표했다.

홍콩은 2017년에 중국이 암호화폐거래소와 ICO를 금지하기 전까지 암호화폐에 적극적이었고, 현재 중국 정부는 홍콩을 다시 암호자산 서비스의 실험장으로 적극 운영해 볼지 고민하고 있다. FTX 파산 같은 사고가 또 일어나고 암호화폐가 확대될 경우 금융시스템의 위기를 우려하는 베이징 의사결정권자들의 부정론이 아직은 만만치 않다. 하지만 암호화폐 거래와 채굴을 중국 본토에서는 금지하면서도 홍콩에서는 허용하는 1국 2체제를 택하고 있다.

중국은 암호자산의 생태계에 가장 금지적·제한적인 정책을 취하고 있다. 원래 중국은 비트코인 초기에 채굴을 가장 많이 한 나라다. 그러나 중국은 블록체인기술의 탈중앙성과 민주적 가치가 중국 공산당의 중앙집권적 정치구조, 통제적 사회와 맞지 않는다는 이유로 2019년 중국 내 암호화폐거래소를 불법화하고, 더 나아가 2020년 비트코인 채굴도 금지했다. 암호화폐거래소 불법화에는 외환거래를 통제하려는 목적이 있었고, 비트코인 채굴 금지에는 전기소모량을 줄이고자 하는 목적이 있었다. 위와 같은 금지의 법적 근거는 인민은행의 조례이다.

한편 중국은 어느 나라보다 빨리 인민폐를 블록체인 기반 디지털 화폐, 즉 CBDC 형태로 발급하기로 결정하고 2022년 선전에서 모의 CBDC 발행과 유통에 대한 시험을 마쳤다. 인민폐를 미국 달러화를 대신하는 글로벌 기축통화로 만들려는 국가적 비전 아래 디지털 인민폐를 텐센트, 바이두, 화웨이, 알리바바 등 중국 빅테크 기업들의 생태계에서 의무적으로 사용하게 한다는 방향이다. 민간 가상자산거래소처럼 가상자산을 보관, 매매하는 사업자를 금지하지만 국가는 새로운 기축통화의 비전과 화폐정책의 효율성, 돈 흐름의 투명한 파악 등을 위해 화폐를 블록체인 기반으로 발행하겠다는 취지이다. 민간의 암호자산산업을 금지하는 일 외에 암호자산산업 관련 규제는 하지 않으며, 재산권법상 암호자산의 법적 지위와 보호에 관한 법규도 만들어지지 않았다.

새 질서의 선도국가

토큰은 컴퓨터 네트워크로 연결된 세계 어디서나 전송하고 수령할 수 있는 글로벌한 것이고, 블록체인과 토큰경제의 대두는 모든 나라, 모든 크립토사피엔스에게 똑같이 새로운 현상이다. 그러나 국가마다 기술과 산업에서 나름대로 선도역할을 하고 싶어 한다. 국가 간에 혁신의 효과를 먼저 그리고 크게 누리려는 경쟁도 피할 수 없지만 토큰경제가 발전하려면 국가의 법과 규제, 제도가 뒷받침되어야 한다. 새로운 위험의 방지와 관리에 대해 국가 간 협력과 공조, 국제기구를 통한 협업이 필요하다는 점은 여러 국가와 국제기구들이 원론적으로 인식한다. 그러나 암호자산의 성격부터 새롭게 제기되는 많은 이슈를 명확하고 예측가능하며 공정한 제도와 법체계로 만들어야 하는데, 이는 쉽게 이룰 수 있는 일이 아니다.

몇 년 동안 법률자문과 개인적 호기심으로 여러 나라의 개발자, 크립토 사업가, 정책담당자, 법률가, 전문가와 이야기한 결과 누구도 자기 나라의 제도가 잘 정비되었다고 생각하지 않는다는 사실을 발견했다. 대부분 자기 나라 제도의 불완전성과 불명확성을 더 크게 생각하는 경향이 있었다. 이런 상황에서 어느 국가가 새로운 질서를 주도할 수 있을까? 만약 한국이 그런 비전을 가진다면 어떻게 실행할 수 있을까?

한국 정부는 2022년 12월 29일 관계부처합동회의에서 '디지털 플랫폼 발전방안'을 발표했다. 정부는 앞으로 플랫폼 경제체제가 더 가속화할 수 있음을 예측하고 글로벌 플랫폼 기업의 성과를 한국 내 플랫폼 기업과 비교하면서 한국에서도 글로벌 규모의 플랫폼 경제를 주도할 기업을 육성해야 한다고 강조했다. 그런데 육성하려는 글로벌 플랫폼이 Web2.0 구조를 의미한다면, 앞으로 세상의 흐름과 맞지 않으며, 제도적 논의는 중앙화된 거래플랫폼의 폐해를 억제하고 방지하는 데 초점이 맞추어지게 된다. Web3.0시대에 걸맞게 이용자와 콘텐츠 기여자도 주체가 되는 새로운 플랫폼 모델을 정립한다는 의미라면, Web3.0 플랫폼을 발전시키고자 블록체인과 토큰경제가 잘 결합되도록 다른 나라보다 앞서 새로운 시대에 걸맞은 법과 제도를 만들어야 실효성 있는 정책이 될 것이다.

그간 한국 사회의 사고방식과 행동양식은 주로 누군가 성공모델을 보여주면 그를 남보다 빨리 배우고 익혀서 더 나은 결과물을 만드는 방향에 맞추어져 있다. 그러나 크립토와 관련해서는 아직 어느 국가도 법제도를 완비하지 않아서 따라 할 나라가 없다. 이런 상황에서 선도국가의 위치에 서려면 먼저 필수적으로 크립토 생태계에 가장 적합한 포괄적 제도체계를 만들어야 한다. 생태계를 뒷받침하는 좋은 제도가 없으면 토큰경제와 Web3.0은 발전하지 못한다. 이는 에르난도 데소토가 분석한 것처럼, 중남미국가나 공산주의에서 벗어난 국가들이 자본을 축적하지 못하고 경제성장을 하지 못하는 가장 근본적 원인이 자산의 명시화 체계 등 제도가 갖춰지지 않았기 때문이라는 분석에서도 충분히 유추할 수 있다. 진정 훌륭한 법을 제정하기 원한다면 법률가들은 일단 법전을 덮어두고 법의 공백 영역으로 들어가 법체계 구축을 위한 정보를 충분히 파악해야 한다는 에르난도의 주장도 경청해야 한다.[15] 새롭게 성장한 토큰경제가 꽃피우려면 탈중앙화와 초국가적 토큰경제, 개인의 지위강화 등을 존중하면서 토큰에 관한 권리체계가 명백하고 토큰을 자본으로 인정하는 명확한 법과 제도를 정립해야 한다.

2023년 6월 말 윤석열 대통령이 프랑스 파리에서 선언한 '파리이 니셔티브'는 블록체인을 직접 대상으로 하진 않지만, 디지털이라는 글로벌 현상에 대한 한국의 선도적 행보라는 점에서 의미가 크다. 디지털은 국경이 없고 연결성과 즉시성을 가지기 때문에 국제적·보편적 질서가 중요하다는 타당한 인식 위에 선도적으로 디지털 질서 정립을 위한 몇 가지 원칙을 제안했다. 그 원칙으로 디지털을 통한 인간의 자유 증진 및 인류의 후생 확대, 디지털 자산에 대한 명확한 권리관계 정의와 자유로운 거래 보장, 위험에 상응하는 적절한 규제, 규제를 위반하는 불법행위에 대한 강력한 제재 등을 제시했다. 국제적으로 공감할 수 있는 내용이다. 또 구체적 규범제정을 위한 국제기구를 UN 산하에서 주도하는 것도 바람직하다고 했다.

윤 대통령이 정립을 주장한 국제 디지털 질서에 인공지능 등이 주로 포함되고 크립토는 포함되지 않은 것으로 보인다. 다만, 원칙에 포함된 '디지털 자산에 관한 권리관계의 명확화와 자유로운 거래 보장' 중 디지털 자산이 암호자산, 가상자산을 지칭할 가능성도 보인다. 앞으로 블록체인과 토큰경제 현상에 대해서도 한국이 국가 내의 규제는 물론 국제질서를 앞서서 고민하고 국제사회에 제안하는 것으로 연결되기를 기대한다.

현재 그럼에도 한국 정부와 규제당국은 검증되지 않은 토큰과 토큰경제는 이용자와 투자자에게 가능한 한 권하지 말라고 강조한다. 아직 포지티브 레귤레이션 시스템●이 굳건해 명시적으로 법과 행정규칙, 행정지도로 허용하지 않는 일은 하지 말라는 분위기도 팽배해 있다. 이런 환경이 계속된다면 미래에 맞는 제도를 만들 창의성과 선도력은 없어지고, 앞으로 세계적으로 블록체인과 토큰 이코노미가 경제·사회구조를 근본부터 변혁하는 일이 일어나더라도 한국은 선도국가와 기업을 부러워하며 뒤늦게 따라 할 뿐 프론티어에서 세계의 질서를 주도할 수 없다. 아니 주도해 보려는 시도조차 하지 못한다. 이런 결론을 받아들일 수 없다면 우리 스스로 변해야 한다.

그러려면 정부와 정치권, 시민들이 크립토 현상에 대한 객관적 이해를 넓히고 새로운 질서가 바꾸는 전방위적·포괄적 변화와 효과를 겸손하게 공부해야 한다. 또 관련 분야를 포괄하는 민관 복합연구집

● 한 국가의 규제체계 방식을 포지티브 레귤레이션 시스템과 네거티브 레귤레이션 시스템으로 나누는데, 전자는 법령에 규정된 행위만 허용하는 체계이고, 후자는 법령에 금지한다고 규정하지 않은 행위는 다 허용하는 체계이다.

크립토사피엔스와 변화하는 세상의 질서

단이나 싱크탱크를 구성하는 방안도 좋고, 인재풀 구성과 연구수행에서 중앙화 사고방식에서 벗어나 탈중앙화 방식도 도입할 필요가 있다. 플랫폼 시대에 한국의 새로운 성장엔진을 키워나가기 위해서 민관합동위원회 수준을 넘어 집단지성이 실질적으로 발휘될 수 있는 열려있는 혁신의 장을 마련하여 블록체인 경제의 구체화방안을 논의해야 한다는 의견은 매우 경청할 만하다.[16] 예측되는 위험의 정도에 비례하는 강도로 규제하고 나머지는 네거티브 규제로 해결하며, 특정지역에서는 증권형 토큰이나 DAO 운영에 관한 제도적 실험을 할 규제자유지역을 설정하는 방안도 고민하면 좋겠다.

한국은 늘 빠른 추격전략으로 성장해 왔지만 다른 나라가 만들지 않은 제도(포괄적·종합적인 경제, 사회제도와 법체계 정립)를 먼저 만드는 용기도 필요하다. 제도적 창의성을 국가와 공동체가 발휘해야 한다는 말이다. 크립토 기술과 크립토 문화에 익숙하지 않은 기성세대가 Web3.0과 토큰경제를 바라보는 집단적 관점에 아쉬운 부분이나 개선할 일은 없는지 파악하고 해결하려는 노력도 중요하다. 이에 몇 가지 예를 들어본다.

산업화와 민주화라는 국가적 성취가 충분히 훌륭해서 아직도 그 기준으로만 세상을 바라보고 4차산업혁명 기술이 가져올 전방위적인 미래 변화의 조짐을 낮게 평가하려는 경향이 있다. 신기술과 그로 인한 젊은 크립토사피엔스의 새로운 사고, 행동양식을 이해하려는 노력도 부족하다. 한국이 디지털 전환 과정에서 감내해야 할 혼란과 위험이 무엇인지 제대로 알려는 노력이 부족할 뿐 아니라 그 혼란과 위험에 맞서서 극복하려는 시도를 할 용기가 없다. 파괴적 혁신을 이루려면 기존 것을 일정 부분 버려야 하는 게 당연한 이치다. 그러나 그것을 누가 없애 주지는 않는다. 크립토 투자와 사용에 적극적인 한국의 시장과 산업에 대한 기대감이 글로벌 크립토 커뮤니티에서 여전히 존속하는 상황을 새로운 산업을 만드는 데 잘 활용하면 큰 가치가 된다는 사실을 잘 모른다.

크립토사피엔스인 MZ세대는 자신이 보는 토큰경제가 미래에는 대세가 될 수 있다는 사실과 그것의 긍정적인 면을 사회에 널리 알리고 설득하려고 노력해야 한다. 이와 더불어 토큰경제의 초국가성이 어떻게 발현될지에 관심을 두고 큰 흐름을 파악하는 안목도 키워야 한다. 우리에게 제대로 된 질문을 던질 용기와 제도적 상상력, 창의성을 발휘하려는 자세가 절실하게 필요한 시대이다.

1장

1 장세형, 『비트코인 · 블록체인 바이블』, 위키북스, 2022, 87~91쪽.

2 Primavera De Filippi, Blockchain and the Law, pp46-52.

3 Primavera De Filippi, 앞의 책, pp. 33-57.

4 Lee Schneider et al., Fuzzy "Tokens: Thinking Carefully about Technical Classification and Legal Classification of Cryptoasset", *Berkerly Law Journal*, 2023.

5 유민호, 임동민, 아곤, 한서희, 『NFT 투자의 정석』, 한스미디어, 2022년, 55~70쪽.

6 "What Is a Digital Signature?", Binance Academy.

7 김태현, "수수료 걱정 없는 '가상자산 환전소' 떴다… 연내 147개국 진출", 머니투데이, 2023. 3. 21.

8 Thomas Nägele, *The Legal Natue of Tokens*, DLT Media.

2장

1 Don Tapscott, *Blockchain Revolution, Portpolio Penguin*, pp. 3~52.

2 Klaus Schwab, "Shaping the Future of the Fourth Industrial Revolution", *Portpolio Penguin*, pp. 87~97.

3 김용범, 『격변과 균형』, 창비, 2022년, 254~268쪽.

4 에르난도 데소토, 윤영호 옮김, 『자본의 미스터리』, 세종서적, 2022, 41~73쪽.

5 비탈릭 부테린, 블리츠랩스 옮김, 정우현 감수, 「탈중앙화의 진정한 의미」, 『비탈릭 부테린 지분증명』, 여의도책방, 2022, 130쪽 이하.

6 https://www.chosun.com/economy/economy_general/2022/06/01/4INW7M-75DREMPEXFXY4RMVCFTA/

7 "'닥터 둠' 루비니 교수, 美 달러 대안 가상자산 만든다", 테크42(tech42.co.kr).

8 유발 하라리, 조현옥 옮김, 이태수 감수, 『사피엔스』, 김영사, 18~42쪽.

9 최진석, "'가상'이라는 진실", 중앙일보, 2022. 8. 19(https://www.joongang.co.kr/article/25095428#home).

10 이인화, 『메타버스란 무엇인가』, 스토리프렌즈, 2021년, 16~126쪽.

11 이어령, 『디지로그』, 생각의나무, 2006.

12 Maximilan Bruckner, Predictions for 2023: Crypto Assets, Web3.0 and Digital Assets.

13 김광수, 『인공지능법 입문』, 도서출판 내를 건너서 숲으로, 2021, 281~339쪽.

14 유발하라리, 김명주 번역, 『호모데우스』, 김영사, 2017.

15 손재권, "샘 알트만의 월드코인, AI시대 '여권' 노린다", The Milk, 2023. 5. 17.

3장

1 Thomas G. Duenser, *Legalize Blockchain*, WP, pp. 38-41.

2 한국경제, "플랫폼 노동자 보상받는 '프로토콜 경제시대 온다'", https://plus.hankyung.com/apps/newsinside.view?aid=202109294322g&category=&sns=y

3 Thomas G.Duenser, 앞의 책, pp.61-66.

4 UNIDROIT, Draft UNIDROIT Principle on Digital Assets and Private Law, 2023. 1.

5 Thomas Nägele, *The Legal Natue of Tokens*, DLT Media, pp. 25~153.

6 이혜정, 가상자산에 대한 민사집행연구, 사법정책연구원, 2022. 3.

7 고동원, 「탈중앙화금융의 현황과 법제 정비 방향」, 성균관대학교 법학전문대학원, 5쪽 이하.

8 Lee Schneider et. al., "Thinking carefully the technical classification versus legal classification of the crypto-assets", *Berkeley Technology Law Journal* 4, p. 12.

9 김용일, 「정부와 기업의 블록체인 도입사례」, 블록체인 리더스 클럽 2023. 3 발표.

10 Andreas Traum(PWC Germany), "Crypto Assets, the Launch of the Capital Market 3.0?", Frankfurt School, Blockchain Academy, 2022. 12.

11 한국경제, "캐롤라인 팸 미국 CFTC 위원, 암호화폐법제화 이전에라도 규제 가이드라인 만들 것", 한국경제, 2022. 8. 10, https://www.hankyung.com/economy/article/202208098259i

4장

1 IOSCO, "Global Stablecoin Initiatives, Public Report", 2020. 3, pp. 1~24.

2 *The Wall Street Journal*, "Cryptocurrency Is Coming to Your Credit Cards", 2022. 7. 9.

5장

1 윤준탁, 『웹3.0 레볼루션』, 와이즈맵, 2022, 19~69쪽.

2 이차웅, 『블록체인, 플랫폼 혁명을 꿈꾸다』, 나남, 2019, 354~356쪽.

3 이승훈, 「모바일 운전면허증을 활용한 신원확인」, 제5쪽.

4 편집대표 곽윤직, 『민법주해 XVI』, 박영사, 2006, 177~191쪽.

6장

1 https://ebadak.news/2019/06/18/facebook-coin-libra-whitepaper/

2 몽테스키외, 하재홍 옮김, 『법의 정신』, 동서문화사, 2020, 39~56쪽, 707~730쪽.

3 미하엘 슈톨라이스, 이종수 옮김, 『독일공법의 역사』, 푸른역사, 2022.

4 Primavera De Phillippi, 앞의 책, pp.173~210.

5 Emily Parker, 「미국 내에 크립토 유지하기(Keep Crypto in America)」, Coindesk, 2023. 3.

6 막스 베버, 김상희 옮김, 『프로테스탄트의 윤리와 자본주의 정신』, 풀빛.

7 Primavera De Filippi, *Blockchain and the Law*, Harvard University Press, 2018, 4. pp. 193~204.

8 비탈릭 부테린, 「자기 강제적인 컨트랙트와 팩텀법」, 이더리움 블로그, 2014. 2. 24.

9 BIS Working Paper, Raphel Auer, Embedded supervision: how to build regulation into decentralised finance, 2019.

10 OICU-IOSCO, Overview of the Decentralised Finance Report, 2022. 3.

11 Financial Stability Board, Assessment of Risks to Financial Stability from Crypto-assets, 2022. 2.

12 Erika Feyen외3, World Bank Group, Crypto-assets Activity around the World, Evolution and Macro-Financial Drivers, 2022. 3.

13 Itagi Agur외7, Internation Monetary Fund, Digital Currencies and Energy Consumption, 2022. 6.

14 Dong Hed외7, International Monetary Fund, Capital Flow Management Measures in the Digital Age; challenges of crypto assets, 2022. 5.

15 에르난도 데소토, 앞의 책, 197~210쪽.

16 이차웅, 『블록체인, 플랫폼 혁명을 꿈꾸다』, 나남, 2019, 341~354쪽.

크립토사피엔스와
변화하는 세상의 질서

초판 1쇄 인쇄 2023년 7월 10일
초판 1쇄 발행 2023년 7월 30일

지은이 박종백
펴낸이 오세인 | **펴낸곳** 세종서적(주)

주간 정소연 | **편집** 이상희
표지디자인 유어텍스트 | **본문디자인** 김미령
마케팅 임종호 | **경영지원** 홍성우
인쇄 탑프린팅 | **종이** 화인페이퍼

출판등록   1992년 3월 4일 제4-172호
주소   서울시 광진구 천호대로132길 15, 세종 SMS 빌딩 3층
전화   경영지원 (02)778-4179, 마케팅 (02)775-7011
팩스   (02)776-4013
홈페이지   www.sejongbooks.co.kr
네이버 포스트   post.naver.com/sejongbooks
페이스북   www.facebook.com/sejongbooks
원고모집   sejong.edit@gmail.com

ISBN 978-89-8407-816-1 (03320)